ein Ullstein Buch

Ullstein Buch Nr. 3108
im Verlag Ullstein GmbH,
Frankfurt/M — Berlin — Wien

Ungekürzte Ausgabe

Umschlagentwurf:
Hansbernd Lindemann
Mit Genehmigung der Verlagsgruppe
Bertelsmann GmbH/C. Bertelsmann
Verlag, München, Gütersloh, Wien
© 1972 Verlagsgruppe Bertelsmann
GmbH/C. Bertelsmann Verlag,
München, Gütersloh, Wien
Printed in Germany 1975
Gesamtherstellung:
Zettler, Schwabmünchen
ISBN 3 548 03108 0

Gudrun Tempel

Verwandten-besuch

Heimkehr in ein fremdes Land

ein Ullstein Buch

Inhalt

*»Damit abgefunden?« fragte sie in den Hamburger Abend.
»Heute nachmittag war so ein Himmel – fast so ein
Himmel –, da war es wieder ganz nah. Nein, abfinden
kann man sich damit nicht. Jedenfalls nicht, wenn
man dort zu Hause war.«*

*Marion Gräfin Dönhoff
im »Stern«, 24. Oktober 1971*

ERSTES KAPITEL

Über die Grenze

Ich konnte die ganze Nacht kaum schlafen, saß auf dem Kloo, hörte auf meine eigenen Herzschläge, lief im Nachthemd in den Garten und sagte: »Pschtt!« zum Hund, »sei ruhig!« Ich hatte Angst, Angst nach Hause zu fahren. Ich stellte mir alles vor und bekam Angst beim bloßen Vorstellen. Zwischendurch freute ich mich so sehr, daß auch das weh tat. Diesmal würde ich *wirklich* nach Hause fahren, in die Dörfer und Städte, zu den Flüssen, Wiesen und Bergen, die immer in mir weitergelebt haben, als hätte ich sie erst gestern verlassen und könnte jeden Nachmittag zu ihnen zurück.

Um vier Uhr schrieb ich noch zwei Buchrezensionen, die ich der *Times* versprochen hatte, über Hermann Hesses *Klingsors letzter Sommer* und Hildegard Knefs *Der geschenkte Gaul*. Das hatte ich vor mir hergeschoben bis zur allerletzten Minute. Dann ging das Ein- und Auspacken aufs neue los. Meine eigenen Bücher wollte ich mitnehmen, warf sie wieder raus. Ich las zum hundertsten Male die Zollbestimmungen. Druckschriften: Schmutz und Schund ist verboten. Politisches, Ideologisches, wenn es nicht der richtigen Ideologie entspricht. Das, was man mitnehmen darf, enthält ein winziger Abschnitt. Was nicht, füllt die ganze Seite. Diesmal nahm ich eine DDR-Kamera mit, meine eigene, ließ die Objektive da, weil ich nur ausgefallene besitze, aber kein normales. Vom offiziell eingetauschten Geld, zehn Mark am Tag, darf man sich auch optische Geräte kaufen. Also, dachte ich mir, kaufe ich das Objektiv am ersten Tag in Dresden, und die Filme auch. Es ist verboten, Filme mitzunehmen. Es ist verboten, Filme wieder mit herauszunehmen. Fotografieren ist nicht verboten, ausgenommen Züge, Bahnhöfe, Brücken, Grenzen, Industrieanlagen, Militärisches, Häfen und so weiter.

Am besten, man fotografiert den Himmel mit rosa Wölkchen, aber bitte ohne Flugzeug. Im und aus dem Flugzeug natürlich nicht, das vergaß ich zu sagen. In meinen Zollschein trug ich ein: EXAKTA VAREX II b, ohne Objektiv. Den Zollschein hatte ich mit der Einreisegenehmigung zusammen geschickt bekommen.

Nur keine Zetteln liegenlassen, keine Bescheinigungen. Zetteln — ist das nicht sächsisch? Ich denke schon sächsisch, habe gestern gesagt »ins Bette gehen« anstatt »ins Bett«. Nur keine Adreßbücher einpacken, keine Kalender. In einen schönen schottisch gemusterten Einkaufswagen aus Straßburg packe ich die Zitronen, Apfelsinen, Bananen, Nüsse und Mandeln, Kaffee und Schokolade, Strumpfhosen und Tee — die Geschenke. Dann kann ich ihn kaum noch heben. »Kalt ist es bei uns in Dresden«, schrieb die Kusine. Über wollene Unterwäsche ziehe ich mir den dicksten irischen Fischerpullover; nur nicht frieren. Nur nicht zu allem noch frieren! Und Schuhe zum Laufen, zum Laufen auf Landstraßen, durch Wiesen und auf dem Elbepfad, neben dem die Kinder ihre Drachen im Herbst steigen lassen.

Ob sie die wohl noch steigen lassen?

Der D-Zug Nr. 145 München—Dresden verläßt den Münchner Hauptbahnhof jeden Morgen 9.27 Uhr. So einfach ist das also, so nahe ist Dresden. Man geht auf den Bahnhof, sagt »einmal Dresden bitte«, niemand wundert sich, niemand fragt irgendwas, es ist die einfachste Sache der Welt, eine kleine Pappkarte, fertig.

Rückfahrkarten gibt es nicht. Dresden—München kann man nur in Dresden kaufen, gegen Vorlage von Paß und Ausreisevisum.

Die Münchner nennen den Zug »Mumien-Expreß« wegen der Rentner, die ihn vor allem benutzen. Aber andere fahren auch mit — hauptsächlich bis Hof oder Landshut oder Regensburg, Weiden in der Oberpfalz, nach Nordosten. Sie steigen vor der Grenze aus, sehen die, die weiter fahren, von der Seite an. Für sie ist nach Hof sozusagen nichts mehr. Für sie ist nach Hof die Welt zu Ende.

In die DDR fährst du? Du spinnst wohl. Was willst du denn dort? Paß nur auf, daß sie dich nicht gleich behalten!

In Bautzen können wir dich nicht besuchen.

Klingsors letzter Sommer, Der geschenkte Gaul — fertig. Ich schreibe noch schnell an den Rand »DEAR MICHAEL, I AM LEAVING FOR DRESDEN IN HALF AN HOUR, HOPE TO BE BACK ...«, kleb's zu, ziehe den Mantel an, renne über die Straße zum Briefkasten. Nicht mal sehen werde ich es diesmal. In Dresden gibt es keine *Times*. Nicht für Geld noch gute Worte. Darf ich meine Rezensionen über Christa Wolf mitnehmen? Ich nehme sie hoch, lege sie wieder hin. Drucksachen, nein: Druckerzeugnisse ... In fünf Minuten kommt das Taxi, der Hund liegt wieder im Korb, tut den Kopf zur Seite, sieht mir zu. Dann stehe ich auf der Straße und warte, neben mir Koffer und Einkaufswagen mit Apfelsinen und Zitronen, Kaffee und Tee ... die Geschenke derer, die nach Osten reisen, nach Dresden und Görlitz, Hainichen und Neubrandenburg, Greifswald und Chemnitz alias Karl-Marx-Stadt.

Kusinen zu Kusinen, Kinder zu Eltern, Geschwister zu Geschwistern.

Das Taxi kommt pünktlich, es ist Samstag, ein herrlicher Tag im September, die Straßen noch leer. Über die Rampe rolle ich mein Wägelchen vom Starnberger-Bahnhof zu den Bahnsteigen; der Dresdner Zug ist der erste, steht schon da, wird hier eingesetzt. Auf dem Bahnsteig viele Grüppchen. Familien: Mumien-Expreß. Kinder verabschieden sich von Großmüttern und Urgroßmüttern, stehen auf einem Bein, wissen nicht, was sie noch sagen sollen. Die Rentner und Rentnerinnen haben neue Mäntel an, neue Schuhe und Anzüge. Sie machen merkwürdig feste, abwesende Gesichter, denken weit weg, sind am Zug eigentlich schon wieder in der DDR. Hier, in den Kurswagen nach Dresden und Görlitz, fängt das andere Deutschland an. Wie und warum, läßt sich nicht sagen. Dieser Bahnsteig ist morgens anders als alle anderen.

Ich lasse mich nicht gern an den Zug bringen, freue mich nur übers Abholen. Abschied ist fürchterlich.

Und dann tröpfelte die Zeit zäh dahin, man steht rum, sagt das Falsche, möchte weinen und darf nicht. Ich habe ein leeres Abteil gefunden, stelle den Apfelsinenwagen in die Ecke, gucke zum Fenster raus. Die Alten sehen den Kindern forschend in die Gesichter, suchen deren Gedanken zu erraten, ob sie wohl froh sind, daß der jährliche Besuch vorüber ist, überstanden. Die bayerischen Schwiegersöhne sind höflich, besorgt, fremd, ratlos. Auch zwei Nonnen kommen mit einem Wägelchen voller Apfelsinen.

Eine alte Frau öffnet die Abteiltür, fragt ob die anderen Plätze noch frei sind, setzt sich mir gegenüber. Ich versuche mir genau das Bild derer auf dem Bahnhof zu merken, alles ist nur angedeutet, läßt sich bestenfalls vermuten.

Der Zug fährt ab, die auf dem Bahnsteig winken, vom Gang aus sehe ich, wie sich die Alten zurechtsetzen, sich gegenseitig mustern, die ersten Fragen stellen. Die Fahrt in ihr zweites, anderes Leben beginnt. Das Jahr ist um.

Die Frau, die mir gegenüber sitzt, fährt zu ihren beiden Schwestern nach Plauen. Sie sind, wie sie mir berichtet, über achtzig Jahre alt. Sie selbst wohnt seit ihrer Hochzeit 1915 in Bayern, mit einem Sachsen verheiratet, spricht sie sächsisch, wie ich in ganz Sachsen nicht wieder sächsisch sprechen hörte. Die Schwestern in Plauen haben nie geheiratet, leben heute noch im elterlichen Haus, das den dreien gehört. In ihrer Tasche hat die Frau einen Kaktus, der gerade zu blühen beginnt. »Ach, die freuen sich so«, sagt sie, »jetzt haben sie endlich jemanden im Haus, der sich um den Garten kümmert, eine Flüchtlingsfrau aus Ostpreußen, die versteht was davon. Mit achtzig kann man das nicht mehr so richtig. Jetzt ist der Garten wieder schön. Und das Haus ist auch voller Pflanzen.« — »Zimmerlinden?« frage ich. »Ja, eine herrliche Zimmerlinde. Aber da muß man aufpassen, wenn es zieht, gehen sie ein.«

Draußen ackern und eggen die Bauern die fränkischen Felder, die Trecker sehen wie Spielzeug aus auf der braunen Erde, die aus vielen sanften Buckeln besteht, bis zum Horizont. Viel Land und wenig Leute; immer weniger Leute, je näher wir der Grenze kommen. Dafür werden die Wälder höher und dichter, reichen nun bis nach Böhmen, Adalbert-Stifter-Wälder mit Seen und Mondenschein und ganz leer.

Hof. Es beginnt ein großes Um- und Abhängen von Wagen und Lokomotiven, Personal steigt aus. 13.39 Uhr kommt der Zug in Hof an, erst 14.02 fährt er wieder ab. Zollbeamte gehen durch die Wagen und sammeln alle Zeitungen ein, sagen: »Lassen S', bittschön, sämtliche Druckschriften hier«, verweisen alle Reisenden auf die Tatsache, daß hinter Hof Deutschland zu Ende ist, bei Gutenfürst Deutschland neu beginnt. »*Die nächste Station ist Gutenfürst in der DDR*«, sagen sie, mitleidig, ein bißchen herablassend, denke ich, so wie man früher Polacken sagte, Jidden oder Behmen.

Wir füllen die Zollbescheinigungen und Anmeldekarten aus. Apfelsinen, Zitronen, Kaffee, Schokolade . . . Menge, Wert . . . eine Kamera ohne Objektiv. Das Papier ist schlecht, hellgrün die Buchstaben auf den grauen Fasern, kaum zu erkennen. Ist es Absicht? Später sehe ich: Viel Papier in der DDR ist so. Aber hellgrün? Warum das? Wir fragen uns gegenseitig, schütteln den Kopf. Dann sind wieder die Kakteen an der Reihe, Zimmerlinden, der Garten in Plauen. Als der Zug anfährt, höre ich, wie die vorher eifrig palavernden Rentner ganz still geworden sind: Während ich den Gang auf und ab gehe, kommt es mir so vor, als ob der ganze Zug plötzlich schwiege.

Wir fahren durch einen Wald, der sich allmählich lichtet, ganz hell ist der Himmel. Und dann kommt die kahle Schneise, zickzackt an Bächen entlang und über Hügel: Drähte, Zäune, Platz zum schnellen Entlangfahren zwischen den zwei Meter hohen Zäunen. Oder sind das die Minenfelder? Wachtürme auf den

Hügeln. Die Strecke ist eingleisig, neben uns das leere Schotterbett. Zu sehen ist niemand. 1345 Kilometer ist diese Grenze lang, die Bayern von Sachsen trennt, Osten von Westen, Deutschland von Deutschland, uns von uns und hüben von drüben. Bewacht, beleuchtet, vermint.

Der Bahnhof von Gutenfürst sieht aus wie jeder andere Bahnhof, wenigstens zuerst und von weitem. Hier hält der Zug eine Dreiviertelstunde. Als ich mich aus dem Fenster beuge, entdecke ich gleich neben den Gleisen einen hohen Wachturm, ein Maschinengewehr richtet sich herunter, Scheinwerfer werden gedreht, obwohl es Mittag ist und die Sonne scheint. Auf dem Bahnsteig geht eine Polizistin mit einer Schäferhündin, eine von der niedrigen, geschmeidigen Sorte. Geduckt läuft sie den ganzen Bahnsteig entlang, und mich packt es plötzlich, so was Kaltes, Schwarzes, und ich rufe leise, aber vernehmlich: »Fiffi, Hündchen, ei du liebes Hündchen«, pfeife leise, wie man eben seinem Hund pfeift. Da schiebt sich eine große Lokomotive zwischen uns. Fahrer und Heizer thronen weit über mir; als sie den Dampf abstellen, höre ich Fußballkommentar in ihrem Kofferradio. Sie sind aus Hof, haben einen Güterzug gebracht, auf unseren gewartet und fahren nun wieder zurück. Wir unterhalten uns über Beckenbauer, dann fahren sie langsam weg, der Heizer winkt, zeigt in Richtung des Grenzhauses und macht dann unmißverständlich das Zeichen des Vogels.

Gleich danach kommt die Kontrolle. Erst ein Mann mit einem kleinen ledernen Umhängepult, das mir sehr gefällt. Wo ich wohl so eins herkriegen könnte? Er stempelt meinen Paß, nimmt die Anmeldekarte mit, verlangt fünfzehn DM Visumgebühren, gibt uns die Quittungen, wünscht uns sehr höflich einen angenehmen Aufenthalt, es geht alles sehr schnell. Nach ihm erscheinen die Zollbeamten, auch mit Umhängepulten aus schwarzem Leder. Sie sehen sich die Zollerklärungen an, fragen nichts, geben uns die Zollerklärungen wieder für die Ausreise. Neben meiner Eintragung bezüglich der Kamera kommen Stempel und Unterschrift noch extra, das »ohne« von »ohne Objektiv« wird rot unterstrichen. Die Beamten wünschen uns einen angenehmen Aufenthalt, gehen weiter. Angesehen haben sie nichts. Ich beuge mich wieder aus dem Fenster, draußen fährt ein Wägelchen vorbei mit Tee, der kostenlos verteilt wird. Auch Bier und Wodka gibt es zu kaufen, Schokolade und Kekse — Ost- oder Westgeld, gezahlt werden kann mit beidem. Die Dreiviertelstunde ist um, ich sehe die Polizistin mit der Schäferhündin nicht wieder, der Zug beginnt zu rollen, rollt nun durch die DDR, nach Plauen, ins Vogtland, von dem die Kinder in Bayern sicher nicht einmal je den Namen gehört haben.

Von der Grenze bis Plauen fährt man eine halbe Stunde. Draußen auf den Feldern werden Kartoffel geerntet, ab und zu mal heben die Frauen die Köpfe und winken uns zu, und wir winken zurück. Pferde ziehen Eggen über die Hügel, auch hier sieht alles wie Spielzeug aus, besonders die sauberen Dörfer. Auf den Wiesen unter den Apfelbäumen jagt der Hund einer Gänseherde nach. Viele Hühner und Schweine sehe ich unter freiem Himmel, ein bei uns immer seltenerer Anblick. Vor den Schranken halten Pferdewagen, manchmal hebt ein Bauer die Hand wie zum Gruß, und ich winke zurück.

Plauen war eine stickige Stadt in herrlicher Umgebung: Das ist immer noch so. Ich helfe der Frau mit dem Koffer, sie wird von ihren zwei Schwestern abgeholt, sie umarmen sich, nehmen die dritte, die aus dem Westen, in die Mitte. Eine trägt vorsichtig den blühenden Kaktus aus Meersburg am Bodensee.

Jetzt halten wir in kurzen Abständen: Reichenbach, Zwickau, Glauchau. Immer mehr Leute steigen ein. Bei mir sitzen seit Plauen ein Mann und ein Mädchen, sie arbeiten entweder bei der Bahn oder in Gutenfürst beim Zoll. Vielleicht bei der Polizei? Ich beschließe, mich nicht ins Gespräch ziehen zu lassen, dann unterhalten wir uns doch, ich bekomme eine Tomate, verschenke Schokolade. Wir reden über die Ernte, die Trockenheit, das Motorradrennen in Hohenstein-Ernstthal. Die beiden wissen bald, daß ich seit fünfundzwanzig Jahren zum erstenmal wieder durch die Stadt fahre, in der ich geboren wurde, zur Schule ging; an Häusern vorüber, die ich vom Speicher bis zum Keller kenne. Ich frage, was aus dieser oder jener Fabrik geworden ist; in der einen habe ich im Krieg gearbeitet, die andere gehörte der Familie einer Schulfreundin. Ich habe mir angewöhnt, für Chemnitz Karl-Marx-Stadt zu sagen. Als der Zug die Vororte durchläuft, ist ein Vierteljahrhundert weggewischt, sind die Jahre davongeflogen wie von einer Pusteblume. Die größten Städte der DDR brauchten sich nicht auszudehnen, mußten nur wachsen. Außenherum sehen sie aus wie immer, wie damals, wie vor einem Vierteljahrhundert, die Villen wie die Arbeitervororte stehen genauso da wie in meinen Träumen. Es war ja innen genug Platz: sechzig Prozent, achtzig Prozent, achtundneunzig Prozent — Bilanz der letzten Kriegswochen — Trümmer, dann Wiesen. Mitten in den Städten Sachsens hatte man ja nun wieder Platz, sich auszubreiten. Außerdem leben heute im Gebiet der DDR weniger Menschen als 1945. Man fährt also nicht nur von einem Ort zum anderen, sondern auch in der Zeit zurück, dahin, wo man Häuser, Gärten, Flüsse und Berge verlassen hatte. Nicht selten kam es mir in den nächsten vier Wochen vor, als wandle ich in einem Traum.

Wir kommen Dresden näher, es wird langsam dunkel, der Zug ist nun so voll, daß auch Leute in den Gängen stehen. Dann läuft er in den großen Dresdner Hauptbahnhof ein, quietscht, schnauft, hält. Jemand hilft mir mit dem Apfelsinenwägelchen und dem Koffer. Der Bahnsteig ist voller Verwandter, die ihre Geschwister, Eltern, Tanten, Großmütter abholen, sie küssen sich, sie weinen ein bißchen, reden alle durcheinander. Ich warte auf eine Kusine, die ich zum letztenmal sah, als sie einige Monate alt war, ein Baby mit blonden Locken in den Armen seiner Mutter. Von den Formularen her weiß ich, daß sie nun dreißig Jahre alt ist, von der Tante, sie sei sehr hübsch. Dann steht sie plötzlich da, wir umarmen uns, es ist uns beiden, als ob wir uns schon immer gekannt hätten, obwohl wir überhaupt nichts voneinander wissen. Draußen ist es ganz dunkel, Sterne stehen am Himmel, wir warten in einer langen Schlange auf ein Taxi. Plötzlich ruft einer der Fahrer: »Ist hier jemand für Blasewitz oder Striesen?« Die Kusine schreit erleichtert: »Ja.« Der Mann verstaut das Wägelchen im Kofferraum, wir fahren durch Dresden. Fučikplatz, Fetscherplatz — nie habe ich diese Namen je gehört. Im Stadtkern stehen die neuen Hochhäuser, locker hingestellt mit großen leeren Zwischenräumen. Danach: der Ring der beinahe unversehrten alten Häuser, Villen, Etagenhäuser in Gärten, Straßenzüge. Am Pohlandplatz steigen wir aus. Riesige Bäume stehen hier auf den Straßen, auf allen Straßen: hundertjährige Eichen, Weiß- und Rotdorn, Linden, Vogelbeerbäume — jede Straße hat ihre eigenen Bäume. Am Pohlandplatz fallen einem die Äpfel auf den Kopf, wenn man nicht aufpaßt. Wir laufen ein kurzes Stück, gehen zwei Etagen hoch, die Kusine schließt auf. Wir sind da. Müdigkeit legt sich auf mich wie ein großes weiches Federbett. Ich schlafe schnell ein, vor dem offenen Fenster rauschen die Eichen. Ganz selten nur brummelt ein Trabant oder Wartburg vorbei, ist lange zu hören.

ZWEITES KAPITEL

Ankunft in Dresden

Ankunft: Ist das ein Augenblick, ein Tag, ein Monat? Ein Zustand, bei dem das Gleichgewicht des Bewußtseins verändert wird, wo aus dort hier wird, aus hier dort — aus hüben drüben und umgekehrt. Als ich aufwachte und plötzlich merkte, daß ich nun in Dresden war, eine Viertelstunde Fußweg von der Elbe entfernt, daß ich hier fast einen Monat lang bleiben würde — das kam mir erst ganz langsam und allmählich wieder in den Sinn —, als ich aufwachte, war meine Verwirrung vollständig.

Vielleicht liegt es an dem Unding einer tödlichen Grenze, die nur für einzelne durchlässig ist. Schon der bloße Versuch, sie vom Osten nach Westen zu überschreiten (überschreiten — wie das klingt!), allein der gefaßte Plan wird mit langjährigen Gefängnisstrafen bezahlt. Dann wird man sechzig Jahre alt, und siehe da — die Grenze öffnet sich. Mumienexpreß. Vom Westen nach Osten braucht man ein gutes Gewissen und Papiere, die in Ordnung sind, muß verwandt sein oder die Messe besuchen. Wir können rein, sie nicht raus.

Niemals habe ich mich in den kommenden Wochen mit meinen Verwandten über diesen Zustand der Unfreiheit unterhalten. Mit anderen, Unbekannten, oft. Das Wissen aber, daß wir sie besuchen können, nicht aber besucht werden von ihnen, daß sie uns *zeigen,* wir nur *erzählen* — es schleicht wie ein Golem die ganze Zeit mit einem rum. Am ersten Morgen in Dresden saß es mir auf dem Bett wie etwas Dunkles, Unfaßliches: wie etwas, das sich nicht verscheuchen läßt, was immer man auch für Anstrengungen macht. Diesem Zustand der Trennung sind wir nun seit mehr als fünfundzwanzig Jahren ausgeliefert. Er ist dem Zeitalter des Mannes auf dem Mond ungemäß, er beleidigt den Verstand. Vom Wehtun will ich hier gar nicht reden.

In meinem Zimmer war ein großer Kachelofen, alles war geputzt, blank, der Schrank ausgeräumt, Blumen standen auf dem Tisch. Als ich in die Küche kam, waren meine Apfelsinen und Zitronen, Mandeln, Rosinen, der Kaffee und der Tee schön säuberlich aufgebaut wie auf einem Geburtstagstisch: Bestandteil eines Zeremoniells des Schenkens. Man packt nichts weg, bevor der Westbesuch noch viele Male versichert hat, das alles gehöre nun ganz und gar den Beschenkten und er habe die Apfelsinen ganz bestimmt nicht für die nächsten Wochen fürs eigene Frühstück mitgebracht. Ist aber der neue Besitzstand erst einmal geklärt, so verschwinden die Dinge mysteriös, wohin, blieb mir sowohl in Leipzig wie in Dresden unbekannt. Über die Verhaltensregeln, die sich in der DDR im Hinblick auf Westbesuch herausgebildet haben, auch über den einschlägigen Sprachgebrauch, ließe sich ein eigenes Buch schreiben. Mich erinnerten manche Riten an die der Nomaden, auch an ihre festen Regeln dafür, worüber man schweigt und worüber man redet.

Beim Frühstück wurde ich nach meinen Plänen gefragt. Ich hatte keine. Ich wollte dorthin, wo ich als Kind gelebt hatte, möglichst auf den Elbwiesen einen Drachen steigen lassen, im Erzgebirge Pilze suchen, in die Oper und ins Theater gehen, mit dem Dampfer und in Moritzburg vielleicht mit der Kutsche fahren.

»Biddeln willst du?« fragte mich also die Mutter meiner Kusine, geschiedene Frau meines gefallenen Vetters.

»Biddeln?« Ich war ratlos. Biddeln? Die beiden Frauen lachten. »Weißt du nicht, was biddeln heißt?«

Biddeln. Biddeln ist sächsisch, vielleicht gibt es das Wort auch nur in Dresden, denn die Dresdner sind die Biddler par excellence. Biddeln ist Guckengehen, ohne festen Plan. Man kann nur eben um die Ecke biddeln oder nach Australien, ganz nach Belieben. Zum Biddeln gehört auch, daß man nicht genau weiß, wann man wiederkommt oder wo man überall hingeht. Biddeln ist ein elementares Bedürfnis aller Sachsen, und vor allem aller Sächsinnen. Als ich merkte, daß man mich verstand, keinen Plan von mir erwartete, auch keine Erklärung, wohin oder warum ich dahin wollte, wo ich hin wollte — da wußte ich mit einem Anflug von Glückseligkeit, daß ich eben nur hier zu Hause bin. Meine größte Untugend wurde verstanden, ja bewundert, denn ich war schließlich schon nach Australien gebiddelt. Welche Wonne!

Der ganze Sonntag vergluckste in Rinnsalen, die Zeit verästelte sich immer mehr, wurde undeutlich in der Dämmerung. Wir redeten über die Familie, wer wann gestorben war, und woran. Wir zählten die vielen Selbstmorde zusammen, ordneten sie säuberlich nach Gift, Pistole und Strick. Förmlich wie eine Seuche hatte es manchmal in der Familie gewütet, und auch die angeheirateten Mitglieder angesteckt. Tante Nellys Selbstmord war der schönste, sie wollte einen Mann, den sie nicht kriegen konnte, weil er nicht standesgemäß war, und erschoß sich am Hochzeitstag mit dem falschen.

Die Kusine schloß einen Schrank auf, den sie Cornelia-Schrank nannte — Nelly hatte ihn eigenhändig bemalt — und brachte mir Tante Nellys Tagebuch. Ich merkte, wie sehr sie daran hing, aber sie schenkte es mir auf der Stelle, und wieder dachte ich an die Nomaden.

Es wurde beschlossen, baldmöglichst auch schon Tantchen zu besuchen, die einzige Schwester meiner Mutter, der mein Besuch ja galt. Sie wohnt nun im Altersheim, neben Zoo und Großem Garten.

Traurig war man, daß ich meine Bücher nicht mitgebracht hatte, auch keine Artikel, nicht einmal die über DDR-Schriftsteller.

Ich wurde aufgeklärt, daß ich erst in der Handelsbank am Altmarkt den vorgeschriebenen Pflichtbetrag eins zu eins umtauschen müsse, zehn DM pro Besuchstag, denn nur mit der Bescheinigung über den Geldtausch darf man sich polizeilich anmelden. Und anmelden muß man sich sofort. Also Montagmorgen zur Bank in der Stadt, dann nach Blasewitz zur Polizei — damit gingen wir zu Bett. Meine Kusine mußte schon sehr früh aufstehen, um vier oder fünf, ihre Mutter hatte drei Tage vorher eine Gallenkolik gehabt und durfte zu Hause bleiben, um in die Blasewitzer Poliklinik zur Untersuchung zu gehen. Sie sah sehr blaß aus und ich machte mir große Sorgen. Selbst mein Angebot, Frühstück ans Bett zu bringen, schlug sie aus.

Der Arzt war noch am Sonntag gekommen und hatte vieles verschrieben. Medikamente sind in der DDR für die arbeitende Bevölkerung kostenlos. Auch die ärztliche Betreuung ist gut (rechnet man das lange Warten nicht ein), Kliniken und Krankenhäuser sind, wie überall, unterschiedlich. Ärzte gibt es viel zu wenige, vor allem Fachärzte, und auf den Zahnarzt muß man mitunter ein Jahr warten. Natürlich kann man sich auch privat behandeln lassen, was nicht unbedingt besser, nur eben schneller geht. Arbeitende Menschen werden kurzfristiger operiert als solche, deren Tod durch die Operation ja doch nur um weniges verzögert wird. Auf jeden Fall bemerkte ich, als ich die Mutter meiner Kusine (die nun auch operiert werden muß) zu verschiedenen Ärzten und in die Poliklinik von Blasewitz begleitete, daß sie in guten Händen war. Weil du arm bist, mußt du in der DDR nicht sterben. Weil du alt bist, schon eher — aber wen nimmt das wunder bei einer solchen Flut von Alten? Besser alte Menschen sterben lassen, wenn ihre Zeit gekommen ist, als daß junge Menschen durch Trunkenheit am Steuer auf den Straßen umkommen:

Die Gesetze der DDR gegen Alkohol am Steuer gelten als die härtesten der Welt.

Ich machte mich also am Montagmorgen auf den Weg in die Stadt, in einem jener roten Straßenbahnzüge, die die Dresdner »Dubčeks letzte Rache« nennen, weil sie noch in der Dubček-Ära gebaut, aber nach seinem Sturz geliefert wurden und im ersten Winter dauernd kaputt waren. Jedesmal, wenn ich damit fuhr, ging es gut — und schneller als mit den alten und manchmal uralten gelben Dresdner Wagen. Straßenbahnfahren in der DDR ist spottbillig, sechs Fahrten kosten eine Mark, eine einzelne zwanzig Pfennig. Die komischen Zahlkästen sah ich in allen Städten wieder.

Mit »Dubčeks letzter Rache« fuhr ich also in die Stadt, tauschte dort West gegen Ost, eins zu eins, gegen Bescheinigung. Niemand wartete außer mir am Schalter, die Bank war fast leer. Dann stand ich draußen in der Sonne und versuchte mich zurechtzufinden. Hinter einem langen Gebäude mit einem riesigen Kupfergebirge als Dach entdeckte ich die Turmruine des Schlosses, vor mir streckte sich der Altmarkt mit der Kreuzkirche, größer denn je. Man muß sich an diese weiten Zwischenräume mitten in der Stadt erst gewöhnen, die es in der Bundesrepublik fast nirgendwo mehr gibt.

Fährt man nicht gerade zu Privilegierten oder mit dem eigenen Wagen (ich sah in den vier Wochen nicht ein bundesdeutsches Auto), so gibt es nur eines in Dresden, Leipzig oder Karl-Marx-Stadt: *Laufen*. Die DDR-Bürger sind gesünder als wir — sie laufen. Kilometerweit. Die Alten und die Jungen. Sie merken schon gar nicht mehr, wieviel sie jeden Tag laufen.

Meine erste Suche galt einem Objekt für die Exakta, die hier in Dresden gebaut wird. Sage ich hier?

Dann bin ich angekommen.

Am Altmarkt befindet sich das größte Dresdner Fotospezialgeschäft. Man bediente mich sehr freundlich. Ein Normalobjektiv für die Exakta gebe es leider, nicht. Diese Antwort bekam ich in den nächsten Stunden in jedem Fotogeschäft — bis zum letzten. Dort bot man mir ein kurzes Teleobjektiv an, ein Spezialobjektiv für Porträtaufnahmen. Es hatte einen kleinen Schaden, einen unwichtigen. Das erstand ich sofort, und zehn Farbfilme. Es war nun höchste Zeit für die Polizei.

Die Polizei in Blasewitz war geschlossen, ist es Montag nachmittags immer. Blieb der Gang in die Blasewitzer Poliklinik mit der Mutter meiner Kusine. Die Klinik steht in einem großen Garten, war wohl früher eine Villa mit Stallgebäuden und dergleichen. Wir warten. Dann endlich ruft die Ärztin. Morgen wiederkommen für die Labortests. Auf dem Weg nach Hause gehen wir an drei riesigen Eichen vorbei, ein Schildchen mit einer Eule sagt, daß sie unter Naturschutz stehen: Bäume am Straßenrand. Ganz Striesen und Blasewitz sind so, voller Lauben und Eichhörnchen, herrlicher Bäume und Sträucher, Häuser mit Namen und Geburtsjahr am Giebel, Jugendstilornamenten, Balkönchen und Türmchen, mit Katzen, die geruhsam über die Straße gehen, weil ja doch höchst selten ein Auto kommt, und wenn, dann langsam.

Blumenkästen stehen auf den meisten Balkonen, die Gärten sind verwildert, bis auf einen gegenüber der Polizei, die ebenfalls in einer Villa residiert. Der gehört einem Ärztehepaar, Fachärzte beide. Sie haben Gärtner und Hausgehilfin und jeder ein Auto. Das Haus ist neu verputzt, durch das Fenster sieht man Lampen, die es in der DDR nicht gibt.

Wir laufen an einem kleinen Park vorbei, mit Brunnen und obskuren Denkmälern und vielen Rhododendronsträuchern. Zwei Frauen in Kopftuch und Drillichhosen harken das Laub zusammen. Die neue Kreuzschule steht hier, sie war einst Internat für Freimaurerkinder, jetzt ist sie sehr schön hergerichtet. Die Kruzianer sehen wie immer aus: stolz darauf, Kreuzschüler zu sein. Einen kannte ich, der erschoß sich, weil er nicht in den Krieg wollte, niemanden totschießen wollte. Ewig und immer noch währt der Streit, wer nun besser singt, der Dresdner Kreuz- oder der Leipziger Thomanerchor. Glücklich das Land, in dem sich zwei solche Chöre um so etwas streiten können. Ein etwas dicklicher Lehrer versucht unten sein Motorrad in Gang zu bringen, oben steht die ganze Klasse am Fenster und feixt. Der Lehrer sieht aus wie Otto Lilienthal im Winter, mit Lederkappe und Ledermantel und dicken großen Handschuhen. Er hat die Klasse im Rücken und weiß es.

Als wir nach Hause kommen, empfängt uns die Kusine mit der traurigen Nachricht, daß es wieder mal kein Bier gibt. Mit Nellys Tagebuch gehe ich bald ins Bett.

Aus Tante Nellys Tagebuch:

»Dies ist mein erstes Tagebuch, und ich zähle neunzehn Jahre. Bisher fand ich es höchst lächerlich, ja sogar blödsinnig, Tagebuch zu schreiben, weil ich mir sagte, Gedanken, Empfindungen und Gesinnungen sind vergänglich und stehen unter Stimmungen, auch Launen, und wenn ich sie heute niederschreibe, so werde ich morgen oder doch in späteren Jahren ganz anders darüber denken, das Geschriebene bereuen und darüber lachen.

Ich bin die Regina Susanne Cornelia G . . .«

Aber warum hieß sie dann Tante Nelly? Ach so, Cornelia. Kein Datum finde ich im Tagebuch, errechne mir, daß sie 1885 geboren wurde. Zuckertüte schreibt sie mit »d«: *Zuckerdüte* steht da.

Ich kann das Buch nicht weglegen. Da sind die Hochzeiten der Geschwister beschrieben, die Silberhochzeit der Eltern. Arme Nelly, am Tage ihrer eigenen Konfirmation hatte sie solche Nervenschmerzen, daß sie nicht mitfeiern konnte.

»Ich hatte viele Verehrer und alle wollten mich heiraten. Ja, Quarkspitzen, so richtig lieb hatte ich nur einen, aber da waren Verhältnisse, die es schlichtweg unmöglich machten . . .«

Arme Tante Nelly.

»Meine erste große Fahrt ging nach Leipzig zur Ausstellung 1896 . . .«

Ich, ihre Großnichte, darf fast hundert Jahre später zwar in den Himalaja fahren — nicht aber von Dresden nach Leipzig. Ostern 1900 reist Nelly nach Sprottau in Schlesien: Das geht nun auch nicht mehr. Sie fährt nach Böhmen mit ihrer Schwester und kommt auf dem Dampfschiff zurück:

»Dann auch hatten wir uns in den Dampfschiffkonduktör beide ganz verliebt, das war wohl das erste männliche Wesen, das ich hübsch fand, ich wurde rot, wenn er mich ansah, spaßig, riesig ulkig, wir stritten uns dann beide heftig, daß man so einen geringen Mann doch gar nicht lieben kann. Schad' nichts, einen gewissen Eindruck hat er doch auf mich gemacht.«

Arme Nelly, heute müßtest du dich unter Hammer und Zirkel nicht mehr erschießen, weil du einen zu geringen Mann liebst: So viel ist besser geworden.

Dann schreibst du von den Elbefahrten, Korso durch die Stadt, Ausfahrten, Schlittenpartien, Bälle, die Oper. »Mit Mutter ganz schnell nach Berlin gefahren« — West oder Ost? Das könntest du heute nicht, auch nicht nach Amsterdam oder Rom, wie du es so schön beschrieben hat. Ostern 1902 lerntest du dann Paul kennen, dessentwegen du dir das Leben nahmst. Hinten im Buch steckt dein Bild, nein, es sind zwei — auf einem stehst du zwischen lauter blühenden Bäumen, das andere zeigt dein Grab, voller Blumen. Auf dem Stein steht nur ganz groß »Nelly«. Was für eine Geschichte. Aus Bällen hast du dir nichts gemacht, »ich ziehe mir eine gemütliche Landpartie vor ...«

Ich stand auf, sah, daß in einem Zimmer noch Licht war, wir fangen wieder an zu essen, zu trinken und zu erzählen, mitten in der Nacht. Suchen alte Bilder. Wir lesen, lachen, lachen aber bald nicht mehr richtig:

»Dann folgte meine Reise nach Italien in das Land der Sehnsucht, und wahrhaftig mich packt jetzt oft die Sehnsucht mächtig dahin. Anfangs war ich sogar enttäuscht, die Genüsse mußte man gar so teuer bezahlen, und seine Gewohnheiten konnte man absolut nicht anbringen. Ich hab' doch manchmal geschimpft über den schlechten Kaffee, schlecht geputzte Schuhe, niederträchtige Gepäckträger sind nie da, wenn man sie braucht – und die Betten –, früh litt ich allemal an Genickstarre... Venedig hat mir einen unheimlichen zauberhaften Eindruck gemacht, schön, schaurig schön.«

Meine Kusine lacht, aber sie lacht so, wie man eben lacht, wenn einem nicht nach Lachen zumute ist. Alles Geld der Welt kann sie nicht nach Venedig bringen, und schlecht ist der Kaffee in Dresden jetzt auch, von Gepäckträgern ganz zu schweigen. Wir holen uns noch ein Hühnerbein aus dem Kühlschrank, trinken den Kognak aus, und wissen nun, worüber wir schweigen werden, weil es darüber nichts zu sagen gibt. Aber von der komischen Familie, in die wir beide hineingeboren wurden, reden wir in den Wochen, die nun folgen, noch viel, denn keiner von uns wollte je eine haben: Findling wollte ich sein, vor dem Klostertor.

Als ich zum zweitenmal zu Bett gehe, kommen die beiden Frauen zur Tür und sagen gute Nacht. »Meschugge sind wir«, ist alles, was ich noch antworten kann, dann schlafe ich sofort ein. Seit Jahren war ich an einem Tage nicht so weit gelaufen.

Schon gar nicht in Blasewitz.

Als ich am Dienstag wieder aufwachte, war aus dort hier geworden, war ich zu Hause wie seit meiner Kindheit nie wieder. War ich angekommen.

DRITTES KAPITEL

Ein Morgen

Ich hatte versprochen, um sieben Brötchen zu holen. Mit dem Brötchennetz zog ich los zum Bäcker um zwei Ecken. Neun Leute standen Schlange, jeder mit seiner Tasche. Tüten gibt es nicht. Drinnen gab es fünferlei Brötchen, große und kleine, Schrippen, Mondbrötchen und welche, deren Namen ich längst vergessen hatte. Die Schrippen kosten fünf Pfennige das Stück, sind innen grau — schmecken aber, von diesem Bäcker zumindest, gut. Draußen auf der Straße bewegte sich lebhafter Verkehr: eine Menge Handwagen, die alle in eine Richtung strebten, um mit Winterkartoffeln beladen zu werden, Kinder mit Schulranzen auf dem Rücken. Die Leute, die Handwagen zogen, hatten sich warm angezogen, manchmal muß man lange warten. Kartoffeln gibt es genug, sie sind billig und schmecken sehr gut. Überhaupt wurde früh um sieben schon immer irgendwas auf- oder abgeladen, vom ersten bis zum letzten Tage.

Mit einem Pferdewagen kommt der Eismann und bimmelt — ein kleiner elektrischer Kühlschrank kostet mehr als tausend Mark. Schöne hölzerne Eisschränke, innen mit Zinkblech beschlagen und vorne mit einem Messinghahn für das geschmolzene Wasser sah ich noch oft auf den Balkonen stehen.

In Striesen und Blasewitz, beide so wenig verändert in hundert Jahren, gibt es an vielen Ecken Lädchen, jetzt entweder Filialen von Konsum oder HO, und dazwischen, ganz selten, aber doch, Familienläden für Gemüse oder Drogerien oder Fleischereien. Macht einer von denen zu, so ist das beinahe jedesmal für immer: Die Lädchen stehen dann eine Weile grau und trübe leer, dann verwandelt man sie in Wohnungen. In diesen privaten Läden arbeiten meist die Besitzer allein, sind schon alt. Niemand folgt ihnen nach. Weil sie sich doppelt anstrengen müssen, um alles und für alles, bekam ich dort manchmal noch Dinge, die es anderswo nicht gab.

Neben unserem Haus wurden zwei andere neu verputzt, die Besitzer haben sie der Stadt geschenkt (mehr oder weniger), weil sie sie nicht mehr erhalten können. Jetzt wird alles ausgebessert, unten stehen die großen Schieferplatten für die Dächer. Viele von diesen Häusern sind so alt wie einige der Raddampfer, die zur böhmischen Grenze fahren. Nichts ist richtig kaputt an ihnen nach hundert Jahren. Ich möchte wissen, ob das mit unseren

Häusern und Dampfern auch so geht.

Als ich zurückkomme, lacht man mich aus, weil es so lange gedauert hat. Ich esse guten russischen Honig, sie Dundee-Orangenmarmelade, die ich mitgebracht habe. Wir trinken jeder drei Tassen Kaffee, er schmeckt wie sonst nirgendwo — *es muß* das Wasser sein, oder die Liebe, mit der er gekocht wird? Sachsen sterben ohne Kaffee. Er kostet jetzt über vierzig Mark das Pfund, wird tassenweise getrunken anstatt kannenweise, in kleinen Tütchen gekauft. Aber ohne Kaffee leben? Nicht nach Venedig biddeln dürfen, und dann auch noch ohne Kaffee leben?

Nach dem Frühstück ziehe ich mit allen Papieren und Bescheinigungen zur Polizei. Das Standesamt ist vorn in der Villa, zur Meldestelle der Volkspolizei geht man die ehemalige Dienstbotentreppe hinauf, wartet auf einer Art von Empore gegenüber von Glasfenstern, auf denen Gurken und derlei zwischen lateinischen Sprüchen aufgehängt sind. DDR-Rentner müssen hier ihre Personalausweise abgeben, wenn sie auf ihrem alljährlichen Trip zu uns reisen, bekommen dafür einen blauen Paß. Besucher aus der Bundesrepublik müssen sich hier an- und abmelden. Wir sitzen und warten, jeder merkt sich »den letzten vor Ihnen«, keiner liest. Unterhaltungen werden nur im Flüsterton geführt. Im Erkerzimmer, in das wir einzeln eintreten mußten, saßen drei Beamte an einem langen Tisch. Einer nahm meinen Paß und alle Bescheinigungen, holte eine große rosa Karteikarte im DIN-A5-Format, auf der mein Name und allerlei Buchstaben und Zahlen vermerkt waren, fragte mich sehr höflich, wie lange ich bleiben würde, gab mir den Paß zurück, nachdem er ihn mehrmals gestempelt hatte. Ich steckte ihn ein, ohne ihn anzusehen, lief die Dienstbotentreppe hinunter auf die Straße, die Straße entlang zum Elbufer, das Elbufer entlang, 5,8 km zur Brühlschen Terrasse.

Auch am Elbufer hat sich äußerlich wenig verändert, die alten Villen stehen in großen verwilderten Gärten, mit zehn oder zwölf Klingelschildchen anstatt einem. In den Garagen verwahrt man Kohlen, Kartoffeln, Obst. Auf den Elbwiesen weiden Schafe und Kühe, der Schäfer erzählt mir, es habe lange nicht geregnet, werde in den nächsten Wochen auch nur wenig regnen. Über dem Blauen Wunder glänzt weiß die Kuppel von Manfred von Ardennes Observatorium. Was für eine Menschen- und Autoleere inmitten einer großen Stadt, entlang des Flusses! Ab und zu kommt ein russischer Militärlastwagen vorbei, brummeln Wartburgs und Trabants vorüber. Zwischen Ufer und Straße strecken sich Sportplätze, überall, auch gegenüber auf der anderen Elbseite, rennt, springt, wirft es, tauchen Ruderer und Kanufahrer Riemen und Paddel ins Elbwasser, nicht verspielt, sondern zielstrebig, eins-zwei, eins-zwei- eins-zwei... Militärisch ist das trotzdem nicht, aber ernst, so ernst. Man hat das Gefühl, daß diese Kinder und Studenten dauernd ein Ziel vor Augen haben, irgendwohin wollen.

Kurz vor der Elbterrasse setze ich mich neben einen Sportplatz, nehme einen Apfel aus der Tasche und fange an zu fotografieren. Erst guckt man mißtrauisch, dann, als ich zwischendurch wieder meinen Apfel mampfe und Zeitung lese, hält man mich höchstens für eine, die ein bißchen spinnt, so eine komische Person, die in der Abendschule fotografieren lernen will. In einer Art Schaffenspause verschenke ich an zwei der Jungen Äpfel, wir fangen an, uns zu unterhalten. Sachsen sind neugierig, die, die gucken, und die, die beguckt werden, auf die Gucker, und auf das Wie und Warum. Ich sage die Wahrheit, daß ich hier fotografiere, weil das Licht so gut ist und ich einen Vordergrund brauche.

Sie sehen sich der Reihe nach das Bild durch das kurze Teleobjektiv an. Ich erkläre ihnen, wie das ist mit der Bildschärfe und dem Vorne und Hinten. Sie erzählen mir, daß sie gern Sport treiben. Wie immer in der DDR fand ich alle Kinder völlig unbefangen, solange sie mich für eine der Ihren, das heißt, für eine DDR-Bürgerin hielten. Sagte ich ihnen, ich sei aus dem Westen, so erhöhten sich schlagartig Interesse und Vorsicht. Man wollte mehr wissen, viel mehr, und möglichst selber gar nichts mehr sagen.

Mädchen und Jungen ziehen sich ungeniert voreinander um, ganz ohne unangebrachte Hemmungen, völlig natürlich. Überhaupt tat die totale Nüchternheit der jungen Menschen in der DDR manchmal geradezu weh.

Von irgendwelchem Geschiß will keiner was wissen, und vormachen lassen sie sich auch von niemandem was. Zu beeindrucken sind sie kaum, außer von etwas, das sie selbst wahrnehmen und nachprüfen können. Solange die Kinder, die da um mich versammelt waren, die Bilder nicht sehen konnten, glaubten sie auch nicht sehr an meine Fotografiererei. Sie erklärten mir aber geduldig und nett die Regeln für die Kanufahrer die, auf einem Knie hockend, vorüberpaddelten. Über meine Dummheit mußten sie lachen, taten das aber freundlich. Als ihr Lehrer oder Trainer rief, waren sie sofort wieder ganz konzentriert bei der Sache.

Die Kinder und Studenten beschäftigten mich in den nächsten Wochen am meisten, und sie sind für uns am schwersten zu verstehen. Zum erstenmal wächst hier eine Generation von Deutschen in einem anderen Staat auf, einem anderen Gesellschaftssystem, mit anderen Normen, Riten, Wortgebräuchen. Man kann sich nicht irgendwie in der Zeit zurückhangeln bis zu einem Punkt der Gemeinsamkeiten wie mit den Älteren und den Alten. Einen solchen Punkt gibt es zwischen uns und diesen Menschen nicht.

Ich habe mich mit den meisten von ihnen gern und lange unterhalten. Ob ich sie richtig verstanden habe, weiß ich nicht. Trotz aller Gesprächigkeit fand ich sie sehr verschlossen, zwei Leben lebend, das eine davon in einer privaten Burg, deren Zugbrücke ständig hochgezogen ist. Um sie zu verstehen, ist es, so meine ich, nützlich, russische Autoren zu lesen, und erst in der DDR selber begreift man die ungeheure Präzision der Bücher von Christa Wolf.

Auf der Elbwiese also begannen mich die Kinder und Studenten zu interessieren, die mit so viel Ernsthaftigkeit und trotzdem so lapidar Sport trieben. Sollte es sich beim Biddeln ergeben, wollte ich mich vor allem mit ihnen unterhalten, so oft und so viel wie möglich.

Während ich weiter auf dem alten Treidelpfad entlangging, versuchte ich mich an den Spruch Heraklits zu erinnern, wonach keiner zweimal in denselben Fluß steigt. Das galt auch für mich, und ich mußte erkennen, daß es nicht leicht sein würde, dies alles hier zu begreifen, daß ich mich irrte, wenn ich das Dresden von 1971 mit dem Dresden meiner Kindheit verwechselte.

Viertes Kapitel

Das Blaue Wunder

Ich hatte, als ich endlich bei den Ruinen des Schlosses angekommen war, gewaltigen Hunger. Gleich dahinter steht ein Monstrum, neu, gepriesen und fürchterlich: die HO-Gaststätten *Am
Zwinger,* ein Riesending, ganz unten im *Radeberger Keller* der
Treffpunkt der Schwulen, dann zu ebener Erde die Cafeteria,
und so immer weiter hinauf in der schrecklichen Herrlichkeit.
Oben mit Musik. Freßwürfel nennen das die Dresdner. Er ist
beinahe immer voll. Dort gibt es für eine Mark fünfzig Riesen-
terrinen mit Eintopf, der sehr gut schmeckt, zumal wenn man
von Blasewitz zu Fuß gekommen ist. Als ich mich gerade mit
meinem Linsentopf gesetzt hatte, strömte eine Horde Schulkinder herein, sie waren aus Hainichen zur Dürerausstellung
angereist, interessierten sich aber weniger für Dürer als für das
Essen. Schulklassenausflug. Nach Dresden kommen sie alle.

Es war nun Zeit, das Tantchen zu besuchen, im Altersheim
neben dem Zoo. Vom Freßwürfel über den Altmarkt (auch
Grippeplatz genannt, weil es so zieht) lief ich zur Prager Straße.
Dort wird gerade ein riesiges rundes fensterloses Kino gebaut.
Nicht weit davon steht das elektronische Rechenzentrum *Robotron.* Was sagt der Dresdner? »Das (Kino) ist der Papierkorb
vom Robotron.« So sieht's auch aus.

Die DDR ist sehr stolz auf die neue Prager Straße. Was soll
ich dazu sagen? Es stehen Brunnen drauf, Autos fahren nicht
(also ist es gar keine richtige Straße, sondern ein Fußweg), ein
bißchen ist sie Platz, sehr breit, ein bißchen Passage, wegen der
Läden. Dominiert wird dieses merkwürdige Etwas, weder Fisch
noch Fleisch, vom Newa-Hotel, flankiert von noch drei anderen:
Lilienstein, Königstein und Bastei.

Die neue Prager Straße ist weder schlecht noch gut. Sie führt
an einer wunderbaren Durchblicksachse entlang. Vom Altmarkt
aus sieht man hinter dem Bahnhof bewaldete Höhen, anders-
herum die Türme von Schloß und Hofkirche hinter dem Altmarkt.

Die Hotels sind nicht viel anders als Hiltonhotels anderswo,
also zum Beispiel in Frankfurt am Main oder in Paris. Aus-
tauschbar. Was fehlt, um diese »Straße« zu einem Treffpunkt
zu machen, sind Cafés mit Stühlen und Tischen im Freien, überhaupt das, wo man sich eben trifft, Kinos, Restaurants, Bouti-

quen. Was es gibt: Reisebüros, Post, einen riesigen Bücherladen, Spielzeuggeschäft, Blumengeschäft, Koffergeschäft. Damit aber ist das Gesamtangebot der Prager Straße schon zu Ende, denn die Kleidergeschäfte lassen kaum ein Herz höher schlagen.

Wohin die Dresdner verbotenerweise strömen; zu den beiden *Intershops,* für die westlichen Fremden eingerichtet, täglich voller Dresdner, die dort mit kapitalistischer Währung Kaffee kaufen und Zahnpasta, Niveacreme, Pullover, Schokolade, Zigaretten, Kognak, Haarfestiger, Hemden mit einer schwarzen Rose drauf.

In den drei Hotels, und vor allem im Newa, wohnen Kapitalisten, Delegationen, DDR-Funktionäre. Wohnen reiche Dresdner, die einst mit dem Handwagen *über die Grenze gemacht sind* nach dem Einmarsch der Russen (oder, *wenn sie schlau waren,* noch vorher) und heute als Millionäre im Westen leben. Viele kommen, um anzugeben, und das Newa eignet sich dafür gut. Dort kann nur wohnen, wer was ist, hier oder dort, hüben oder drüben. Voilà. Die Dresdner vermeiden deshalb den Intershop im Newa und gehen lieber in einen anderen, im Gewandhaus vielleicht oder am Bahnhof.

Zum Bahnhof führt die Prager Straße hin. Der Weg von der Brühlschen Terrasse über den Altmarkt und die Prager Straße zum Bahnhof durchmißt die ganze große Traurigkeit des Aschermittwoch 1945. Die neue Prager Straße führt über jene Wüste, unter der die Trümmer liegen, und die Knochen der toten Dresdner. Den Kindern tut das nicht mehr weh: Sie freuen sich. Ihnen gefällt die neue Fußgängerzone mit ihren Springbrunnen sehr. *Das is' was.*

Als ich auf dem Wege den Papierkorb vom Robotron, sprich das neue Panorama-Kino fotografiere, mit Kran und Bauarbeitern, kommen drei junge Männer vorbei. Einer sagt: »Was, Sie spionieren wohl?« — »Ja«, sag' ich, »gegen viel Geld aber nur«. Die drei lachen.

Vor einem Springbrunnen hat eine Gruppe russischer Soldaten Aufstellung genommen, ein Leutnant zeigt einem Unteroffizier, wie man mit der alten Leica umgeht, dann geht er zurück zu den anderen, zieht seine Ausgehuniform straff, alle machen Fotografiergesichter, sehen so sauber und geschrubbt und jung aus. So stehen sie lange, denn der Unteroffizier mit der Leica ist ungeschickt, muß noch dreimal fragen. Die Deutschen, die vorübergehen, lassen sich Späße einfallen, laut und ungeniert, aber nicht bissig, hämisch oder böse. Die Kluft verläuft nicht zwischen

Russen und Deutschen: Sie trennt oben und unten, und geht durch den ganzen Block.

Im Spielwarenladen kaufe ich für drei Mark einen schönen hellroten Drachen und einen *Pittiplatsch* — Fernsehfigur, das *Sandmännchen*, Mäcki der DDR. Während die in Leipzig und anderswo jeden Abend uns sehen, sehen wir sie nicht. Wer weiß bei uns, wer Pittiplatsch ist? Und Schnatterlinchen?

Vom Bahnhof aus gehe ich an den neuen Studentenwohnheimen vorbei zum Altersheim, hier Feierabendhaus genannt. Die DDR hat den größten Altenüberschuß der Welt, es ist nicht zu übersehen. Auf Schritt und Tritt begegnen mir die Rentner, füllen die Straßenbahnen, Busse, Züge und Dampfer, die Straßen und Wege und den Zoo an sonnigen Tagen. Sie bekommen nicht viel, so etwas über hundertsechzig Mark meist, zahlen aber überall weniger und biddeln deshalb andauernd durch die Gegend. Das viele Gehen erhält sie gesund, das wenige Geld hindert sie daran, zuviel und zu gut zu essen. Sie leben lange. Nicht selten dominieren sie ein ganzes Bild, sind überall und immer. Sie bleiben den Kindern im Halse stecken, aber die Kinder sagen nichts, nur unter sich.

Ich finde die Straße, das Heim ohne Mühe, das meiste in Dresden kann man wegen der großen Zwischenräume schon von weitem erkennen. Der Pförtner sagt mir: »Sie ist fortgegangen, zum Kaffee zu einer Freundin.« Ich hinterlasse bei ihm meine Geschenke und einen Brief, lade sie für den darauffolgenden Sonntag zum Essen ein. Seit dreißig Jahren habe ich sie nicht gesehen.

Der Tag ist fast aufgebraucht, mir fehlt die Lust zu allem: Dieses Wiedererkennen und Fremdsein ist eine große Anstrengung. Sicher, auch ich bin schon zehn Kilometer gelaufen. Die Straßenbahnen fahren vollbepackt an mir vorbei, um vier Uhr hat die zweite Schicht Feierabend. Fast überall in der DDR wird in drei Schichten gearbeitet.

Da fallen mir die Elbdampfer ein, und daß ich auch auf dem Fluß nach Hause fahren kann.

Am Terrassenufer, gemalt und fotografiert sicher schon millionenmal, hat die Weiße Flotte ihre Haltestelle. Ich kaufe eine Karte nach Blasewitz: vierzig Pfennig für eine halbe Stunde Fahrzeit auf den alten Raddampfern, auf den neuen Motorschiffen ist es teurer. Dafür sind die alten schöner. Mit mir sitzen Rentner auf einer wackligen Bank, so alt sicher schon, daß sie, wie die Dampfer, noch aus dem Königreich Sachsen stammt. Wir warten, zehn Minuten, zwanzig Minuten, eine halbe Stunde über die Zeit. Dann eine Stimme: »Unser Schiff muß erst Kohle bunkern, die Abfahrt verspätet sich.« Niemand schimpft, einige lachen sogar.

Was kommt denn nicht zu spät?

Man ist froh, wenn es überhaupt kommt.

Und die *Stadt Wehlen* kommt und sieht wunderschön aus, wie ein ältlicher, aber würdiger Schwan, ein bißchen aufgeplustert durch die breiten Radkästen. Ich stelle mir vor, sie könnte jeden Augenblick an Land watscheln. Vorn auf dem Deck liegen zwei Telegrafenstangen mit eisernen Spitzen. Wozu?

Es tutet. Der Schwan legt ab. Ob mein Dampfschiffkondukteur so schön ist wie der, in den sich Tante Nelly vor dreiundsiebzig Jahren verliebt hat?

Wir fahren los, ein Schiff voller alter Leute und einiger Kinder, fahren durch die Abendsonne stromaufwärts, schnaufend, mit einem dünnen langen Schornstein und kerzengeradem Bug. Hundert Jahre fast ist die *Stadt Wehlen* alt, vielleicht sogar die hölzernen Bänke, auf denen wir sitzen. Es gibt Bier, Abendbrot, unten im Salon, wenn man will. So schwimmen wir ganz langsam mitten durch die Stadt, durch die Brücken, an den Villen vorbei, an Kühen, Schafen und Kindern, die Drachen steigen lassen, auch Kastendrachen, wie ein kleiner Junge fachmännisch neben mir sagt. Hinten weht groß die Fahne mit Hammer und Zirkel, wie aufgezogen rudern die Rennboote an uns vorbei und ganze Rudel von Kanus und Kajaks. Wehte nicht die Flagge am Heck, nichts könnte dem Mann vom Mond verraten, welches Jahr es ist, und daß man weiter unten an und in dem gleichen Fluß, auf dem wir schwimmen, Deutsche erschießt, die nach Deutschland wollen. Und die in den Ruder- und Paddelbooten neben uns erhalten eines Tages den Befehl, zu schießen, auf uns, drüben, auf welche, die von »uns« zu »uns« wollen. Was für ein Fluß!

Das Blaue Wunder taucht auf, die einzige Elbbrücke — »von mutigen Bürgern« gerettet —, die den Krieg heil überstanden hat, technisches Meisterwerk von einst, nun längst nicht mehr blau angemalt, sondern grau, plötzlich klein, nicht mehr riesig und zum Fürchten wie damals, als ich erschrak, wenn es beim Darüberfahren donnerte. Ich werde immer aufgeregter, je näher wir dem Blauen Wunder kommen, der Schwebebahn und der

Drahtseilbahn, eine zum Weißen Hirsch, die andere nach Oberloschwitz. Und da steht das Haus des Großvaters hinter den Bäumen am Hang, das übernächste nach der großen Ludwig-Richter-Villa mit ihrem Turm.

Im gleichen Augenblick veränderte sich in mir etwas, veränderte sich für immer. Diese Reise nach Hause war für mich die notwendigste von allen, und als sich die Esse senkte und wir durch das Blaue Wunder dampften, fiel mir wieder ein, daß niemand zweimal in den gleichen Fluß steigt. Keiner kann das Wasser verankern. Der Traum war endlich ausgeträumt.

Auf dem Heimweg kaufte ich in der Broilerbar am Schillerplatz zwei gebratene Hähnchen, und zu Hause wurde ich mit dem Jubelschrei empfangen: »Es gibt Bier!«

Bis heute glauben sie mir nicht, daß ich damals so weit gelaufen bin — an einem Tag.

Meinen Drachen von der Prager Straße habe ich irgendwo unterwegs verloren, im Altersheim oder auf dem Schiff.

FÜNFTES KAPITEL

Ämter

Der Besucher aus dem Ausland — aus jedem Ausland übrigens — muß in der DDR mehrmals auf Ämter gehen. Hält er sich einigermaßen an die Regeln, an die vielen, vielen Regeln, geht alles ohne jedes Aufheben vorüber. Man ist dazu angehalten, ihm höflich zu begegnen. Nicht selten aber führen sich Westbesucher auf wie »nackischte Wilde«, so sagt man in Sachsen. Nur: nackischte Wilde würden sich nicht so aufführen.

Die meisten Besucher aus der Bundesrepublik sind in den Polizeiämtern nervös, und die neben ihnen sitzenden Anverwandten erst recht. Man freut sich über den Westbesuch, problemlos ist er nicht. Im täglichen Leben muß man aufpassen und darf nicht auf die vielen kleinen Pulverfäßchen treten, die überall herumliegen. Pulverfäßchen tragen aber auch wir in unseren Taschen: Ich spürte das mehr als einmal. Meist hielt ich fest meinen Mund zu — immer gelang mir das nicht. Die wenigen Male, an denen ich explodierte, war eine solche Explosion sicher berechtigt. Die nicht betroffenen Anwesenden freuten sich natürlich, daß da eine aussprach, was sie nicht aussprechen konnten. Sie feixten stillvergnügt nach innen, zumal sie und ich ja Sachsen waren.

Gott sei Dank gab mir die Polizei niemals Anlaß zu irgendwelchen unbeherrschten Ausfällen, außer an Kreuzungen sah ich sie fast nie, und auf der Meldestelle war man von größter Höflichkeit. Lange warten muß man bei uns auch, und für die Meldepflicht-Gesetze können die Blasewitzer Beamten wahrhaftig nichts: Die haben sie nicht gemacht.

Ich habe oft Polizisten befragt, nach dem Weg, ob was offen ist, ob ich da und dort hindürfe. Erstaunt sahen sie mich jedesmal an, besonders die jungen. Fragt sie denn sonst niemand?

Hatten sie mir aber — immer höflich — Auskunft erteilt, so entfernten sie sich, mehr oder weniger unauffällig, wenn ich stehenblieb. Erst lange danach wurde mir klar, daß sie wahrscheinlich angewiesen sind, sich mit uns in keine Gespräche einzulassen. Ich bin auch tatsächlich niemals mit einem Polizisten ins Gespräch gekommen, eher schon mit Soldaten und Offizieren der Volksarmee; selbst dann, wenn sie in Uniform waren. Am Fotografieren wurde ich von der Polizei niemals gehindert, hielt mich aber auch strikt an die Vorschriften. Mein Ausweis wurde an keinem Ort und zu keiner Zeit kontrolliert, nicht auf den Bahnhöfen, nicht in den Zügen oder Autobussen, nicht auf der Straße oder im Intershop.

Bei der Ankunft muß man sich nicht nur bei der Polizei melden, sondern auch ins Hausbuch einschreiben. Darin verzeichnet fand ich Geburten und Todesfälle, Umzüge und alle Besuche von auswärts. Die Frau, die es in unserem Haus führte, ist nicht Parteimitglied, gilt sogar als Bibelforscherin. Offensichtlich hatte sich keiner um diese Arbeit gerissen. Am Tage vor der Abfahrt schreibt man sich wieder ein.

Mir scheint, diese vielen Bestimmungen dienen weniger der allgemeinen Kontrolle als dem Zur-Verfügung-Stellen von Angelhaken, falls man einen Fisch sucht, der auf legale Weise gefangen werden muß. Da Überschreitungen im allgemeinen nicht geahndet werden, ist es verführerisch, sich um all diese Kleinigkeiten nicht mehr zu kümmern, aus Schlamperei mehr als aus anderen Gründen. Solche Unterlassungen könnten eines Tages ohne weiteres völlig legal dem Fang dienen. Vielleicht aber übertrage ich hier nur unwillkürlich Erfahrungen mit der französischen Justiz auf ein anderes Land.

Meine eigene Aufenthaltsgenehmigung galt nur für den *Kreis* Dresden, aber das entdeckte ich erst am vorletzten Tag, als ich mir zum erstenmal den Stempel ansah. Es ist aber durchaus möglich, per Zug oder im Bus kreuz und quer durch die ganze DDR zu fahren, von der Ostsee bis zum Böhmerwald, von Thüringen bis Frankfurt an der Oder. Die Versuchung ist geradezu ungeheuerlich — wer möchte nicht wieder auf der Insel Rügen durch den Herbstwald gehen, am Müritzsee seltene Zugvögel beobachten, in Frankfurt an der Oder Freunde besuchen? . . . Warum also tut man es nicht? Warum tun es beinahe alle Rüberfahrer nicht? Weil man uns höchstens abschiebt (heutzutage), uns weitere Besuche verweigert. Aber die anderen, die man besucht hat, die man nicht abschiebt? Ich habe mir beinahe jeden Tag den Fahrplan angesehen, mir Reiseverbindungen ausgerechnet — und ihn dann traurig wieder beiseite gelegt.

Wer in die DDR nach vielen Jahren zum erstenmal »heimkommt«, ist in einer tausendfach prekären Lage, schreitet wie im Traum auf einem Drahtseil durch die dreißig Tage seines Aufenthalts, hoch oben, weit weg und ist den Menschen, die ihn unmittelbar umgeben, auf einmal doch wieder näher als zu irgendeiner Zeit in den Zwischenjahren. Nur am Ort der Kindheit ist man wirklich *zu Hause*. Und doch sind wir, auch für die allernächsten Verwandten und Freunde, Zuschauer geworden: Die einen stehen für die anderen auf der Bühne. Sie führen Komödien, Tragödien, Tageläufe auf: Das Stück wird niemals ganz verständlich, aber man befindet sich nicht in einer Vorstellung, die sich beliebig unterbrechen läßt, wenn das Stück nicht mehr gefällt.

Ämter. Auf den Postämtern in Dresden und Leipzig war man ganz besonders nett, gerade dann, wenn es schwierig wurde. Ein Telegramm ging verloren. Man nahm sich sogleich und gründlich dieser Sache an. Ein Anruf nach Zürich kam nicht durch: Man versuchte es mit einem zweiten, dritten Weg. Der einzelne, auch im Amt, versuchte überhaupt immer wieder, Schwierigkeiten aus dem Weg zu räumen. Ist aber ein Westbesucher unverschämt — dann gehen alle Schranken herunter.

Mißverständnisse eingeschlossen. Ich gab auf der Hauptpost ein Telegramm auf, »Ankomme München Hauptbahnhof...«, Feldafing mit der Postleitzahl. »Ist das bei uns?« fragte die am Schalter. »Nein«, sage ich, ohne zu denken, »bei uns.«

Schweigen. Der Ton bleibt höflich, wird kalt, schneidet die warme Dresdner Luft.

Geduld ist die wesentlichste Tugend, die wir mitnehmen müssen.

SECHSTES KAPITEL

Im Zoo

In den nächsten Tagen versuchte ich mich zurechtzufinden. Ich las jeden Morgen die Zeitungen, dünn, dünner geht's nicht, holte Schrippen, trödelte rum, was in Sachsen *mehren* heißt. Im »Uwubu« am Pirnaischen Platz kaufte ich herrliche Blutwurst, aß daneben in der Fichgrillbar »Gastmahl des Meeres« Fischsuppe und Karpfen, billig, hervorragend. Wie alle guten Restaurants immer brechend voll. Was Uwubu bedeutet? Es dauerte eine Weile, bis ich das herausbekam: Ulbrichts Wucher-Bude. Sagt es ein Kind in der Schlange, kichern die anderen. Hier gibt es *gehobene* Lebensmittel und die besten Würste, zum *angemessenen* Preis: Luxus als Belohnung für *hervorragende* Arbeit. Von Prämiengeldern? Oder was sonst? Es soll noch teurere Lebensmittelgeschäfte geben. Russischen Kaviar, französischen Camembert oder echtes Pilsner Bier findet man aber auch dort nicht. Die Unterschiede sind fein und jedem DDR-Bürger ganz und gar geläufig. Bei meinen Verwandten sprachen wir niemals davon, eher schon in Pillnitz oder Blasewitz beim Warten auf den Dampfer.

Die Rentner sind am gesprächigsten, von ihnen weiß ich auch, was Uwubu ist.

Von Rentnern war auch der Zoo voll. Er wurde beim großen Angriff fast vollständig zerstört, die zum Teil verletzten Tiere gerieten in Panik und fielen im Großen Garten die dorthin geflüchteten Menschen an. Jetzt ist er wiederhergestellt. Auch eine Zooschule für Kinder hat man eingerichtet, in der Schulklassen an lebenden Tieren zoologischer Unterricht erteilt wird.

Trauriger Zoo. Warum? Vielleicht bin ich ungerecht. Früher war er so schön, groß, so voller Tiere, *so sauber.* Schäbig sieht er jetzt aus, unaufgeräumt, verwahrlost. Und er stinkt mehr als unbedingt nötig.

Immerhin ist er wenigstens nicht halb so traurig wie der in Paris, im Jardin des Plantes, oder der von Madrid, die mir beide auch heute noch Alpträume verursachen mit ihren viel zu kleinen Käfigen. Gepflegt sind die Dresdner Tiere sicher gut, vor allem die Affen in ihrem neuen stolzen Haus.

Woher also kommt der Eindruck der Verwahrlosung? *Don't really care?* Das kann doch nicht stimmen. Aber so sieht es eben aus. Sie haben niemanden zum Kehren und Aufräumen in der

DDR. Und was wird, wenn es dann beinahe nur noch akademische Bürger gibt?

Ein Tier sehe ich zum erstenmal im Zoo: das ulkige Hängebauchschwein aus Vietnam. Mehr als ein Dutzend Hängebauchschweine wuzeln in einem Gehege. Der (alte) Freiflugkäfig ist herrlich hoch und weit. So schön im Großen Garten gelegen, ließe sich aus diesem Zoo was machen. Auch er ist vorläufig wie Sempers Opernbau und tausenderlei. Das neue Affenhaus hat als sozialistische Tat erst einmal alle erschöpft. Daß sein Bau eine sozialistische Tat ist, entnehme ich einer Broschüre.

Ich fand den Leipziger Zoo nicht so traurig wie den von Dresden. Ist das auch der Messe wegen? Tierkauf und Tierpflege kosten sehr viel Geld. Der Eintrittspreis ist niedrig. Arbeitskräfte sind knapp. Die Argumente stehen wie Slalomstangen zwischen Start und Ziel, lassen sich nur umfahren, bringen Ungeübte zu Fall. Der Weg, auch zu Farbtöpfen, geht nicht geradeaus.

Ein asiatisches Kamel schnuffelt mir im Haar herum. Die Zusammensetzung der Tiersammlung hat sich, unbemerklich fast, nach Osten hin verschoben: Sozialistische Zoos sind in Richtung Sibirien und Nordvietnam besser assortiert. Im ganzen besehen ist das eine Bereicherung. Für das ganze Deutschland meine ich! Aber für wen ist es denn noch ganz?

Durch den Großen Garten fährt die Pionier-Eisenbahn, die Idee solcher Miniatureisenbahnen, die von Jungen Pionieren betreut werden, kommt aus der Sowjetunion. Auch in Karl-Marx-Stadt gibt es eine. Mein Tantchen fährt auf der Dresdner oft und gerne durch den Großen Garten, am Carolasee und -schlößchen vorbei, am Zoo entlang, bis zum Fučíkplatz und zurück, eine Dreiviertelstunde für zwanzig Pfennige.

Auf dem Wege zum Tantchen war ich nun endlich, als ich den Zoo verließ: Zum Altersheim sind es nur wenige Minuten. Das Altersheim ist groß, nach dem Krieg entstanden, hat Gärtchen und Brunnen und zwei Seelöwen aus Bronze. Ein Platz im Doppelzimmer einschließlich Heizung und voller Verpflegung kostet im Monat, glaube ich, ungefähr neunzig Mark. Die Zimmer sind winzig, haben aber meist einen kleinen Balkon und immer fließend kaltes und warmes Wasser. Mit winzig meine ich winzig. Auch eine Abteilung für bettlägerige Bewohner ist vorhanden, eine Heimärztin, Pförtner, Fußpflege. Tantchen hat ihren eigenen Fernsehapparat im Zimmer. Damit ist sie auf die Toleranz ihrer

Mitbewohner angewiesen. Das Sandmännchen kann, darf sie an keinem Tag auslassen, und ein Pittiplatsch liegt in der Ecke auf ihrem Bett. Die Wände sind voller Bilder, Eltern, Großeltern, der gefallene Sohn auf einem Feldflugplatz in Rußland. Tantchen selbst hat eine tragisch-komische Geschichte aus ihrem Leben gemacht: Sie heiratete einen Hochstapler, elegant, gut sah er aus — und verspielte Tantchens Häuser in Blasewitz, Striesen und der Prager Straße, das Vermögen, den Schmuck — alles. Dann nahm er Salzsäure (sagt Tantchen), wir glauben eher, es war Zyankali. Der Gedanke, den Rest seines Lebens im Gefängnis verbringen zu müssen, war ihm zuwider. Sieben Jahre dauerte die Ehe. Ich sage: »Tantchen, warum bist du denn so lange bei ihm geblieben?« Das Tantchen: »Aber er konnte so charmant sein.« Ich: »Wann denn?« Tantchen: »Wenn er Geld brauchte.«

Naiv ist ein zu unscheinbares Wort, um Tantchens Seelen- und Geisteszustand völlig zu beschreiben. Der ist unfaßbar. Er erschöpft sich höchstens in der grenzenlosen Sehnsucht nach einer ungetrübten Kindheit, die es nicht gab, weil sich ihre Eltern hatten scheiden lassen. Sich scheiden ließen noch zur Zeit des Königs, als man sich eben nicht scheiden ließ. Daß sich darüber die Welt verändert hat, der König längst gegangen ist, Dresden verbrannt, die Russen hier, der Sohn tot — was wiegt das alles gegen diese fürchterliche Kränkung ihrer Kindheit?

Tantchen hat extra eine Flasche Bier für mich gekauft und Tilsiter Käse, weil sie sich daran erinnert hat, daß ich nicht gern Süßes esse. Dann holen wir den Koffer mit den Bildern unter dem Bett vor: Wo sonst hätte der denn Platz? Auf den Knien breiten wir die Familie aus. Lesen wie im Märchenbuch. Je mehr Bilder ich ansehe, desto weiter rutscht's weg, immer weiter, die Tage, die Orte, die Tanten und Onkel und Großeltern. Die, die ich gemocht habe, behielt ich sowieso in Erinnerung, die anderen sind noch fremder geworden als damals, weit weg, wohin ich sie geschoben hatte. Der Großvater sitzt inmitten seiner aufgespießten Schmetterlinge vor dem Mikroskop. Warum mochte ich ihn denn bloß nicht? Ich kann mich nicht mehr erinnern: will nicht. Er sah Bismarck verblüffend ähnlich und war stolz drauf. Seine zweite Frau, die Mutter meiner Mutter (ja, meine Eltern wurden Stiefgeschwister, nachdem sie schon verheiratet waren), steht, sitzt: immer elegant, immer richtig, stolz, schön, durch die Scheidung von ihrem ersten Mann, so erzählt mir jetzt das Tantchen zum erstenmal, zutiefst getroffen.

»Damals hat sie viel geweint«, sagte Tantchen. Ich kann mir die Großmutter nicht vorstellen, wie sie geweint hat. Sie hat den Großvater (den mit den Schmetterlingen) tyrannisiert. Vielleicht mochte ich ihn nicht, weil er sich von seiner Frau tyrannisieren ließ? Schlagartig verschieben sich die Lichter und Schatten, als habe jemand eine zweite Tür aufgemacht, einen Vorhang hochgehoben. Die Großmutter hat viel geweint, weil der Großvater die Tante Berta geheiratet hat. So was war mir einfach nicht eingefallen.

Es wird dunkel, wir knipsen das Licht an. Wo denn vom Großvater noch Figuren stehen? Oben auf dem Rathaus, zwölf oder so. Die, die unten davor standen, sind weg, vom Angriff zerstört. Und in Bautzen im Museum und hier und dort.

Und wo ist er begraben? Im Ehrenhain in der Dresdner Heide, auf dem Weg nach Moritzburg. In der Dresdner Heide, auf dem Weg nach Moritzburg: So schön möchte ich's auch mal haben. Die Tante lacht: »Du bist doch noch jung!«

Wie arrangiert sich dieser Mensch mit der ungeheuren Fremdheit der Dresdner, der sächsischen, der DDR-Realitäten? Tante begrüßt die neue Zeit. Ihr Bewußtsein schlägt Purzelbäume. Sie ist *dafür*, ganz und gar. Und beschwert sich doch eines Tages, weil man sie eine Kommunistin geschimpft hat. Der Prozeß des Innewerdens ist in Bruchstücken vollzogen, die Scherben stimmen, aber aus drei Scherben läßt sich kein neuer Topf machen. Tante lebt friedlich mit Pittiplatsch und Sandmännchen und Ulbricht und Honecker, ist eine gute Bürgerin, wählt SED. Stolz auf ihren Westbesuch zeigt sie mich vor, wünscht sich Briefe, lange Briefe noch mehr als Päckchen — und Besuch.

Die Tante kann noch immer schimpfen, böse sein: o ja. Wenn die Kusine nicht kommt, zum Beispiel. Der Gedanke, daß *die* müde ist nach zwölf Stunden Unterwegssein und Arbeit und Abendstudium und Auf-Züge-und-Straßenbahn-Warten und für Bier anstehen — der Gedanke kommt Tantchen nicht. *Ihre* Welt ist genau begrenzt, kompakt, artig: Auch beim Wählen zum Beispiel will sie sich nicht weh tun. Sie kann Ulbricht und Honecker und die SED unterbringen.

Aber nicht den Tatbestand, daß ihre Enkelin wenig Zeit hat und nur selten kommt.

Die Regierung hat mit Pittiplatsch gemein, daß sie beinahe täglich auf dem Fernsehschirm erscheint und dort nur Gutes bringt, Gutes will, auch wenn es mal schiefgeht interimsweise.

Für Tantchen oder den Mann vom Mond ist die Regierung nicht so weit weg von Pittiplatsch, der dem Schnatterlinchen einen Anhänger schenkt, den die Frau Elster verloren hat, wie für uns. Es tut ihr das eine wie das andere wohl, denn beide versprechen gut zu sein, alles gut zu machen. Probleme werden ausgeklammert oder in Feinde verwandelt. Die kann man dann verdreschen oder überlisten. Oder es geschieht sonst irgendwas zum Jubeln.

Die einzige Unruhe, die ich an Tantchen je bemerkte, überkam sie, als die Gefahr bestand, sie würde Sandmännchen an diesem Abend verpassen.

Sie sind, im Grunde genommen, die total Überflüssigen im Staat, und in der Struktur einer Ideologie, die den *werktätigen* Menschen und seine *konkrete* Leistung zum Mittelpunkt hat: die Alten der DDR.

Mir erschienen die meisten von ihnen geradezu ungeheuerlich kindlich, mit dem Eifer von Kindern verrichtend, was sie sich zu verrichten vorgenommen hatten, unbeirrbar. In einem großen Wald von Wichtigkeiten, die uns verborgen bleiben, verbringen sie ihre Tage. Es ist mir so, als sei das ganz einfach zuviel für die meisten von ihnen gewesen: Kaiser und König, dann der erste Krieg, dann gibt es Krach und Mord auf den Straßen, Revolution, Kaiser und König gehen, Arbeitslosigkeit, Inflation, Hitler, wieder ein Krieg, eine Dresdner (oder Berliner, Leipziger usw.) Hölle: Die Städte brennen ab. Die Russen kommen, sind nach sechsundzwanzig Jahren noch immer da, eine Grenze ist gezogen, an der man erschossen wird, eine neue Ideologie zieht ein, hängt an allen Wänden, steht in allen Schulbüchern, füllt jede, aber auch jede Zeitung. Es ist zuviel, einfach zuviel. Zu den Jungen hat man kaum noch Beziehung, selbst wenn es die eigenen Kinder und Enkel sind — der Weg zu ihnen ist zu lang geworden, die Versuche scheitern schon immer irgendwann unterwegs.

Den Jungen gehen die Alten auf die Nerven, weil sie überall sind und nicht aufhören. Sie füllen, zum Beispiel, die Straßenbahnen, wenn man todmüde auf einen Sitz sinken möchte. Sie reden viel und anders. Sie erwarten, daß man sich mit ihnen unterhält über Leute und Zeiten, die man nicht kennt, die einen gar nichts mehr angehen. Ich glaube, von wenigen Ausnahmen abgesehen, ist der Bruch total.

Jeder fünfte Mensch in der DDR ist über sechzig Jahre alt (es sind, genau gezählt, sogar noch mehr: zweiundzwanzig Prozent). Der Tageslauf stellt wesentlich höhere physische Anforderungen an den Normalbürger, Einkaufen, Kohlenschleppen, Warten, Stehen, Gehen — und Arbeiten. Mehr Menschen gehen drüben arbeiten als bei uns, mehr Frauen vor allem. Das Lamento der Alten geht ihnen auf die Nerven, und es währt ewiglich. Dabei können sie lustig sein, ja sogar ausgelassen: ganz anders. Ganz anders dann, wenn man sich *ihnen* ganz und gar widmet. Sie stehen am Rande, drüben noch mehr als hüben.

In den Mittelpunkt aber rücken mehr als eine Million von ihnen, einmal im Jahr: am Tag der Rückkehr aus der Bundesrepublik.

An diesem Tag sind sie unbestritten Star der Familie oder der Gemeinschaft, in der sie leben. Solche Abschiede und vor allem Begrüßungen wie auf den Bahnhöfen der DDR gibt es bei uns längst nicht mehr. Ein Meer blütenweißer Taschentücher winkt dem Zuge nach, ihm entgegen.

Man möchte ja gern *immer* nett zu ihnen sein, aber was sie im Überfluß haben, mangelt allen anderen: *Zeit.*

Mehr als zweieinhalb Millionen, denen die Grenze offensteht, sehen diesen Zügen traurig nach: Wir laden sie nicht ein, nicht mehr ein, oder dürfen sie nicht einladen, weil wir nicht genügend verwandt mit ihnen sind. Begreiflich, daß die, die kommen, die ganzen vier Wochen ihrer Erlaubnis bei uns bleiben möchten, begreiflich, daß sie sich, am liebsten den ganzen Tag lang, mit uns unterhalten möchten, fortfahren, fortgehen, in München oder Hamburg oder Frankfurt biddeln ...

Wie viele von uns drücken sich um die Erkenntnis, daß wir sie nicht gebrauchen können, sie auch uns so oft nach einer Weile auf die Nerven gehen? Uns erinnern, woran wir nicht erinnert sein möchten?

Denn sie könnten ja auch hierbleiben, wenn die vier Wochen um sind, bekommen hier Pension oder Rente wie jeder Bundesbürger auch. Die DDR ist froh, sie los zu sein.

Mit den Alten habe ich mindestens soviel geredet wie mit den Jungen. Die Wellenlänge, unter der sie erreicht werden konnten, war jeweils vollkommen verschieden, und jede Verständigung brach zusammen, wenn man sie gemeinsam antraf. Die Normen passen nicht mehr, es läßt sich kein Gefüge herstellen. Das Problem gilt nun fast schon für unseren Planeten. In der DDR umgibt es einen, umgab es mich, auf Schritt und Tritt — nicht zum wenigsten, weil sie dem Besucher ständig physisch nahe sind und weil ich manchmal beinahe so was wie Haß zu spüren glaubte.

Mehr als dreieinhalb Millionen DDR-Bürger sind also noch unter Kaiser, König, Herzog oder in einer Freien Reichsstadt geboren: Generationen stehen ihnen jetzt gegenüber, die in einem vom Osten her dominierten kommunistischen System groß geworden sind, nichts anderes kennen, je gekannt haben.

Und die, die sich zwischen diesen beiden Eckpfosten hin- und herbewegen, fünfundvierzig Jahre alt sind oder so? Sie schweigen und arbeiten und wollen Frieden. Sie waren in der HJ oder im BDM, haben eine Kindheit mit Hungern, mit Frieren und in gigantischen Feuern hinter sich gebracht, vielleicht Kinder großgezogen, die vor allem von zu Hause weg wollen und was werden wollen und Möbel kaufen, und einen Wartburg... eine Wohnung wünschen sie sich ohne Ofen und Kohlenholen. Wie fremd sie einander doch alle sind! Aber anders als bei uns schweigen sie darüber die meiste Zeit.

Siebtes Kapitel

Karl-Marx-Stadt an der Chemnitz

Etwas Schwieriges, Zerrissenes war also durch meinen Besuch bei Tantchen zum erstenmal für mich sichtbar geworden, etwas, womit ich nicht gerechnet hatte. Die Bevölkerung der DDR ist viel weniger homogen, als wir es wahrhaben möchten. Das Sichtbarmachen der Unterschiede innerhalb dieses Staates für Dritte ist sehr kompliziert, weil sich alle diese Dinge in einem für uns nicht nachfühlbaren Rahmen abspielen. Man mag uns ähnliche Reaktionen zeigen, aber die Ecken und Kanten, an denen man sich stößt, sind von unseren verschieden. Es fielen mir früh im Bett nicht einmal mehr Sätze ein, mit denen ich meine Erfahrungen hätte formulieren können. Ich beschloß deshalb in meine Geburtsstadt zu fahren, und zwar am Tag der Republik zur Einweihung einer elf Meter hohen Karl-Marx-Büste. Das wollte ich sehen, und natürlich auch die Parteispitze, die ihr Kommen zugesagt hatte.

Keine Stadt der DDR hat sich in den letzten fünfundzwanzig Jahren so verwandelt wie Chemnitz. Sie hat nicht nur (so viel ich weiß) als einzige den Namen gewechselt: Heute spricht man mit Bewunderung von einem Ort, für den es früher, zu meinen Zeiten, fast nur Spott gegeben hat. Wer wollte schon aus Chemnitz sein? Eine schmutzige Industriestadt in der Provinz: So nistete sie im Bewußtsein der Deutschen. Die meisten wußten gar nicht, wo Chemnitz liegt. Für die DDR aber ist Karl-Marx-Stadt ein Begriff. Aus Karl-Marx-Stadt kommen, wenn ich mich nicht irre, die meisten Weltmeisterinnen, die nun die DDR würdig im Ausland vertreten. Die Straße der Nationen kennt jedes Schulkind, das Kosmos-Zentrum mit dem Raumfahrtmuseum, und nun diesen elf Meter hohen Kopf des russischen Bildhauers Professor Lew Kerbel.

Es blieb gar keine Zeit mehr, mir bei der Polizei in Blasewitz eine Genehmigung zu holen — aber wer würde, könnte mir verübeln, diesen großen Tag mit meiner Heimatstadt gemeinsam verbringen zu wollen? Ich packte also meine Kamera ein, zog Schuhe an, in denen ich stundenlang laufen konnte, kaufte eine Sonntagsrückfahrkarte (schließlich *feierte* die DDR ihren zweiundzwanzigsten Geburtstag) und setzte mich in einen jener Doppelstockzüge, die für die DDR so charakteristisch sind. Zwei Junge Pioniere griffen mir kräftig unter die Arme und halfen mir,

die ersten Schwierigkeiten glücklich zu überwinden. Erwartungs-
froh stieg ich in den Oberstock, um nur ja soviel wie möglich zu
sehen von allem. Aber die Fenster verwehrten mir das. Diese
Fenster waren unsagbar schmutzig. In jedem Zug, den ich in der
DDR benutzte, ob Expreß oder Bimmelbahn, waren die Fenster
unsagbar schmutzig. Aber jedes Klo, bis hinunter zu dem im kleinsten Dorf, war sauber wie keines mehr im anderen Deutschland.
Und Seife, Handtuch und Wasser sind selbstverständlich. Die
Zugfenster lernte ich übrigens bald selber zu putzen. Damit verging jeweils die erste halbe Stunde der Bahnreisen, gewöhnlich
steckte ich auch die anderen mit meinem Fimmel an.

Auf diese dreckigen Fenster aber war ich nicht vorbereitet, sie
schlugen mir sozusagen ins Gesicht.

An Ablenkung fehlte es nicht: Der Wagen war voller Junger
Pioniere, die alle auch nach Karl-Marx-Stadt wollten. Ihr Ober-
Pionier, ein junger Mann (ich vergaß zu fragen, wie die Ober-
Pioniere offiziell heißen), bat mich sehr höflich, den Krach nicht
übelzunehmen, man habe sich extra oben hingesetzt, um nicht so
zu stören.

Nein, sie störten mich nicht, die Jungen Pioniere — im Gegenteil. Schon nach zehn Minuten spielten wir zusammen Karten.
Wir lachten, bis wir kaum noch Luft holen konnten. Wir erwischten einen beim Mogeln. Ich gab ihnen Schokolade und
erzählte eine Notlüge: Die Schokolade sei von meiner Tante im
Westen. *Chérie*, sagen sie, essen sie am liebsten, und einer meint,
Ferrero-Küßchen seien aber doch besser. Dann packen sie, ungefähr bei Tharandt, ihre Brote und Äpfel aus. Jeder ißt vor sich
hin. Komisch, denke ich, als wir Kinder waren, haben wir alles
untereinander ausgetauscht. Die Späße aber sind die gleichen
geblieben: »Guck mal, deine Geschwister«, sagt einer, als wir an
Schafherden vorüberfahren. Fast alle tragen das blaue Tuch der
Pioniere um den Hals, manche auch Pionierblusen, sonst eben,
was Kinder auf einem Ausflug anhaben. Einen Fotoapparat, wie
bei uns, hat keiner dabei. Hinter uns spielen welche Schach,
werden gehänselt. Ob der Fluß die Mulde sei oder die Zscho-
pau? Fragend sehen sie mich an — ich habe es längst vergessen.
Dagegen erkenne ich sofort die Augustusburg und erzähle die
Geschichte von dem Mädchen, das vorgab, Prinz zu sein, und auf
der Burg eine Zeitlang in Saus und Braus gelebt hat. »Kommt
ihr euch noch vor wie Sachsen?« fragte ich die Kinder, aber sie
sehen mich nur verdutzt an, überlegen sich, wissen nichts Rech-

tes zu antworten. Zu Sachsen werden sie erst später auf der Universität gemacht — durch die anderen. Vorläufig sind sie unter sich, haben es nicht nötig, über so was nachzudenken.

In dem dicken blauen Wälzer für die Messe, *Wer liefert was?* fand ich hinter den meisten Fabriken die Angaben »Sachsen«, oder »Thüringen«, und in Blasewitz auf dem Postamt klebt an den zwei Telefonzellen das sächsische Wappen mit den Kurschwertern. *Sachsen, fleißiges Grenzland,* steht drauf. Was aber ist nicht Grenzland jetzt in der DDR? Selbst Thüringen, das *Grüne Herz Deutschlands* von einst, ist heute Grenzland.

Sie lassen sich gern irgendwas abfragen, wenn wir keine Lust mehr haben, Karten zu spielen. Die vierzehn Bezirke der DDR? Kein Problem, die kennen sie alle. Politiker? Sie wissen außer Ulbricht und Honecker kaum einen. Irgendwie sind die, die sie führen, ganz weit weg. Nahe ist der Lehrer, der Pionierführer, das Fußballteam, die Goldmedaillengewinner der DDR. Diese Kinder erkennen und begreifen ihren Staat an Einzelheiten. Sie stellen ihn nicht in Frage. Die DDR ist ihr Zuhause. Hier dürfen sie herumreisen, von der Ostsee bis zum Erzgebirge, vom Harz bis zur Oder. Und was dieses Stück Land betrifft, können sie in Erdkunde so leicht nicht geschlagen werden. Leistung ist goldumrandet, nicht mit faulen Eiern beschmissen. Aber Lehrer sind doof oder nett — ohne jede Zurückhaltung erzählen sie mir, wer was ist.

Diese Kinder aus der Kleinstadt östlich von Dresden können Westfernsehen nicht empfangen. Ihre Naivität ist viel besser intakt als, zum Beispiel, in Leipzig. Für sie ist Erdkundeunterricht Heimatkunde und hört an den Grenzen der DDR auf. Ihr Fernsehen ändert daran nichts.

Wir sind bald in Karl-Marx-Stadt, der Zug ist diesmal ganz pünktlich. Nichts verrät von außen, von der Bahnstrecke aus, daß sich in dieser Stadt sehr viel verändert hat. Auch die Bahnhofshalle sieht nicht viel anders aus als vor dreißig oder vierzig Jahren — bis man durch die unbemannten Sperren geht. Die Schalterhalle ist neu erbaut und hergerichtet, mit Reisebüro und Delikatessenladen und Schnellimbiß. Selbst Blumen kann man kaufen. Trotz Feiertag gibt es Zeitungen, ich nehme die *Freie Presse,* das Organ der Bezirksleitung Karl-Marx-Stadt der SED. Oben lese ich, was nun schon seit Wochen in jeder Zeitung steht: »Geburtstag unserer Republik im Zeichen breiter Initiativen für die Volkswahlen.«

Unten ein Artikel über den Schöpfer des Karl-Marx-Denkmals Professor Lew Kerbel. Es wird erst am Sonnabend enthüllt. Also bin ich drei Tage zu früh gekommen.

Mehr als eine halbe Million, 600 000 Mark, hat die Büste gekostet. »Die Werktätigen unseres Bezirkes stellten für das Denkmal 250 000 Mark zu Verfügung.«

Vor dem Bahnhof stehen Taxis. Die Sonne scheint. In meiner DDR-Einkaufstasche habe ich die Kamera und Blutwurstbrote. Am zweiundzwanzigsten Geburtstag der DDR bin ich zum erstenmal seit einem Vierteljahrhundert wieder hier. Dem Taxifahrer nenne ich mein Ziel: Weststraße. Er mault erst ein bißchen: Dazwischen sei alles abgesperrt. Warum? »Da huppen se rum und rennen«, sagt der Mann.

»Was duhn se?« fragte ich verwirrt.

»Nu da huppen se rum un renn, wechen dem Feierdach. Heide is ganz großes Sbordfest, da machn se ehmd so'n Deader.«

»Umzog ooch?« frage ich ihn.

»Nee, Umzuch is diesmal keener. Aber am Sonnabend, da is was los!«

Wir fahren hinten herum, durch verstaubte Straßen, die sich seit 1920 nicht verändert haben. Arbeiterviertel damals wie heute.

Erst an der Kaßbergauffahrt finde ich mich wieder zurecht, sehe dann Häuserreihen, wo früher nur Villen standen. Als ich was sage, klärt mich der Fahrer auf. »Das«, sagt er ohne Umschweife, »das ist *die Sicherheit*.« *Pullach auf dem Kaßberg*, fährt es mir durch den Kopf. Zäune und Mauern sehe ich nirgends, nur brav aussehende Hauptleute der Volksarmee mit Frauen und Kindern, die spazierengehen. Mir aber ist innendrin eiskalt zumute. Die Fahrt kostet zwei Mark fünfzig, als ich dem Fahrer drei Mark gebe, bedankt er sich und wünscht mir viel Spaß. Spaß?

Dann gehe ich zu Fuß weiter durch eine Geisterstadt. Alles ist so, wie es war: Die Kastanien stehen noch da, die Steinplatten auf dem Trottoir liegen, wie sie immer schon gelegen haben; im Garten ist trotz aller Verwilderung zu erkennen, wo das Alpinum war, wo die lange Tulpenrabatte, wie alles geplant war. Auch die Pfirsichbäumchen stehen noch da, völlig kreuz und quer gewachsen. Wie winzig dieser Garten jetzt ist! Früher war das mein Versailles, zum Verlaufen, das Ende nicht abzusehen, voller Tiere (Bienen, Hummeln, Igel, eine Kröte, Mäuse, die Hunde). Das Haus ist alt geworden wie ich selbst, der Eingang abgestützt durch Stämme wie ein Bergwerksstollen. Kein Mensch ist hinter den Gardinen zu sehen, und auch die Straßen sind hier völlig ausgestorben. Ich gehe über die Kreuzung, um das Haus zu fotografieren, komme mir ganz dumm vor, weil ich auf einmal ungeschickt bin und alles fallen lasse. Endlich finde ich das Haus im Sucher, drücke auf den Auslöser, ziehe wieder auf. Sehe genauer hin. Entdecke ein Schild in vier Sprachen (oder sind es nur drei): PROHIBITED AREA. Durchfahren verboten. Fotografieren verboten. Langsam lasse ich die Kamera in die Einkaufstasche fallen. Noch immer ist außer mir niemand auf der Straße. Mein Herz klopft bis zum Hals, ich schlendere in die Nebenstraße, denke plötzlich: Hier stehen doch drei Häuser von Schulfreundinnen, erkenne sie auch sofort. In einem residiert jetzt der Kulturbund, und auch die anderen beherbergen Dienststellen irgendwelcher Art. Große Wohnhäuserblocks entstehen entlang der alten Straßen, die fast alle neue Namen haben: Ich verlaufe mich schließlich ganz und gar. Noch immer bin ich niemandem begegnet.

Dann höre ich eine Straßenbahn, gehe in dieser Richtung: Die Linie 8 quietscht die Weststraße entlang, der Schaffner dreht an seiner Kurbel, es klingelt. Gott sei Dank. Jetzt suche ich die Schulen.

Fand die Schulen: Sie stehen auf Straßen, die ganz klein geworden sind, obwohl sie völlig unverändert blieben. Selbst die Bäume und Häuser sind eingegangen. Manche Praxisschilder erkenne ich wieder, frisch geputzt, wo sie immer gehangen haben.

Auch im verbotenen Bezirk praktizieren Ärzte, wohnen Menschen, die mit den Dienststellen nichts zu tun haben. Endlich lese ich eins der Schilder gründlich. Das Durchfahrtverbot bezieht sich anscheinend nur auf Ausländer, die in Konsulaten arbeiten. Ganz klar wird mir nicht, wer gemeint ist, aber ich fühle mich nun nicht mehr betroffen. Das Fotografierverbot gilt sicher für alle, und was ich so vielen versprochen hatte, die alte Höhere Mädchenbildungsanstalt, später Karin-Göring-Schule genannt, zu fotografieren, ist praktisch unmöglich. Sie steht mitten in dem von Schildern markierten Distrikt der Staatssicherheit. Auch die Schule ist anscheinend Sonderschule für die Kinder derer, die hier arbeiten. Ich hatte im Kopf eine Liste von vierzehn Häusern, die ich besuchen und fotografieren wollte — nun laufe ich so schnell wie möglich wieder den Berg hinauf, an den langen neuen Gebäuden vorbei, die Kaßbergauffahrt hinunter. Auf der Brücke denke ich: Hier ist alles vorbei, fotografiere die Chemnitz und das alte Wehr. Erst unten angekommen sehe ich das Schild, zu spät. Aber die meiste Zeit werde ich ohnehin in der DDR so komisch von der Seite angesehen, wenn ich fotografiere. »Weil Sie so'n teuren Apparat haben«, sagt mir später einer, ein anderer: »Weil bei uns die Frauen nicht so rumknipsen.«

Ich drehe mich weg vom Kaßberg, habe plötzlich das Gefühl, daß ich ihn zum letztenmal im Leben gesehen habe, meine Haut brennt, als wäre ich nackt in die Brennesseln gefallen. Als ob das nicht jedem passieren könnte, daß nun sein Haus und seine alte Schule und die Häuser seiner Freunde und die Straßen, auf denen er als Kind gehopst, gefahren und gelaufen ist, von Schildern umgeben sind, auf denen steht »Verbotener Distrikt«. Was habe ich mir denn eingebildet? Die ganze Zeit über habe ich nur noch die Hummeln gesehen und die ersten Krokusse, der Himmel hatte die Erde immerzu still geküßt, und immerzu blühten die Mandelbäumchen im Garten. Nun war alles noch da, verstaubt und verwildert und viel kleiner — aber sonst unverändert. Nur von Schildern umstanden. Ich stieß mich an dem Unfaßbaren wie an einer Stahltür, die jemand hinter mir zugeworfen hatte, um mir das Umkehren unmöglich zu machen.

Vor mir lag jetzt, am Fuße des Kaßberges, das neue Karl-Marx-Stadt. Noch standen eine Reihe alter Häuser, noch gab es das Fischgeschäft Spangenberg (und es hieß, o Wunder, auch noch so). Gleich danach kommt ein riesiges Loch, sozusagen — die alte Stadt, der alte Stadtkern, ist wie vom Erdboden verschwunden bis auf eine einzige Straße, die auch noch, o Wunder, ihren Namen behalten hat: Innere Klosterstraße. Das Rathaus und der Rote Turm: Auch sie stehen im Leeren. Aus dem, was über ein halbes Jahrtausend gestanden hatte, wurde Steppe. Nun hat man begonnen, auf die Steppe zu bauen. Daneben, verloren und verlassen wirkend trotz vieler schöner Läden und Fassaden, wie Spielzeug, die einzige kurze alte Straße.

Das große Loch inmitten der vertrauten Straße zieht mich wie ein Magnet an. Ich fotografiere noch den Fischladen und das Bettensilo, ein halbfertiges Hotelhochhaus, dann suche ich nach einem neuen Orientierungspunkt: wie auf einer Schnitzeljagd. Plötzlich heult es auf, wie ein Schwarm Moskitos kommt ein halbes Dutzend Gocarts auf mich zugeschossen; die Fahrer bremsen, schalten keine zehn Schritte von mir entfernt, fahren wieder davon — ich bin in ein Rennen geraten, abgehalten mitten in der

Stadt zu Ehren des Geburtstages unserer Republik. Sage ich schon *unserer?*

Chemnitz ist Autostadt. Gewesen? Bei uns gab es stets mehr Autounfälle pro Kopf der Bevölkerung als irgendwo anders in Deutschland. Wir spielten Stuck, Brauchitsch, Carracciola, Rosemeyer.

Auch ein Junge, der höchstens vierzehn ist, fährt das Rennen mit, ich fotografiere ihn. Ein Polizist kommt zu mir, sagt höflich, da könne ich nicht bleiben, es sei zu gefährlich. »Danke«, sage ich, und gehe weiter, über große leere Flächen, in deren Mitte viele Straßenbahnen halten. Ist das der Markt? Der Johannisplatz? Verwirrt stehe ich da und drehe mich im Kreise, erkenne endlich das Rathaus wieder und bin froh. Auf der anderen Seite die Straße der Nationen: eine neue Straße auf der Steppe mitten in der Stadt. Dorthin wage ich mich aus unerfindlichen Gründen noch nicht, gehe dafür zum Rathaus und lande bei einer Schießbude. Schieße zehn Blumen aus ihren Tonsockeln, sauber der Reihe nach, das Luftgewehr ist neu, bestens in Ordnung und schwer. Für Männer gemacht. Hinter mir haben sich die Chemnitzer, nein, die Karl-Marx-Stadter Buben versammelt, sehen mich voller Bewunderung an und wollen wissen, wie ich das mache. Ich sage ihnen die Wahrheit: Auf einem Auge müßt ihr blind sein, dann geht's leichter. Sie nehmen den Blumenstrauß strahlend an, teilen ihn aus. Wofür man in seiner Heimatstadt bewundert wird nach fünfundzwanzig Jahren! Ich frage sie nach einem Telefonhäuschen, sie zeigen mit der Hand.

In der Telefonzelle krame ich nach Groschen, finde keine, muß erst bei einer Klofrau wechseln. Wieder in der Zelle schlage ich das Buch bei T auf. Keine Verwandte mehr. Weiter blättere ich, finde Namen, die ich längst vergessen hatte, und suche vergeblich nach welchen, von denen ich fest annahm, sie müßten drin sein. Dann probiere ich die Nummern der Reihe nach — vergeblich. Niemand ist zu Hause. Ich rufe eine Klinik an, frage nach einem Arzt, unterhalte mich lange mit der Schwester, die ich nie gesehen habe. Erzähle ihr, was ich zu erzählen habe, in drei Sätzen den Inhalt von fünfundzwanzig Jahren, bitte das auszurichten. »Ach«, sagt sie, »da wird aber Dr. X traurig sein.« Aber sie weiß, daß ich nicht wiederkommen darf, abends wieder in Dresden sein muß. Verpaßt ist hier verpaßt für mindestens ein Jahr.

Alte Bekannte wohnen noch in Häusern und Straßen, in denen

sie vor dreißig Jahren wohnten. Wie soll ich mir das vorstellen? Wie oft habe ich in dieser Zeit die Häuser, die Straßen, die Städte und Länder gewechselt? Es will mir nicht in den Kopf, daß noch Menschen, die ich kenne, seit ich überhaupt kennen kann, in meiner geträumten Stadt leben, durch die gleichen Haustüren aus und ein gehen, wie ich als Kind mit Zöpfen, die nie zusammenhielten, vielleicht Bowle trinken in den Gartenlauben?

Nach dem Telefongespräch ist mir wohler, wie ein Tier, das mit dem Schwanz an den Bäumen entlangwedelt, um zu sagen: Hier bin ich gewesen. Im Roten Turm, einem Teil der Stadtmauer, jetzt einsamer Zahnstummel neben dem Bettensilo, esse ich einen halben Broiler. Einige Stufen darunter, auf der breiten Straße der Nationen, rennt tatsächlich die Jugend von Karl-Marx-Stadt zu Ehren des Geburtstages der Republik... Staffelläufe der Schulen. Die Dicken keuchen verzweifelt hinterher und wissen nicht, warum das sein muß. Im Roten Turm werden die Groschen gezählt: Reicht es zum Broiler oder nur zur Bockwurst?

Die Absperrungen sind locker. Solange man den Läufern nicht in die Quere kommt, sagt keiner was. Endlich sehe ich den Kopf: Eingehüllt in große Planen steht er, groß wie ein Wochenendhaus, vor einer Wand mit Marx-Zitaten in vielen Sprachen. Der Platz ist gut, die Proportionen könnten kaum anders sein. Wie die Straße der Nationen ist auch diese Straße, von Brückenstraße in Karl-Marx-Allee umbenannt, nur einseitig bebaut, hinkt sozusagen, es sei denn, man stellt sich die leere Mitte als einen riesigen Platz vor. So wird es aber schwerlich für die Ewigkeit gemeint sein. Der Kopf ist praktisch unbewacht, daneben stehen schon die Tribünen der Ehrengäste für Sonnabend bereit. Kinder heben ein bißchen die Planen hoch, ich möchte das auch, traue mich aber nicht. Unten auf der Straße steht ein Polizeiauto, die Beamten gucken den Rennen zu, mit dem Rücken zur Büste. Hier, denke ich mir, hier mitten in der DDR, in der Musterstadt Chemnitz, fühlt man sich ganz sicher. Es ist nicht einmal *denkbar*, daß einer eine Bombe unter die Planen steckt.

Merkwürdig, dieses Gefühl der Sicherheit, der Gelassenheit, und später auch des augenfälligen Stolzes, fand ich so ausgeprägt nur in Karl-Marx-Stadt. Hier auch ist es für mich ohne jede Anstrengung vorstellbar, daß es den meisten Bürgern heute besser geht als je zuvor: daß es zuvor vielen von ihnen nicht gerade gutging, weiß ich aus eigener Erfahrung, denn ich habe im Krieg in vielen Chemnitzer Fabriken gearbeitet, auch in den schlimmsten, den alten Spinnereien. Ich habe nie gehört, daß etwa der Kaiser, der König oder gar Hitler je in diese Stadt gekommen wären. Jetzt, nach Berlin, Leipzig und Dresden, ist sie die viertgrößte Stadt der Republik, und Ulbricht und Honecker besuchen sie immer wieder. Altes Erfolgsrezept des Herrschens: Provinzstädte zu neuem Status zu verhelfen. Dort wohnen dankbare Bürger.

Zwei Jungs fragen mich nach dem Weg zur Kosmos-Ausstellung am Schloßteich. Ich weiß nur die Richtung, strecke vage den Arm dorthin aus, die beiden ziehen ab. Warum nicht zur Kosmos-Ausstellung gehen? Zur Vorsicht frage ich selber nach der Richtung. Sie hat gestimmt, und ich gehe die Straße der Nationen entlang bis zur Oper, zum Chemnitzer Hof. Die neuen Straßen und Gebäude von Karl-Marx-Stadt, von einem Architekten-Kollektiv geplant und erstellt, gehören zu den bestgelungenen Städteplanungen der DDR. Sie stellen in dieser Hinsicht Leipzig und Dresden in den Schatten. Hier, so sagt man, habe niemand reingequatscht (wie angeblich Ulbricht in Dresden). Was in der Innenstadt noch stand, außer jener Spielzeugstraße, dem Rathaus und dem Roten Turm, wurde eingerissen. Auf der fast kreisrunden Steppe baute man neu, ganz von vorn, groß und großzügig und in den Ansätzen der Straßenverläufe manchmal fast schon elegant. Zwar vom Pirelli-Haus in Mailand himmelweit entfernt, mit nichts, mit keinem Gebäude sich heraushebend, aber insgesamt doch erfreulich großstädtisch.

Auf einer Plattform steht ein Mann und verteilt die Urkunden an die Staffeln, die gewonnen haben. Nicht selten ruft er vergeblich Namen von Schulen aus: Auch die Sieger sind schon nach Hause gegangen oder zur Kosmos-Ausstellung oder einfach weg. Das Pensum hat man noch erledigt: Der Obolus an die Republik ist entrichtet.

Im Chemnitzer Hof esse ich Eis, weil ich im Chemnitzer Hof immer schon Eis gegessen habe. Jetzt ist er Inter-Hotel, mit einem Intershop unten drin, voller Funktionäre und Delegationen, viele von ihnen schon da zur bevorstehenden Enthüllung des Kopfes. Das Eis kommt aus Rußland — wie auch das Eis in den Kühltruhen der Kaufhallen: Es schmeckt ausgezeichnet. Die anderen Gäste sehen alle betont ordentlich und gut gekleidet aus, gut im Sinne von ordentlich plus wie-eben-nicht-jeden-Tag, Neckermanns-Bestleistung sozusagen. Einige der Jerseykleider und Hosenanzüge erkenne ich sogar als solche wieder. Einen Quelle-Katalog besitze ich nicht. *Pakete hin und her — über das große Meer.* Ich greife mir an den Kopf, irgendwie ist dieser Tag zuviel für mich. Mit den anderen trotte ich zur Kosmos-Ausstellung, an kleinen Läden vorbei, die in jeder irischen Grafschaft stehen könnten: ein bißchen verstaubt, voller eigenartiger Zusammenstellungen. Auch ein Waffengeschäft ist dabei. *Büchsenmacher.* Macht er noch Büchsen? Rechts auf einmal, silbern schimmernd, große Tanks, haushoch. Ich traue mich nicht, jemanden nach ihrem Zweck zu fragen.

Vor der Kosmos-Ausstellung stehen Würstelbuden, Andenkenbuden, eine Grillbar mit Tischen und Stühlen auf der Straße. Es gibt eine Kosmos-Andenken-Bude und eine Karl-Marx-Stadt-Andenken-Bude mit Spielzeugraketen und Sondermarken und Postkarten, die die Bilder aller russischen Kosmonauten zeigen. In der anderen Bude kaufe ich zwei Hefte: *Chronik unserer Stadt,* bis zur Umbenennung und nach der Umbenennung. Auch eine Platte für eine Mark gibt es mit zwei Schlagern, die Karl-Marx-Stadt zur 800-Jahr-Feier gewidmet wurden. Die Verkäuferin sagte als erste »Chemnitz« zu mir, als sie mir den ersten Teil der Chronik anbietet: »Wissense, da steht alles über die alte Stadt drinne. Sie wissen schon, über Gemnitz . . .«

Vor den Kassen stehen lange Schlangen, ich stelle mich an. Da ruft ein alter Mann: »Will jemand eine Karte kaufen?« Und bis die anderen schalten, habe ich sie ihm abgekauft.

In der Halle hängen, weiß und glänzend und angestrahlt vor dunklem Hintergrund, die Weltraumkapseln und Stationen und Raketen der Russen, beginnend mit dem Sputnik. Die große Halle ist voller Menschen, die wenigsten reden. Durch Guckfenster betrachten wir das Innere, wundern uns, wie klein es da drin ist. Schaufenster entlang der Wände demonstrieren die Entwicklung der russischen Raumfahrt. Eines Tages wird man den Anteil deutscher Wissenschaftler und Techniker an den beiden konkurrierenden Raumfahrtprogrammen nüchtern feststellen und abwägen. Das wird ein lustiges Buch! Wegen eines solchen Wissenschaftlers, den die Russen gern haben wollten, wurde ich, nicht weit von dem Ort, wo ich nun stehe, in einer Kommandantura auf dem Kaßberg zum Tode verurteilt. Als sie ihn dann wider Erwarten doch erwischten, ließen sie mich frei. Ich gebe mir große Mühe, irgendwas zu denken oder zu fühlen neben diesen Kapseln und Kugeln und langen Röhren, aus denen in alle Richtungen Antennen staksen: Was bleibt, ist das Bedürfnis, auf dem Schloßteich zu rudern. Fahrzeuge, in denen ich nicht selbst fahren kann, haben mich noch nie interessiert. Fahrzeuge dienen der Bewegung, ergo erwecken sie in mir die Lust, mich zu bewegen.

Am Schloßteich gleich nebenan finde ich den Bootsverleih nicht, rede deshalb einen Mann an, der die Enten füttert. Er antwortet nicht. Mit meinen vierzehn Worten Russisch frage ich ihn, ob er Russisch verstehe. Er lacht: ein russischer Offizier in Zivil, der die Enten füttert.

Ich miete mir ein Boot, wundere mich, daß heute bei so schönem Wetter und an einem Feiertag noch eins zu haben ist. Draußen auf dem Teich will ich meine Bemmen mit Blutwurst essen. Nach fünf, sechs Ruderschlägen ist mir alles klar: Der Schloßteich ist eine einzige Jauchegrube geworden. Es stinkt nicht nur — ganze Gaswolken ziehen über das Wasser hin. In der Hoffnung, besseres Wasser zu finden, rudere ich, so schnell ich kann, zur anderen Seite, bis ich es nicht mehr aushalte. Herrlich wie auf einer Postkarte liegt der Schloßteich vor mir, von Trauerweiden und anderen Bäumen umrahmt, hoch oben das Schloß und die Schloßkirche, einst Teile eines Klosters, dem Chemnitz seine Gründung verdankt. Aber es stinkt und stinkt und stinkt. So schnell wie noch nie rudere ich zum Bootsverleih zurück.

Frage an den Bootsmann, der mir aussteigen hilft: »Stinkt es bei euch immer so?« Antwort: »Meistens.«

»Warum sagt ihr uns das nicht gleich?«

Der Bootsmann grinst, spricht nicht aus, was er denkt: Da wären wir aber schön blöd. Manche Träume werden unsanft in Jauche ersäuft — recht geschieht's mir. Auf der Suche nach einem Glas Bier gerate ich an neue Buden, mit Rostbratwurst und Fischsemmeln und weiteren Broilern und, hurra, mit Bier. Daneben Tische und Stühle. An einem, neben zwei Volksarmee-Offizieren, ist noch Platz. Sie essen Bratwürste, trinken Bier, reden nicht. Ich frage sie, wie die Bratwürste schmecken, sie sehen mich verdutzt an, einer sagt schließlich: »gut.« Er trägt mehrere Orden. Wofür kriegt man im Frieden Orden? Das aber frage ich nicht.

»Der Schloßteich stinkt aber«, sage ich. Die beiden nicken.

»Kann man denn nichts dagegen tun?«

»Könnte ...«, sagt der Major mit den Orden. »Seit Jahren will man was tun. In den Zeitungen steht immer wieder was. Aber es gibt ja keine Arbeitskräfte.«

»Können Arbeitskräfte Jauche in Wasser umwandeln?« frage ich wieder. Daß es früher fast nie gestunken hat, getraue ich mich nicht zu sagen.

»Nee«, sagt der Major, »aber Röhren können sie legen.«

Nach einer Pause sagt der andere: »Wenn se Röhren ham.«

Wir lachen alle ein bißchen, mehr in uns hinein als heraus.

Die beiden gehen, eine Frau kommt an meinen Tisch, ißt gleich drei Würste, sagt entschuldigend: »Wir haben heute schon Kartoffeln geholt, zu Fuß mit dem Wagen, zum Einwintern. Der Bauer hat wirklich gute, und billiger sind sie auch.« Dann geht es weiter: »Die Würste sind aber gut, der Zug hatte Verspätung, wie schön das Wetter noch ist, wenn ich bloß nicht so müde wäre, waren Sie schon in der Ausstellung? Die beiden (sie meint die Offiziere) sind sicher von der Sicherheit.« Sie bringt zwei Glas Bier, schenkt mir eins. »Sie sind doch nicht von hier?« fügt sie fragend hinzu, und ich antworte: »Doch, ich bin hier geboren. Jetzt wohne ich in Dresden.« Dresden ist für sie weit: In Dresden war sie noch nie. Nach Karl-Marx-Stadt fährt sie zum Einkaufen. Die Leute sagen: In Karl-Marx-Stadt gibt's mehr als in Dresden. Bessere Auswahl. Ich glaub's ihr sofort. Hier wehen auch viel mehr rote Fahnen als in Striesen oder Blasewitz oder gar Loschwitz.

Dann muß ich zum Zug.

Als ich auf dem Bahnsteig in der Abendsonne auf den Zug warte, versuche ich traurig zu sein oder froh oder sonst irgendwas. Statt dessen tun mir bloß die Füße vom Laufen weh, und ich sehne mich nach meinem Bett. Diese Stadt denkt weniger als jede andere hier an gestern. Ich gehe sie überhaupt nichts mehr an. Sie geht mich nichts mehr an. Ihr kann es egal sein, was aus mir geworden ist. Sie dreht mir den Rücken zu: das Gesicht nach Osten oder Süden. Aber bei Neckermann gibt's auch Hosenanzüge aus Karl-Marx-Stadt oder Hohenstein-Ernstthal ... hin und her: aus den Fabriken an der Chemnitz nach Frankfurt am Main, aus Frankfurt am Main nach Karl-Marx-Stadt. Der Knäuel mit dem roten Faden rutscht mir aus der Hand ... rollt auf die Schienen, unter den Zug.

In meinem Abteil sitzen diesmal taubstumme Kinder mit ihren zwei jungen hübschen Lehrerinnen. Sie waren in der Kosmos-Ausstellung. Die zwei Frauen reden ganz normal mit den Kindern, die Kinder antworten mit der Taubstummen-Zeichensprache. Sie selber lesen von den Lippen ab. Ein Mädchen schläft ein, ihr Kopf fällt auf meine Schulter, die Lehrerin will sie wekken — ich sage leise nein. Sie ist wie ein Tier in der Wildnis, immer aufmerksam, immer auf dem Sprung, um ihren Jungen zu helfen: Zwei davon sind nicht nur taub und stumm, sondern auch fast blind. Die Kinder benehmen sich beinahe wie andere Kinder auch: erst ausgelassen, dann müde. Es wird offensichtlich sehr gut für sie gesorgt. Kurz vor Dresden, noch auf dem Lande, steigen sie aus.

Zu Hause fragen mich alle, wie's war.

Wie war es denn?

Niemand steigt zweimal in den gleichen Fluß. Und trotzdem sage ich den anderen: »Ich bin froh, daß ich hingefahren bin. Jetzt kann ich mir wenigstens wieder was drunter vorstellen.« Meine Kusine zeigt sich befriedigt, daß mir die neue Straße der Nationen gut gefallen hat.

Vom Kopf, vom großen Kopf aus Granit, zeigt man mir eine Postkarte und lacht. Die gab's in Dresden schon auf dem Bahnhof.

Es ist inzwischen Mitternacht. Das dreiundzwanzigste Jahr der Republik hat begonnen.

In Logbüchern heißt es:

»Besondere Vorkommnisse waren nicht zu verzeichnen.«

ACHTES KAPITEL

Auf dem Veilchenweg

Am nächsten Tag, einem Freitag, wurde fast in der ganzen DDR nicht gearbeitet — man hatte vom Geburtstag bis zum Wochenende eine Brücke geschlagen, die Stunden am vorhergegangenen Sonnabend und an den Abenden drangehängt. Der Halbbruder meiner Kusine war mit Frau und Kind aus Neubrandenburg gekommen, viele Leute kamen und gingen wieder, wuzelten durch die Wohnung und verbreiteten Unruhe. Ich beschloß, einen kleinen Schnupfen in eine große Entschuldigung umzufunktionieren, und blieb fast den ganzen Tag im Bett und las Wanderhefte und Zeitungen, den Katalog der Dürerausstellung und das Strafgesetzbuch der DDR (für eine befreundete Richterin in Hamburg gekauft). In meinem Inneren ging es chaotisch zu, es war notwendig, daß ich etwas aufräumte. Zwischendurch erschien ich bei den anderen und ließ mir aus Neubrandenburg erzählen: Die beiden sind Mathematiker, haben sich beim Studium kennengelernt. Neubrandenburg, eine alte Stadt mit sehr schönen Stadttürmen, ist mir noch nie ein Begriff gewesen. Heute heißt einer der vierzehn Bezirke der DDR nach ihr. Vor der alten Stadt baut man Wohnhochhäuser, und Industrie wird angesiedelt. Noch immer aber spielen Kühe, Schafe, Rüben und dergleichen die Hauptrolle. Ringsum wächst das Gras. Es ist inzwischen auch über die Unruhen der großen Kollektivierungswelle der fünfziger Jahre gewachsen: Neubrandenburg ist friedlich, stolz auf alles, was gebaut wird — vom Kuhnest-Image will man weg. Ein Dresdner, der nach Neubrandenburg kommt (er hatte sich, der Wohnung wegen, dort hingemeldet), muß naturliebend sein. Natur gibt es dort viel.

Jetzt endlich las ich die vielen Zeitungen, die sich in meinem Zimmer angehäuft hatten. Auch die Garten- und Kleintierzuchtzeitung hatte ich gekauft. Ich wollte wissen, zu wieviel Sozialismus sich die Enten und Gänse inzwischen durchgerungen hatten.

Nachdem ich die Zeitungen nebeneinander ausgebreitet hatte, begann ich mit den Schlagzeilen:

»Ministerrat der DDR begrüßt den Entwurf der vierseitigen Vereinbarung über Westberlin.«

»Telegramm L. Breschnews an Erich Honecker«, darunter:

»Telegramm Alexej Kossygins an Willi Stoph«

»ČSSR-Schrotthäcksler bestand Examen in Riesa«

»Bilanz schöpferischen Wirkens zum Wohle aller«

»Alles für das Wohl der Menschen«
»Findige Neuerer senken den Arbeitsaufwand«
»Der Sozialismus hat sich bei uns gut entwickelt«
»Wir stehen ein für Weg und Ziel unseres Staates«
»Nichts geht ohne die Kraft des Volkes!«
»Jeder spürt bei uns, wir sind gut vorangekommen«
»In bewährter Gemeinsamkeit das große Werk fortsetzen«
»Unser Staat ist ein Werk des ganzen Volkes«
»Herzliche Begrüßung für liebe sowjetische Freunde«

Nichts von Raub und Mord. Irgendwo anders klein gedruckt: Indien, Pakistan, USA, Wirbelstürme, Erdbeben. Monarchenhochzeiten finden in Nebensätzen statt. Moskau ist, was interessiert, und eine Nachricht, daß Computer nun sowjetische Schiffe steuern, steht vorn auf der ersten Seite. Und dort steht auch: »VEB Mikromat Dresden seit vierunddreißig Monaten ohne Planschulden.«

Überhaupt der Plan. Wie lange habe ich an diesem, an einer Dresdner Häuserfront in Stein gemeißelten Satz herumgerätselt: »Mit uns siegt der Plan.« Ich seh' ihn schon, lorbeerumwunden, auf dem Podest stehen. Ach, wäre ich nur mit dem nötigen Ernst bei der Sache. Aber das war schon die Tante Nelly nicht, und es liegt wohl, Gott sei Dank, in der Familie. Mit einem Seufzer nehme ich mir wieder die *Freie Presse* vom 7. Oktober her, die mit den *breiten* Initiativen für die Volkswahlen. Gibt es auch *schmale* Initiativen? Dann lese ich weiter, die Beschreibung der Geburtstags-Festveranstaltung.

»Hohe gesellschaftliche Wertschätzung ... mit hohen staatlichen Auszeichnungen geehrt ...« Spaltenlang Namen mit Titeln. Der Mann vom Mond könnte glauben, es handle sich um einen Bericht vom Hofe. Ich lese die Namen: Sindermann, Axen, Grüneberg, Lamberz, Günther Mittag, Erich Mückenberger, Neumann, Verner, Warnke. Nach Sindermann geht es in alphabetischer Reihenfolge weiter, bis die Mitglieder des Politbüros aufhören und die Kandidaten drankommen. Dann erst ist der Präsident der Volkskammer an der Reihe, es geht weiter und weiter. Präsidenten, Professoren, Doktoren, Professoren, die doppelte Doktoren sind, der Oberkommandierende der sowjetischen Streitkräfte in der DDR ... die Delegation des Obersten Sowjets. Einen Dreher oder gar eine Spinnerin aus Karl-Marx-Stadt finde ich nirgendwo erwähnt, jedenfalls nicht dem Namen nach.

Die klein-, ja spießbürgerlichen Elemente in der DDR stören

mich mehr, als ich dachte: Schließlich darf mich diese Stadt, ginge es nach dem Willen der Politiker, gar nichts mehr angehen. Wer also radikale gesellschaftliche Veränderungen erwartet, die diese Gebiete betreffen, sieht sich enttäuscht. Das Zeremoniell ist nicht abgeschafft: im Gegenteil. Liegt das an der menschlichen Natur oder woran eigentlich? Ein marxistischer Professor erklärte mir in Zürich (ausgerechnet in Zürich), die menschliche Natur gäbe es gar nicht, die sei eine kapitalistische Erfindung. Also muß ich nach einer rationalen Funktion des Zeremoniells und der Anführung aller Titel und Ehren suchen, die da die Seiten der Zeitungen füllen. Aber, so versichern mir alle, es ist doch schon so viel besser geworden.

Prestige und Image, zwei mächtige Lokomotiven hier wie dort, ich meine hüben wie drüben: Wo fahren sie hin? Die ihre Fahrpläne ausarbeiten, müssen doch was im Sinn haben — oder bereitet es ihnen Genugtuung. Macht sichtbar spazierenzufahren, und ist diese Genugtuung schon der eigentliche Sinn?

Hat es eine Bedeutung zu wissen, daß es auch in der DDR Professoren, Doktoren und dergleichen gibt? Oh, daß endlich einer käme und diesen Krimskrams abschaffte! In der DDR wird es jedenfalls in absehbarer Zeit nicht der Fall sein.

Aus dem Stoß meiner Zeitungen rutscht der *Rennkurier*. Herrlich: Es gibt sozialistische Pferderennen — aber seit sich die ersten Menschen auf Pferde gesetzt haben, gibt es Pferderennen. Sie sind weder eine feudalistische noch eine kapitalistische Erfindung. Eher eine der Hirtenvölker. So muß man das sehen, und auf jeden Fall Lord Derby vergessen. Hitler übrigens mochte Pferde nicht, und Stalin kann ich mir auf einem Pferd auch nicht vorstellen (obwohl er zweifellos als junger Mann geritten ist). Mussolini reckte irgendein Schwert gen Himmel und saß dabei auf dem Pferd. Ob Mao den ganzen langen Marsch zu Fuß gemacht hat? Jedenfalls wird behauptet, er habe seinen Regenschirm und seine Aktentasche immer selbst getragen.

Pferderennen in der DDR. Welchen gesellschaftlichen Nutzen, so frage ich mich, inzwischen wohlgeübt, haben Pferderennen überhaupt? Dienen sie der Exportsteigerung, der Landesverteidigung, der Landwirtschaft? Wem und was dienen Pferderennen in der DDR? Darf gewettet werden? Und welchen gesellschaftlichen Nutzen haben Wetten? Vielleicht darf eines Tages, wenn der gesellschaftliche Nutzen des Lachens bestätigt ist, wieder richtig gelacht werden? Die Pferderennen machen mir Hoffnung.

Alles, was mit Pferden zu tun hat, lege ich nun um mich herum auf das Bett.

Rennkurier. Die Fachzeitung für Pferdezucht und Leistungsprüfungen: »Kontinent siegte überlegen im Preis der Nationalen Volksarmee. Hoppegarten, 26. September. — Dem Veranstalter Hoppegarten kommt es an seinem Renntag der Nationalen Volksarmee darauf an, die Verbundenheit seiner Aktiven und Anhänger mit den Streitkräften unserer Arbeiter-und-Bauern-Macht zu bekunden. Unter den zahlreichen Zuschauern weilten hohe Ehrengäste, so der Stellvertreter des Ministers für Nationale Verteidigung ... der Chef der Grenztruppen ... der Kandidat des Zentralkomitees der SED ... und Chef der Luftstreitkräfte/Luftverteidigung ... sowie weitere Generale und Offiziere des Ministeriums für Nationale Verteidigung, der Teile und Waffengattungen der NVA. Sportlicher Mittelpunkt war der Sieg des Hengstes Kontinent vom Volkseigenen Gestüt Lehn. Das Kollektiv um Trainer Rudi Lehmann gab damit eine weitere vorzügliche Visitenkarte ab.«

Den Bildern entnehme ich, daß die Gestüte Rennfarben haben (auch erste, zweite usw.), die Jokeys aussehen wie überall in ihren bunten Seidenblusen. »Simplon verlor seine Maidenschaft«: Der Jargon ist geblieben. Von der Dresdner Morgenarbeit wird berichtet. Und, o Wunder, auch von den großen Rennen und der Form der Pferde in Frankreich und England. Weiter: » ... im Mittelpunkt der Badener Rennwoche ...« Und dann: »zweimal Silber in München — Von der vorolympischen Military in München kehrte die DDR-Equipe mit zwei Silbermedaillen zurück.« Eins der DDR-Military-Pferde heißt *Big Ben.* Mon Dieu. Als ich die DDR-Reiter am Fernsehen bei einem Jagdspringen beobachte, fiel mir auf, daß sie mit extrem kurzem Zügel ritten, die Pferde saßen förmlich auf der Hinterhand. Das extreme Gegenteil von irischen Reitern. Man verlangt den Pferden in der DDR *unbedingten* Gehorsam ab, trainiert sicher sehr viel, macht das alles ganz gründlich. Und gewinnt.

Dresden heute. Seite sechzehn. »Rennen in Seidnitz.« Darunter: »Pferdesport — Entspannung für Tausende.« Ich bin ganz glücklich. »So pilgern Tausende am Wochenende hinaus zur traditionsreichen Galopprennbahn in Dresden-Seidnitz, die 1971 ihr achtzigjähriges Jubiläum feiern kann. Das Wiehern und Schnauben der Vierbeiner, das Stampfen ihrer Hufe, das Stimmgenwirr des ständig hin- und herflutenden Publikums, das Läuten der

Startglocke, das Rattern der Totomaschinen ... Der Zuschauer-
strom hat in den vergangenen Jahren ständig zugenommen, nach
›König Fußball‹ hat der Pferdesport die größte Kulisse aufzu-
weisen ... in allen sozialistischen Ländern wird der Zucht von
Sportpferden große Aufmerksamkeit geschenkt. In der DDR sind
es vor allem die großen volkseigenen Gestüte Graditz bei Torgau, auf dem Boxberg bei Gotha, in Lehn bei Bautzen, in Görls-
dorf bei Angermünde sowie in Neustadt an der Dosse ... Zucht-
ziel ist es jedoch nicht mehr, leistungsfähige Pferde für Armee
und Polizei zu erzeugen oder ›Rennpferde an sich‹ zu produzie-
ren, die nur zum kommerziellen Zweck laufen, um ihrem Besitzer Gewinne einzubringen, wie das heute noch in den kapitalistischen Ländern üblich ist. Wir brauchen Pferde für die weitere
Entwicklung des Turniersports, für die Reit- und Fahrtouristik
und für den Volkssport im weitesten Sinne. Zur Zeit werden in
Seidnitz rund hundertzehn Pferde trainiert, vierzig Boxen stehen
ständig für Gäste aus anderen Orten der Republik bereit. Fünfundzwanzig Renntage gibt es im Jahr, rund dreihundertsechzig
Mitarbeiter sind an einem solchen Tag ... tätig. Und wenn Sie
sich jetzt aus Seidnitz verabschieden, der Wunsch zu reiten aber
anhält, dann *gehen Sie getrost ins Sekretariat der Rennbahn und
melden Sie sich für den Reitunterricht an.* Was früher Grafen
und Baronen vorbehalten blieb, kann heute jeder zu erschwing-
lichen Preisen erlernen. So spannt sich der Bogen vom erhol-
samen Zuschauen auf der Rennbahn bis zum Volkssport.«

Einmal mehr bin ich nicht mit dem nötigen Ernst bei der Sache,
denke: Was der Herr Marx hier, hat der Herr Scheck in München
zustande gebracht, auf, auf, ob Busschaffner oder Sekretärin, auf,
auf, zu Pferde! Und im Arbeitsgalopp ... vorwärts ... und auf
dem Zirkel geritten ... und du siehst aus wie Butter auf einer
heißen Kartoffel, schallt es in meinen Ohren: Aber das ist Kindheit und gehört nicht hierher.

In dieser nicht sehr geselligen Stimmung gehe ich die anderen
besuchen — das Zimmer ist zum Brechen voll mit Gästen, Freunde,
und Freunde, die von Freunden mitgebracht wurden. In meiner
Hand weht der *Rennkurier,* und ich suche bei einem jungen Mann
mit dem Parteiabzeichen im Knopfloch nach der Erleuchtung.

Das war mein Fehler, daß ich mich lustig machte. Nicht über
ihn (den ich ja gar nicht kannte), nicht über die DDR (deren Gast
ich war), nicht über den Marxismus (wie sollte ich, fing ich doch
gerade eben erst an, ihn zu verstehen) — nein, über das Leben

selbst, so wie es ist. Hüben wie drüben, hier wie dort. Ich konnte auf einmal nicht mehr an mich halten. Wir zankten uns fürchterlich, standen uns gegenüber, die schweren Säbel in den Händen. Wir bedauerten es beide: Und doch konnte keiner zurück. Die anderen saßen erschrocken da und schwiegen. Jedes Lachen hatte ich bis jetzt unterdrückt: jedes Lachen über die Absurdität des Unterfangens, alles, aber auch alles, unter einen, den einzigen Hut zu zwängen. Angst hatte mir dabei geholfen. Diese fortwährende Anstrengung des Auf-der-Lauer-Seins verdirbt den Charakter. Irgendwo, irgendwann muß man seine Angst ablegen können wie die Kleider am Abend. Nicht zuletzt ist es im Bad so schön, weil man nichts anhat. Was sich nicht, oder noch nicht, rationalisieren läßt, soll man als Ganzheit begreifen. Die Elemente, aus denen sich viele Verhaltensweisen in der DDR zusammensetzen, einzeln zu untersuchen, führt zu Trugschlüssen. Für weiteres weiß ich noch zu wenig, befinde mich vorläufig an diesem Tag auf der Flucht vor der Mühseligkeit, auch massiver Aggression auszuweichen, solange ich ihre Ursachen nicht ganz erfaßt habe.

Das Wetter ist herrlich, ich möchte jetzt in einen Traum einsteigen und wie in einer Gondel drin herumfahren. Für eine weitere Reise ist es schon viel zu spät, nur Oberloschwitz liegt gleich nebenan, und auf meiner Liste steht: Großvaters Haus fotografieren. Nach Loschwitz mache ich mich also auf den Weg, über Blasewitz, über die Brücke, die noch immer das Blaue Wunder heißt. Darunter paddeln und rudern junge Männer und Frauen auf der Elbe, sind über den Fluß gestreut bis zum Horizont, tragen ihre Boote hoch über den Köpfen durch die Wiesen zum Bootshaus. Hinter mir rattert die Pillnitzer Straßenbahn vorbei, auf der längsten und schönsten Linie von Dresden.

Von Blasewitz nach Loschwitz sind es nur wenige Schritte, geht man eben nur über die Brücke, und doch beginnt am anderen Ufer spürbar eine andere Welt. Vielleicht ist das ein zu großes Wort, und doch fällt mir kein anderes, passenderes für diesen Unterschied ein.

In Blasewitz wohnen die Bürger, in Loschwitz Künstler und Intellektuelle. Obwohl das auch nicht ganz richtig ist. Loschwitz gehört zu jener langgestreckten rechtselbischen Hügelkette mit den Weinbergen, wo Schiller seinen *Don Carlos* schrieb, Weber seine Opern. Es gibt zu dieser Landschaft nichts zu sagen, weil es hier ganz einfach schön ist.

Das untere Loschwitz hat noch immer viel von einem Dorf an sich, trotz der vielen Läden. Aber die Menschen, so scheint es mir wenigstens, sind eleganter, freier in ihren Gesichtern und auch in ihrer Sprache und in ihren Späßen.

Daß die Sächsinnen die schönsten Mädchen Deutschlands, ja vielleicht Europas sind, verbietet mir die Bescheidenheit zu bestätigen — außerdem ist es sprichwörtlich, bedarf gar keiner weiteren Versicherung. In Loschwitz, und später auch in der Schwebebahn, traf ich nun die schönsten und elegantesten jungen Sächsinnen. Aber auch einige der jungen Männer waren so schön und anziehend, wie ich es sonst nirgendwo auf der Welt gesehen habe.

Was macht, außer den rein physischen Merkmalen der Harmonie, also der gelungenen Proportionen, den Zauber aus? Die Sachsen, und vor allem die Sächsinnen, sind überdurchschnittlich sinnlich: Vertraute Gespräche im Freundeskreis und frühe Jugenderfahrungen (als ich noch in Sachsen lebte) haben mir das bestätigt. Ihre Sinnlichkeit tragen sie mit Gelassenheit, ja sogar Freude — aber nicht protzend und laut zur Schau, sondern sozusagen hinter den Lidern und fast immer langen Augenwimpern und in ihren Bewegungen verborgen. Dagegen sind Preußen und Bayern ganz einfach Holzklötze und Kartoffelsäcke. Ich versuche mich jetzt in noch größerer Genauigkeit. Die Sachsen sind auch, wer wollte es bestreiten, überdurchschnittlich begabt und intelligent. Das konnte man früher schon in Büchern lesen, es stammt also nicht von mir. Sie sind zudem noch eine Mischung aus Romantik und manchmal geradezu niederschmetternder Nüchternheit. Ihr bösestes Beispiel in dieser Richtung ist Richard Wagner. Vergessen wir ihn einen Augenblick, denken wir lieber an Händel oder Robert Schumann oder Bach. Es ist vielleicht diese durch Intelligenz, also Form, gebändigte Sinnlichkeit, die den unvergeßlichen Reiz der schönen Sächsinnen und Sachsen ausmacht.

Später habe ich mir oft alte Sächsinnen angesehen, in den Straßenbahnen und auf den Bänken und Elbdampfern. Mir schien, als trüge jede von ihnen, auch die älteste Greisin, die Geschichte einer, sagen wir, bewegten Jugend wie einen Schatz mit sich herum. Gott hab sie allesamt dafür selig: An alte Jungfern glaube ich hier nicht. Und Honecker ist jetzt mit einer Hallenserin verheiratet, in zweiter Ehe, und nachdem das Kind schon da war. Ri-ra-rutsch, wir fahren mit der Kutsch ...

Aber zurück nach Loschwitz. Unten, in einem Garten über der Straße unter großen Bäumen standen viele Leute und aßen andächtig Bratwürste, ein Anblick, dem ich in der DDR aus mir unerfindlichen Gründen selten widerstehen konnte. Wo es aber die Bratwürste gab, gab es kein Bier. Ein in Bayern undenkbarer Zustand.

Die Standseilbahn zum Weißen Hirsch und zu Manfred von Ardennes silbern leuchtender Kuppel, eine der ältesten Bergbahnen Europas (1895 gebaut), war wegen einer Reparatur außer Betrieb, aber ich muß sowieso über die Straße zur anderen gehen. Diese andere, die Schwebeseilbahn nach Loschwitzhöhe, wurde 1898 als erste Bergschwebebahn der Welt erbaut. In drei Minuten überwinden die beiden Wagen auf einer Fahrstrecke von zweihundertachtzig Metern einen Höhenunterschied von vierundachtzig Metern. Beide Bahnen zusammen befördern jedes Jahr über vier Millionen Fahrgäste.

Die Schwebebahn nach Loschwitz ähnelt der von Bergamo aufs Haar, auch in der Zusammensetzung ihrer Fahrgäste und der unvergleichlichen Aussicht über die Gärten hinweg, über die sie hingleitet. In ihr bin ich in meinen Träumen wohl schon tausendmal den Berg hinauf und hinunter gefahren.

Das Billett war ganz billig, zehn oder zwanzig Pfennige, der Wagen stand schon da. Fast jeder schien jeden zu kennen, junge Leute, alte Leute, Kinder, arme und reiche. Man soll nur nicht glauben, in der DDR gebe es einen solchen Unterschied nicht mehr — das Gefälle zwischen Haben und Nichthaben ist, von den Extremen abgesehen, dort eher größer als hier.

Viele hatten eingekauft, einer trug einen Kranz. Wir rückten zusammen, bis wir wie die Heringe saßen, dann fuhr die Schwebebahn ab, auf den Berg. Wir erhoben uns, Göttern gleich, langsam und erhaben und natürlich schwebend, über Stadt und Fluß, an den Gärten mit ihren goldenen Bäumen vorüber und einem ganz unbeschreiblichen Himmel immer näher. Aber natürlich: Auch Caspar David Friedrich lebte und malte in Dresden. Bei *ihm* finden wir diese Himmel.

Selbst die Loschwitzer sagten an diesem Abend nichts, selbst sie fanden ihn ungewöhnlich. Erst als wir oben waren, fingen sie wieder zu reden an. Ich ging zur Plattform neben dem Bahnhof und fotografierte die Welt, denn wie die ganze Welt sah es aus: Wasser, Erde und Himmel und die Sonne.

In Oberloschwitz hat sich seit ungefähr fünfzig Jahren nichts verändert: Häuser fallen ein, in manchem Dach klafft ein bemoostes Loch, die Gärten sind zugewachsen. In den meisten

Villen wohnen nun sechs oder mehr Parteien, wo es früher eine einzige Familie gewesen ist.

Zu meiner Schande muß ich gestehen, daß ich mir einen Stadtplan eingesteckt hatte, meinen Träumen nicht traute, nun mit dem Finger nach der Hermann-Vogel-Straße suchte, sie immer wieder verlor (sie ist ganz klein, kurz, eine Sackgasse) und mich dann doch wieder auf die Träume verließ. Vor allem aber hatte ich mir fest vorgenommen, jenen Weg wiederzufinden, der in meiner Kindheit eine so große Rolle gespielt hatte. Nichts weiter wußte ich, als daß mir dort der Großvater in kleinen Nebensätzen die wichtigsten Lebenslehren mitgeteilt hatte, daß man dort im Frühling in den Duft von Flieder und Oleander, von Mandelblüten und Veilchen eintauchte und im Dämmerschatten der Büsche viele, viele Treppen steigen mußte, daß die Sonne nur noch in Kringeln auf den Steinen zu sehen war, daß es ab und zu ein eisernes Geländer gab. Nur den Namen wußte ich nicht mehr, ja ich war nicht einmal ganz sicher, ob es ihn je gegeben hatte oder ob ich ihn mir nur eingebildet hatte.

Die Straßen in Oberloschwitz sind auch oberhalb der Schwebebahn noch steil und gewunden, ich schnaufte langsam immer höher, bog dann, mich auf meinen Instinkt verlassend, scharf in die Malerstraße ab, ging wie im Traum an den Zäunen entlang, fotografierte ab und zu durch eine Lücke zwischen den Bäumen den Ausblick mit den sich fortwährend wandelnden Farben: Mehr um mich zu beruhigen als aus irgendeinem gewichtigen Grund. Dann sah ich das Ludwig-Richter-Haus, danach noch eins, und als letztes und kleinstes Hermann-Vogel-Straße Nr. 14. Davor ein kreisrunder Platz, damit die Wagen umlenken können. Oben im Giebel das Atelierfenster: Hier schlief ich meist, wenn ich im Krieg zu Besuch kam. Es war vollständig still. An der Tür standen viele Namen neben vielen Klingelknöpfen.

Meine längste, komplizierteste Reise war hier zu Ende: An keinem schöneren Tag hätte sie sein können. Die Sonne stand nun als große rote Scheibe hinter Dresden, Baumspitzen breiteten sich wie Filigran davor aus, die Elbe füllte sich mit geschmolzenen Rubinen, die Schatten waren tiefschwarz. Langsam machte ich mich wieder auf, um noch vor der Dunkelheit meinen Weg zu finden — und ich fand ihn.

Veilchenweg heißt er. Als ich, mich fest am Geländer anhaltend, die ersten Stufen hinunterstieg, hörte ich Kinderstimmen. Zwei Mädchen mit Zöpfen und Schleifen in den Zöpfen kamen von unten herauf, mühelos und leichtfüßig und unablässig schwatzend und lachend. Nun muß man wissen, wie steil der Veilchenweg ist. Da ging ich also, einesteils, ohne Mühe die steilen Treppen hinauf und stand, anderenteils, müde am Geländer, während die Welt um uns immer mehr in Dunkellila versank, bis es ihr schwarz vor den Augen wurde. Ich konnte vor Traurigkeit kaum noch weiterlaufen.

Am unteren Veilchenweg stehen Ludwig Richter-Spitzweg-Häuser. Die Menschen kamen langsam den Berg herauf, grüßten mich, als wäre ich nie fort gewesen. Ein alter Mann blieb stehen, fragte mich, ob ich Holz zu hacken hätte. Ich schüttelte den Kopf, sagte: »Ich wohne jetzt nicht mehr hier.« — »Wo wohnen Sie denn jetzt?« — »In Blasewitz«, sagte ich und hatte nicht den Mut zu einer anderen Antwort. »Ach so«, sagte er, »aber ich komme auch nach Blasewitz.« »Da haben wir keinen Garten«, antwortete ich ihm, und wir schieden nach einer Weile mit gegenseitigen guten Wünschen.

Ich war noch kurz vor der Brücke, als die Sonne unterzugehen begann. Unter mir lagen Wiesen und Gärten, am gegenüberliegenden Ufer wuchsen die kleinen Wälder der Elbauen. Davor standen regungslos Schafe und Kühe und ein Hirte auf seinen Stock gelehnt. Das Flußwasser war jetzt tintenblau, das letzte Licht der Sonne huschte nur über die Kämme der winzigen Wellen, überzog die Elbe mit rosa Perlmutterglanz. Ganz klar zeichnete sich die Silhouette von Dresden gegen den Himmel ab, weit weg, in der Ferne.

Vorn wurde mit einem Schlag alles schwarz und kalt. Jetzt waren die Lichter ausgegangen, wir saßen im Theater, nur die Bühne war noch schwach erleuchtet. Unter den Gaslaternen von Blasewitz und Striesen ging ich nach Hause. Es war ganz dunkel, denn es gab in dieser Nacht keinen Mond.

Neuntes Kapitel

Moritzburg

Am nächsten Tag fuhren wir, wenn mich nicht alles täuscht, nach Moritzburg. Das war für meine Kusine ein großes Opfer. Es bedeutete, daß sie an einem Ausschlaftag aufstehen mußte. Im Bett zu bleiben, dort zu essen und zu lesen und zwischendurch immer wieder zu schlafen gehört zu ihren wenigen Seligkeiten.

Das Wetter war am Morgen unbestimmt, wir kamen nicht so richtig in Gang, suchten immer wieder einen späteren Bus heraus, verpaßten schließlich den, den wir nehmen wollten, weil man die Haltestelle verlegt hatte. Endlich fanden wir den Moritzburger Bus, und er wurde auch schnell ganz voll. Wir fuhren durch Neustadt, dann den Berg hinaus in die Dresdner Heide, am Friedhof vorbei und an Gänse- und Entenherden, durch Dörfer. Auf einem Feld zog eine Kuh einen Pflug. Mitten in Moritzburg hielt der Bus. Ich schlug vor, zuerst ins Postamt zu gehen, um zu fragen, ob meine Kusine, die forschende, die nie geheiratet hatte, vielleicht noch lebte. Die Postbeamtin, eine ältere Frau, dachte lange angestrengt nach. Nein, in Moritzburg könne sie gar nicht gelebt haben, sonst müsse sie es wissen. Nach einer Weile: »Aber in Baernsdorf? Vielleicht hat sie gegenüber dem Fasanenschlößchen in Baernsdorf gelebt?« Erfreut verabschiedete ich mich; natürlich, so war das, gegenüber dem Fasanenschlößchen . . .

Wir liefen die Straße entlang aufs Schloß zu. Am Ende rechts steht noch immer das staatliche Hengstdepot, das große Tor war offen, ich konnte nicht anders, ging einfach hinein und auf den Hof. Ein alter Mann kam uns entgegen.

»Sie wollen sich wohl für die Kutsche anmelden?«

»Ja«, sagte ich sofort, obwohl ich von den Kutschfahrten keine Ahnung hatte.

»Der Mann, der's aufschreibt, ist gerade nicht da«, sagte er nun, etwas unschlüssig, was er mit uns anfangen sollte.

»Wieviel Hengste haben Sie denn jetzt?«

»Zweihundert.«

Fast eine Stunde lang unterhielten wir uns nun vor einem der 1733 erbauten Ställe über Pferde, entdeckten, daß wir beide Menschen kannten, die ich längst vergessen hatte, auch die beiden Fräulein vom Jagdschloß Wermsdorf (immer noch Reitschule!), auch das Gestüt Graditz und die Nebenstellen des Moritzburger Depots und vieles, vieles mehr. Die Hengste des Depots werden in der Deckzeit auf zweiundfünfzig staatliche Deck- und Besamungsstationen verteilt.

Der alte Mann mit den lustigen Augen kam aus Schlesien, hatte sein Lebtag für Pferde gesorgt, kannte Zuchtbücher und Zuchtlinien auswendig, nicht weil er sie gelernt hätte, sondern aus eigener Erfahrung. Auch die polnischen und tschechischen Gestüte kannte er alle, und natürlich die in Ungarn und die großen russischen. Leider dürfe er uns nicht die Ställe zeigen, wegen der Seuche. Sie sei zwar eigentlich vorbei, aber es war eben noch nicht wieder erlaubt, Fremde in die Ställe zu lassen. Vielleicht nächste Woche. Wann wir mit der Kutsche fahren wollten?

Einen Tag vorher muß man anrufen. Teuer ist es nicht, fünfzehn Mark die erste Stunde und elf Mark jede weitere, für vier bis fünf Personen.

»Wissen Sie«, fügte er hinzu, »manchmal kommen so ganz Komische, aus dem Westen, die wollen dann den ganzen Tag fahren, und nur alleine. Das Geld ist ihnen egal. Die fahren dann den ganzen Tag alleine durch den Park, auch im Regen. Manche reden überhaupt kein Wort.«

Wir schütteln den Kopf. Aber Trinkgelder geben sie. Meistens große.

Wir verabschieden uns, ich bedanke mich für das, was er mir über so viele alte Bekannte und Freunde erzählt hat. Ein junger Halbluthengst wird über den Hof geführt. »Der hat auch gehustet«, sagt der alte Mann.

Später stelle ich fest, daß sich nach Osten zu die Blutsveränderung bei den Pferden schon sehr bemerkbar gemacht hat, im Bau, in der Kopfform, im Temperament. Mir gefallen sie gut. »Kleine Weiberpferde«, nannte sie ein pommerischer Freund.

Draußen begegnen wir Soldaten und Unteroffizieren, die Sättel und Zaumzeug tragen. Die Zügel schleifen auf der staubigen Straße. »So schlampig«, entfährt es mir. Meine Kusine sieht mich von der Seite an, zögert einen winzigen Augenblick (schließlich ist sie fünfzehn Jahre jünger), sagt dann: »Das mußt du gerade behaupten!« Aber ich gebe mich nicht geschlagen. Mit solchen Sachen muß man ordentlich sein. Fast glaubt sie's mir. Dabei ist es wahr.

Wir biegen nach rechts ein, auf die Chaussee, die am See entlangführt — in Richtung Baernsdorf. Wieder ist es, als habe die Zeit stillgestanden, hier noch mehr als anderswo. Enten schaukeln auf dem Wasser, wie ein goldenes Geschmeide liegt das Ufer

mit den herbstlichen Bäumen um den großen See, die Moritzburg in seiner Mitte. Dort angekommen, wo die Chaussee weiter-
führt, der See aufhört, studieren wir wieder den Busfahrplan.
Halb traurig, halb erleichtert stellen wir fest, daß für Baernsdorf
und die Kusine keine Zeit bleibt. Dafür unterhalten wir uns nun
zum erstenmal ungestört. Es sollte das einzige Mal bleiben.

Ich hatte mir, seit ich sie kannte, vergebens vorzustellen versucht, was in einem Menschen vorgeht, der dreißig Jahre alt ist
und in der DDR lebt. Im Fernstudium hatte sie sich zum ökonomischen Ingenieur ausbilden lassen, nun plante sie, auf der Dresdner Technischen Universität ein neues Studium aufzunehmen und
zu promovieren. Sie war in dem, was sie bei der Reichsbahn tat,
nicht nur die jüngste, sondern überhaupt auch die einzige Frau
in der DDR — aber ihre Arbeit fing sie schon zu langweilen an.
Das einzige, was sie daran noch reizte, war das ständige Unterwegssein. Nur nicht in einem Zimmer auf einem Stuhl hocken!

Wir gingen langsam um den See, hielten oft, um zu fotografieren, oder nur so. Mit ihrer unbestechlichen Nüchternheit machte
meine Kusine einen großen Eindruck auf mich. Sie träumt ihre
Träume hellwach, nur bis zu den Grenzen des gerade noch Möglichen. Ich sage:

»Wenn man dreißig ist, kann man doch noch nicht resignieren.«
Sie nickt.

»Also muß man mitmachen oder Widerstand leisten.« Beinahe
unmerklich nickt sie wieder.

»Widerstand leisten ist zwecklos. Und außerdem weiß man
noch zu wenig über die Alternativen. Mitmachen ist doch nicht
einfach? Oder?«

Ich bekomme keine Antwort. Meine Kusine ist damit beschäftigt, einige Pfützen zu umgehen.

»Also bleibt die Veränderung. Man muß versuchen, das, was
unerträglich ist, zu verändern!« Sie nickt wieder.

»Von wo aus verändert man am besten? Da muß man doch
erst dort sitzen, von wo aus man verändern kann? Oder?«

Wir setzen uns auf eine Bank, sehen auf die Burg mit den vier
dicken Türmen.

Und dann, dort in der Sonne, sagt mir zum erstenmal jemand
ernsthaft und kurz und sehr traurig, was wir den Menschen der
DDR im letzten Vierteljahrhundert angetan haben mit unserer
ungeheuren Überheblichkeit, unserer Gier nach dem guten Leben
des Westens, mit unserer schrecklichen Gedankenlosigkeit, mit

unseren Lügen und unseren Versprechungen, von denen wir schon, als wir sie aussprachen, wußten, wir würden sie nicht halten. Als sie merkt, wie erschrocken ich bin, zieht sie mich von der Bank fort und fängt von ganz was anderem an. Dann lacht sie vor sich hin.

»Du hast schon ganz recht. Naturliebend muß man bei uns sein.« Ich denke: »Es ist schon ein Scheiß-Spiel.«

Als ich anfange, vor mich hinzusingen, drückt sie mir schweigend zwei Mark in die Hand, damit ich aufhöre: *Sie* ist musikalisch. Wir fangen nun beide zu lachen an, erleichtert. Dann fotografieren wir einander unter den Bäumen vor dem See, damit jeder vom anderen ein Bild hat. Ich denke: Ob wir uns je wiedersehen? Und merke, daß sie das gleiche denkt. Wir erreichen den Park und das erste Kavaliershäuschen, es ist bewohnt. An der Fassade das große Wappen der Könige von Sachsen und Polen mit den beiden gekreuzten Kurschwertern. Die albertinischen Wettiner stellten nach dem Dreißigjährigen Krieg nicht nur den Reichsfeldherrn, sondern vertraten den Kaiser auch als Reichsvikare und füllten die Thronvakanzen von einem Kaiser zum nächsten aus. Im übrigen aber ist die sächsische Grenze im Süden, also nach Böhmen zu, eine der ältesten der Welt. Nur manchmal bekamen die Sachsen eben so meschuggene Ideen. Für die sie dann, wie zum Beispiel an den preußischen Friedrich, schrecklich und teuer bezahlen mußten.

Wir reden jetzt von der Gräfin Kosel, die in Preußen Schutz suchte vor dem Zorn Augusts des Starken (der sich inzwischen einer Dönhoff zugewandt hatte): Der Preußenkönig ließ sie ausliefern. Viel hat sich am Ballspiel der Großen seither auch nicht gerade verändert. Jeder Mensch hat seinen Kurs, und mit den politischen Veränderungen schwanken die Kurse.

Wir begegnen nur wenigen Menschen, allen ist die Freude über diesen schönen Tag anzusehen.

Über die Rampe hinauf laufen wir zum Schloßhof, halb hoffend, das Museum sei noch nicht zu — aber die Kassenfrau und die Garderobenfrau packen gerade ein, draußen nimmt einer sein altes Fahrrad von der Wand, an der es gelehnt hat, und fährt vorsichtig um die Fußgänger herum die Rampe hinunter. Überall wird fotografiert, vorn und hinten, oben und unten. Den meisten war wohl der Spaziergang um den See zuviel. Wir grinsen, stellen uns dann abwechselnd vor den Pikeur mit dem Horn und fotografieren auch. Wie in einem Schwarm Enten schwimmen wir mit

den anderen langsam weiter, lassen uns treiben bis zur Bushalte-
stelle, ich kaufe schnell eine Tafel Schokolade, die vier Mark
kostet. Ganz gewöhnliche Milchschokolade . . .

Reiter kommen aus der Richtung des Hengstdepots, auch Kinder. Sie sitzen schon sehr gut, lassen sich auch nicht aus der Ruhe
bringen, wenn die Pferde ein bißchen vor plötzlich auftauchen-
den Motorrädern scheuen oder als der Bus anfährt. Meine Kusine
erklärt mir, es ist sehr billig, jeder kann hier hergehen und reiten,
für wenig Geld — über den Betriebssport. Aber die meisten sind
zu müde, haben keine Zeit, absolvieren ein Fernstudium, während sie jung sind, müssen sich später um ihre kleinen Kinder
kümmern. Wieder kommt eine Gruppe von Reitern vorbei, diesmal sind es Erwachsene. Eine kleine arabische Schimmelstute ist
auch dabei: Einen Augenblick lang bin ich ganz neidisch. So viel
Freiheit so nahe einer großen Stadt ist bei uns undenkbar geworden. Die DDR ist mit ihrer Leere zum Reiten wie geschaffen.
Aber ist das vielleicht nicht auch schon wieder eine Beleidigung?
Ich frage die Kusine, die streitet es natürlich ab.

Der Bus fährt den Berg hinunter, über die Elbe, zum Bahnhof,
in die Stadt. H. hat den Badeofen geschürt, wir baden, gehen ins
Bett. Beschließen, möglichst bald in Moritzburg mit der Kutsche
zu fahren.

ZEHNTES KAPITEL

Einkaufen

Die nächsten Tage verbringe ich mit Einkaufen und dergleichen. Es würde nicht schwerfallen, in der DDR viel Geld auszugeben, vor allem für Bücher und Schallplatten, Pyramiden und Spieluhren, für Bernstein, Bilder und Grafiken. Bücher, die man haben möchte, gibt es in Hülle und Fülle. Ich kaufte schon am ersten Tag innerhalb von Minuten für über dreihundert Mark Kunstbücher, auch aus Ungarn und der Tschechoslowakei. Wie sollte ich die alle tragen? Schicken? Die Zollbestimmungen sind gerade wieder verschärft worden. Als ich abfuhr, durfte der Wert eines Päckchens dreißig Mark nicht überschreiten und der Bindfaden mußte in einer aufziehbaren Schleife geknüpft sein, auch bei eingeschriebenen Päckchen. Das allein schon hielt mich in Schranken.

In vielen Fenstern standen nun schon die geschnitzten Weihnachtspyramiden aus dem Erzgebirge, und ich hatte mir geschworen, eine davon mitzunehmen. Die großen verboten sich von allein — früher gab es welche so hoch wie ein Haus, mit langen dicken Kerzen auf jeder Etage, die das Flügelrad ganz oben lautlos antrieben, so daß die Hirten und Heiligen und drei Könige, die Bergknappen, die Heilige Familie und die Türken mit ihren krummen Säbeln, die Schafe und Kühe und Kamele unablässig kommen und gehen konnten auf ihrem endlosen Weg im Kreise herum, durch Torbögen und um hölzerne Felsnasen.

Dann fand ich endlich zwei, die mir sofort gefielen, die eine für elf Mark achtzig, die andere für dreizehn Mark siebzig. Ich brachte sie sofort nach Hause, packte sie aus, steckte die Kerzen an und saß selig davor. Man verbot mir, auch noch Räucherkerzen anzustecken: Wie meinen Gesang kann man auch die nicht ertragen. Nußknacker gab es in der ganzen Stadt keine. Nüsse übrigens auch nicht.

Dann fand ich eine Spieluhr für hundertsiebenundvierzig Mark, eine herrliche Spieluhr mit vielen Etagen, die sich alle langsam drehten. Als ich mir das Geld geholt hatte, war sie weg. »Mehr als eine halbe Stunde steht so was nicht im Fenster«, sagte mir die Verkäuferin. Die anderen waren erleichtert: Sie konnten sich sowieso nicht vorstellen, wie meine Abreise vonstatten gehen sollte mit all dem Krimskrams.

Weil ich mir nichts Besonderes vorgenommen hatte, erledigte

ich nun auch die Einkäufe für die Familie, die ja morgens zum Arbeiten wegging und oft erst kurz vor Mitternacht wiederkam. Meine Kusine weigerte sich, mein Einkaufswägelchen zu benutzen, sagte, das sei für alte Frauen. Manchmal fand ich erst im fünften oder sechsten Laden Bier, manchmal gar keins hier in Striesen. Die Abfüllmaschine sei kaputt gegangen, hieß es das eine Mal, das andere, der Fahrer sei ausgefallen und die übrigen wären im Urlaub. Es gibt, wie jeder inzwischen weiß, genug zu essen in der DDR — nicht der Hunger, nur der Appetit ist dort betroffen. Karpfen waren billig und in jeder Menge zu haben, aber wie oft in der Woche will man Karpfen essen? Gutes Fleisch ist fast so rar wie Gold: Die besten Stücke, verriet mir ein Fleischer, die besten Stücke werden exportiert. Mindere Stücke sind unverhältnismäßig teuer. Fazit: Will man gut essen, geht man aus, und weil es alle Dresdner so machen, gibt es in den Restaurants keinen Platz. Also muß man vorbestellen — aber wer hat schon ein Telefon? Im Kiosk am Pohland-Platz war seit einiger Zeit der Hörer abgeschnitten — die Strippe hing traurig in der Luft. Aber wenn man nicht aufgibt, kann man in Dresden ganz hervorragend essen, und das für weniger Geld als bei uns. Serviert werden fast ausschließlich ungarische, rumänische oder kaukasische Weine. Vielleicht um einiges weniger elegant als bei uns (aber auch das nicht unbedingt). Auf jeden Fall aber ordentlich und sauber sind die Gäste. Nicht mal in Zürich ist es, abgesehen von Straßenbahnen und Zugfenstern, sauberer als in Dresden. Und ich habe in all den vier Wochen nicht einen einzigen schmutzigen, liederlichen Dresdner gesehen. Jeder, dem ich das sagte, freute sich.

Ach, was für eine Stadt, an deren Trümmern man sich noch täglich stößt. Mit den vielen höflichen Frauen überall — überhaupt mit den vielen, vielen Frauen, die verkaufen, bedienen, an Schaltern sitzen oder stehen, mir verstohlen Bücher unter dem Ladentisch vorholen, die sie versteckt hatten, weil es von ihnen nur alle Jubeljahre mal eins gibt. Noch trockener sind nun die Witze geworden, die sowieso kein Außenstehender versteht, kein Nichtsachse: Trockenbeerenauslese. Bei alledem gewinne ich den Eindruck, daß man, gegen alle Vernunft, in den letzten Monaten zu hoffen begonnen hat auf irgendein noch Unbenennbares, wie im Herbst auf den Frühling. Kohl und Bahr reden. Sie reden über dreieckige Plomben oder runde, sie reden über Berlin, sie reden nun schon lange. Aber sie reden. Was man sich wünscht, weiß man schon lange nicht mehr ganz genau, außer daß es bedeuten würde, Luft holen zu können – ganz tief. Bäh sagen. Rumhopsen, mit den Armen wedeln. Vielleicht ist es nur der entsetzliche Ernst, ununterbrochen, Tag und Nacht, überall, den die Menschen nicht mehr ertragen können. Wie kann man über Honecker lachen? Und außerdem darf man es nicht. Warum streichen die kommunistischen Regierungen als erstes die Heiterkeit aus ihrem Programm? Warum ziehen sie alle die gleichen Gesichter?

Während ich in der Stadt hin und her gehe und einkaufe, gehen mir solche Gedanken durch den Kopf. Es beleidigt das Volk, wenn man ihm die Heiterkeit verbietet. Jetzt lachen sie eben innendrin, aber anders, jeder für sich. Was läßt sich am Menschen auf die Dauer unterdrücken, was nicht?

Einkaufen bedeutet hier die vielfache Anstrengung von Einkaufen bei uns. Ich versuche eines Abends zu erklären, wie ich in München einkaufe, es gelingt mir nicht. Am schlimmsten aber, finde ich, sind die Preise im Verhältnis zu den Löhnen (sieht man von den Mieten und Fahrpreisen ab). Viele arbeiten schwer und lange, nur um überhaupt über die Runden zu kommen. Die Preise steigen, die Löhne fast nie. Pferde, die man zu lange am zu kurzen Zügel reitet, verdirbt man mit der Zeit, sie werden irritabel, nervös, verlieren leicht das Gleichgewicht. Menschen ebenfalls. Und es ist auf die Dauer zu langweilig, immer nur vor sich hin zu leben.

Man stürzt sich also in irgendwas hinein, hetzt von Liebhaber zu Liebhaber, putzt bis zum Zusammenbrechen, rennt herum, nimmt sich etwas vor, ohne Pause, oder bleibt ganz einfach in jeder freien Minute im Bett.

Soviel man sich bemüht – und mehr DDR-Bürger, als man im Westen glaubt, bemühen sich –, die Regierung und den nun in der DDR seit einem Vierteljahrhundert praktizierten Kommunismus zu verstehen: Das Volk stößt sich an neuen Privilegien, wie es sich an den alten gestoßen hat, das Gefälle zwischen oben und unten ist schon wieder zu groß. Für viel Geld gibt es (fast) alles zu kaufen. Die Logik der Staatsführung ist: Jeder kann bei uns aufsteigen, studieren, wird gefördert (was natürlich stimmt). Wer bei uns oben ist, ist oben durch seine Leistung. Wir honorieren ihn dann entsprechend. Darum die Exquisit-Läden, die Preise der Autos, des Benzins.

Persönlicher Besitz ist in der DDR grundsätzlich erlaubt und gesetzlich geschützt. Bürger können sich für ihren persönlichen Gebrauch Häuser und Grundstücke kaufen — sie dürfen nur nicht mit Grundstücken handeln und spekulieren (Häuser als Produktionsmittel). Der Gedanke des nutzbringenden *Kapitals* in der Hand *einzelner* ist ausgeschaltet. Aber vererben darf man seinen Besitz an die Kinder. Eine Jacht kann man sich also durchaus anschaffen oder eine Skihütte im Harz oder Erzgebirge, und Häuser und Villen werden in allen Dresdner Zeitungen zum Kauf angeboten. Bilder, antike Möbel, Briefmarken, Münzen, kostbare Teppiche: wie's beliebt. Der, der genug verdient, soll, kann sich's kaufen.

Eines Tages stellte ich mich zu Dresdnern, die vor einem Juweliergeschäft standen. Im Schaufenster lag ein modernes Kollier, ein schweres goldenes Halsband mit Brillanten. Eine hatte gefragt, was es kostet: 27 000,—.

»Und wer kann hier so was kaufen?« fragte ich erstaunt. Die anderen lachten. »Sie werden sehen«, sagten sie, »morgen ist es bestimmt schon weg.« Und am nächsten Tag, als ich wieder vorüberging, war es verkauft.

Wenig Begabten, Kranken, Alten, Schwachen ist der Weg versperrt. Der Kaffee kostet vierzig Mark das Pfund, der Lohn beträgt oft dreihundert Mark im Monat (netto). Man kann leben, man hungert und friert nicht, der Arzt kostet nichts, die Kinder und Enkel können auf jeden Fall studieren (wenn sie begabt genug sind). Arbeitslosigkeit gibt es in sozialistischen Ländern (noch?) nicht — im Gegenteil: In der DDR herrscht Arbeitskräftemangel wie in sonst keinem Land der Erde. Sie könnte zum Beispiel ein Vielfaches an Textilien in die BRD liefern (ein Fünftel unserer Textilien stammt bereits aus der DDR), wenn sie nur nachkäme. Wir schicken oft in unseren Päckchen nach Chemnitz zurück, was aus Chemnitz kam.

Das Beste wird exportiert: zu den verhaßten Kapitalisten für ihre harte Währung. Das sieht der Mann auf der Straße fünf Jahre lang ein, zehn Jahre lang ein: Dann steigt in ihm Bitterkeit hoch, seine vielen kleinen Zweifel beginnen sich zu summieren. Und er weiß außerdem: Die DDR liegt an der Kette der großen Freundschaft zu ihrem Bruder und Retter im Osten.

Ihre Freundschaft wird, wieder für den Mann auf der Straße ganz offensichtlich, nicht sehr honoriert. DDR-Bürger, die in die Sowjetunion als Touristen fahren, sind Touristen zweiter Klasse. Sie sehen, wie die Neckermann-Kunden in die neuesten russischen

Jumbojets steigen und in Hotels wohnen, die *ihnen* so gut wie verschlossen sind: auch Arbeiter, Putzfrauen, Lokführer. Auch und gerade die arbeitende Klasse. Die tagtäglich miesgemachten Brüder aus Hamburg und München sonnen sich am Schwarzen Meer, fahren mit ihrem Mercedes in den Kaukasus, jagen dort Bären, geben (unter Umständen) an *wie die nackten Wilden*. Der DDR-Bürger hockt und sieht es und schluckt dreimal.

Aber er weiß natürlich auch, daß es ihm besser geht als dem Durchschnittsrussen. Auch das sieht er. Und nun wartet die kommunistische Welt auf die Wirtschaftskrise (die oberen zuvorderst), die allein alles wieder ins Lot bringt. Auf die Arbeitslosigkeit, die zwingend beweisen wird, wie richtig alles auf der einen Seite und wie falsch alles auf der anderen vor sich geht.

Aber Probleme, von denen weder Marx noch Lenin wußten und ahnten, tun sich nach fünfundzwanzig Jahren praktiziertem Kommunismus auf, wir stehen, hüben wie drüben, in mehr als einer fundamentalen Frage nach dem Wie und dem Warum, an gleicher Stelle: an der des Ochsen vor dem neuen Scheunentor. Wo der Platz für die Dummen in Zukunft ist, für die unbegabten, aber fleißigen neunzig Prozent der Menschheit.

Nach welchen Prinzipien man die immer größer werdenden Produktionseinheiten steuern soll.

Der dauerhafteste Leistungsansporn aber, das steht fest, ist hüben wie drüben das Geld, Geld übersetzt in das Privileg, nicht warten zu müssen, beweglich zu sein, eine schöne Aussicht zu haben ...

Der Kommunismus soll besser werden: Darin sind sich alle in der DDR einig. Dem *Wie* sind Grenzen gesetzt, die nun, spätestens seit dem Prager Frühling, jedem, auch dem Dümmsten, täglich im Gedächtnis haften. Der Spielraum, innerhalb dessen sich die Gedanken der hochbegabten Fachleute der DDR bewegen dürfen, bleibt präzise begrenzt. In einem zentralistischen Staatsgefüge, für das *der Plan* Gesetzeskraft hat, herrschen andere, komplizierte Gesetze des Gleichgewichts. Jedes Jahr mehr wird zumal die Wirtschaft der DDR mit der der UdSSR abgestimmt, und die Wirtschaften der anderen kommunistischen Länder werden täglich in größere Abhängigkeit voneinander gebracht. Jedes Land soll sich fortan auf bestimmte Produkte spezialisieren und alle anderen damit versorgen. Beispiele dieser Mosaikwirtschaft konnte ich täglich erleben, sie wurden auch laufend im DDR-Fernsehen besprochen. Und das Mosaik legt letztlich die UdSSR. Sie entwirft, entscheidet über das Tableau.

Aber Probleme, die die letzte Phase der Industrialisierung für die Menschheit verursacht, werden zunehmend für den Planeten als Ganzes gelten, und weder die einen noch die anderen Gesellschaftsformen haben in ihrem Programm die Lösungen parat. Es wäre töricht zu glauben (wie viele es tun), daß sie irgendwo in der Mitte zwischen Kapitalismus und Kommunismus liegen. Die neuen Möglichkeiten, die sich abzeichnen, haben noch nicht einmal einen Namen, denn sie sind längst noch nicht zu einem System zusammengefügt, hier wie dort begnügt man sich überwiegend damit, die Äußerlichkeiten hin und her zu schieben.

Zählt man die tausend Einzelheiten zusammen, die das tägliche Leben in der DDR ausmachen, so gewinnt man den Eindruck, daß sie oft den Blick verstellen, eine Mauer bilden.

So geht der Alltag der DDR derweilen vonstatten, Leben werden gelebt, und glücklich ist letztlich nur — der Naturliebende. Er kann ungestört für ein paar Pfennige auf dem Elbdampfer nach Pillnitz fahren, mit einem Apfel in der Tasche, und sich dort wie in einem Bilderbuch betrachten, was er letztlich dem Sozialismus zu verdanken hat: eine noch weitgehend intakte Landschaft. Zwar stinkt die Elbe, aber ich sah doch schon wieder welche angeln, und man hat weitere Gegenmaßnahmen versprochen. Noch liegt hier vor den Toren der Stadt das Land. Noch ist es ein herrliches Vergnügen, zu Fuß zu gehen und mit dem Rad zu fahren. Der Druck des Kaufens und Nichtkaufenkönnens geht im Elbwasser unter, während der Dampfer südwärts treibt. Für den, der nichts Besonderes sucht, ist es hier schön.

Ich bin ungeduldig und böse, weil ich kaufen will und nicht kaufen kann.

Ich bin froh über eine Landschaft ohne Schornsteine, in der viele alte Bäume stehen.

Wie immer drücke ich mich davor, konfliktgeladene Konstellationen zu Ende zu denken, nehme mein Wanderheft *Pillnitz und Umgebung* und besteige in Blasewitz ein Schiff der Weißen Flotte.

Auch der Oberdeckdampfer »Kurort Rathen« ist beinahe hundert Jahre alt.

ELFTES KAPITEL

Pillnitz

»Zur Besatzung eines Schiffes gehören neun oder zehn Mann:
der Schiffsführer, zwei Steuerleute, zwei Bootsleute, ein Maschinist, zwei Heizer, der Kondukteur und ein Schiffsjunge. Zwei
bzw. drei Lehrjahre sind zur Erlangung des Facharbeiterzeug-
nisses als Matrose der Binnenschiffahrt notwendig. Die Lehrzeit
umfaßt sowohl praktische Ausbildung an Bord als auch schu-
lische Ausbildung in der Schifferberufsschule Schönebeck bei
Magdeburg.«

Die Fahrgastschiffahrt auf der Elbe wird derzeit auf der 104,4
km langen Strecke zwischen Riesa und Schmilka an der böhmischen Grenze durchgeführt. Jedes Schiff fährt knapp 20 000 km
im Jahr und soll 50 000 km ohne Generalreparatur zurücklegen.
Der Kohleverbrauch schwankt zwischen zweieinhalb und fünfein-
halb Dezitonnen Braunkohlenbriketts je Betriebsstunde. Die Ge-
schwindigkeit beträgt stromaufwärts etwa 11 km, stromabwärts
etwa 14 km in der Stunde. Fast drei Millionen Menschen fahren
jedes Jahr auf der Elbe spazieren.

1836 wurde die erste Elbdampfschiffahrtsgesellschaft in Dresden gegründet. Am 6. August 1837 fand zwischen Dresden und
Rathen die Jungfernfahrt der »Königin Maria« statt, des ersten
nach englischem Vorbild gebauten Raddampfers auf der Elbe.

Die Elbe ist eine Binnenwasserstraße erster Ordnung: ein Strom.
Der einzige wirklich deutsche Strom. Sie fließt durch Deutschlands Mitte, ist nicht Grenze wie Rhein und Oder. Sie entspringt
an den Südhängen des Riesengebirges, durchfließt ein Stück lang
die Tschechoslowakei (wo sie Labe genannt wird) und bewegt
sich dann gemächlich nach Hamburg, 1 165 km weit. Ich muß es
noch einmal sagen: Die Elbe, viel mehr als Rhein und Oder, ist
deutsch. Wir haben das, hüben wie drüben, aus dem Bewußtsein
verdrängt. Denn zwischen Wittenberge und Schnackenburg beginnt die Elbe deutsche Grenze zu sein: Dort wird jeder, der versucht, sie zu durchschwimmen, erschossen.

Aus Böhmen gingen einst die Waren nach Hamburg und in
alle Welt, aus aller Welt reisten sie bis nach Böhmen — einst.
Heute ist die Elbe die meiste Zeit leer, sieht man von den Raddampfern der Weißen Flotte ab. Kurzstrecken lohnen nicht bei
Massengütern auf dem Binnenwasser. Trotzdem: Ich sah vor einigen Jahren Schlepper einer staatlich tschechischen Bugsiergesell-

schaft im Hamburger Hafen. Ein bißchen tröpfelt noch immer durch den Stacheldraht. Das große Auf und Ab meiner Kindheitstage aber ist vorläufig zu Ende.

Die Elbe ist kein bequemer Fluß: Durchschnittlich vier Wochen im Jahr ist sie nicht befahrbar, infolge Eisgangs oder fester Eisdecke, zu geringem Wasserstand oder Hochwassers. Ich kannte einen Wirt kurz vor Riesa, der von seinem Biergarten aus bei Niedrigwasser die Dresdner Wasserleichen aus der Elbe fischte, die bei ihm antrieben. Pro Leiche bekam er zehn Mark. Sie hatten einen regelrechten Friedhof, ganz für sich allein.

An der Elbe saß Wagner, als er anfing, den Rhein und die Nibelungen zu besingen. Gott sei Dank: den Rhein. So ist der Elbe vieles erspart geblieben und uns Sachsen auch. Die Elbe ist über Schätze, Zank und Helden erhaben. Auf sie niederblickend, schrieb zwar Schiller seinen *Don Carlos* — aber was ist das für ein Held? Kein Siegfried. Abends pflegte Wagner bei Pirna in der Elbe zu baden und wurde dabei zu seinem *Lohengrin* inspiriert, auf der schönen Höhe bei Dittersbach hat er oft im Waldesrauschen gesessen und *gelohengrint,* wie er sich später erinnerte.

Auch der *Freischütz, Euryanthe* und die *Aufforderung zum Tanz* sind an der Elbe entstanden. Und erst die vielen Bilder! Nein, die Elbe hat ihresgleichen nicht. An ihren Ufern formte sich über die Jahrhunderte, was später Deutschland hieß. Nicht zum wenigsten die Sprache.

Ich sitze in der warmen Herbstsonne, dem Einschlafen nahe, und fahre nach Pillnitz, und *Der Kunstführer durch die DDR* ist beinahe ins Wasser gefallen. Ein kleines Mädchen aus Blasewitz stubst mich sachte an, bis ich die Augen aufmache, gibt ihn mir wieder. »Danke«, sage ich, da macht sie einen kleinen Knicks. Ihre Mutter lacht mir zu. Wir legen in Laubegast an.

Mit meiner »Elbfahrt« hinke ich jetzt etwas hinterher, kann Loschwitz nur überfliegen und Wachwitz auch. Wilhelm von Kügelgen, Ludwig Richter, Johann Wolfgang von Goethe, Ernst Moritz Arndt, Wolfgang Amadeus Mozart, Heinrich von Kleist, Hans Thoma — alle waren irgendwann einmal hier, an der Elbe.

Von überall sehe ich den Wachwitzer Fernsehturm: den schönsten, elegantesten Fernsehturm, den ich kenne. Danach kann man über die anderen nur noch die Nase rümpfen. 120 m über der Elbe steht er an deren rechtem Ufer, ein 167 m hoher Stahlbetonschaft von nur 9,5 m Durchmesser am Fuß, der sich bis zum Kelchansatz in 95 m Höhe auf 7 m verjüngt. Vom Turmcafé in 142 m Höhe sieht man an klaren Tagen das Erzgebirge und die böhmischen Wälder.

Wir halten eine Weile in Laubegast, warten auf jemanden. Ein Handwagen voller Blumen fährt auf unser Schiff, eine Frau mit einer Gans im Korb steigt aus. Auf der Laubegaster Werft werden zwei der Schiffe der Weißen Flotte gebaut. Hier werden sie alle zur Landrevision gebracht und überholt, sehen dort oben noch schöner und altmodischer aus.

Die »Rathen« legt ab, fährt nach Hosterwitz weiter, wir erkennen nun ganz in der Ferne schon die Felstürme der Sächsischen Schweiz. Links, also am rechten Elbufer, ist der Steilhang der Lausitzer Hochfläche mit einem goldenen Tuch überworfen: Herbstwald in der Sonne. Auf dem Deck sitzen viele. Keiner spricht.

So von weitem betrachtet ist Pillnitz ganz klein, leichtfüßig scheint es wie eine Tänzerin am Ufer zu balancieren, lustig, fremd. *Lustschloß*. Schwerelos, schwebend, vertuscht es die Nahtstelle zwischen Himmel und Wasser. Auch Pillnitz hat seinesgleichen in der Welt nicht. Aus den verschiedensten Elementen ist hier tatsächlich der reinen Lust ein würdiges Denkmal gesetzt: Hier hat man sich getraut, verrückt zu sein, um zu entrücken.

Nach Pillnitz fährt man für weniger als eine Mark auf dem Wasser, und der Plan muß hier nicht siegen.

Um am Schloß vorbeifahren zu können, habe ich mir eine Karte bis Söbrigen genommen. Dort esse ich im Sängerheim für zweifünfzig zwei Rouladen mit Rotkraut, das Plumpsklo hinter dem Hof ist ganz sauber, Handtuch und Seife gibt es. Die Zeitung ist in große Vierecke geschnitten und ordentlich gespießt. Danach stehe ich in der Sonne und freue mich meines Lebens.

Auf dem Treidelpfad neben der Elbe geht außer mir niemand. Es ist ganz still. Gegenüber auf den Elbauen weiden Kühe und Schafe, die Elbinsel liegt geheimnisvoll und unnahbar im Fluß, zehn Hektar ungestörte Wildnis, die letzte von einst achtzehn Elbinseln im sächsischen Stromgebiet. Sie ist seit 1924 Totalreservat des Naturschutzes. *Zweihundert Pflanzen- und achtunddreißig Vogelarten sind auf ihr gezählt worden.* Durch mein Teleobjektiv erkenne ich die Enten am Ufer. Und auf der anderen Seite des Weges hoch oben Pöppelmanns Weinbergkirche. Auf meinen Mantel lege ich mich neben die Elbe und schlafe, die Steine sind ganz warm.

Schloß Pillnitz besteht aus zwei Teilen, die sich spiegeln: dem

Wasserpalais und dem Bergpalais. Der Zwingerbaumeister Pöppelmann und der Franzose Longuelune haben es für August den Starken 1720/21 erbaut, an einer Stelle, an der die Hügel des Ufers Schutz bieten gegen kalte Nordwinde — an einer Stelle, an der das Wasserpalais sich selbst im Wasser betrachten kann. Nach Pillnitz gondelte der König oft. Biddeln ist vielleicht für ihn nicht ganz der richtige Ausdruck.

In Pillnitz geht es chinesisch zu, chinesisch ins Deutsche und Französische übersetzt — sehr frei.

»Von Baumeistern, Gartenkünstlern und Handwerkern geschaffen, um fürstliche Launen zu befriedigen, ist Pillnitz heute Besitz des Volkes und der Treffpunkt eines internationalen Reisepublikums. Pillnitz: ... das alles vereinigt sich zu einer Sinfonie deutscher Landschaft und deutscher Kultur.« Und drüber breiten sich Pagodendächer, unter denen ich später nach Bier und Würstchen suche. Pillnitz ist sehr hübsch, es steht an, bei seinem Anblick an Musik zu denken, aber sehr deutsch sind weder Park noch Schloß. Chinesische Glyzinien ranken sich an der Elbfront empor, im Garten steht die berühmte neun Meter hohe und acht Meter breite Kamelie, über den Dächern drehen sich chinesische Drachen als Wetterfahnen. Zwei Sphinxe hocken neben der Freitreppe, die zum Fluß führt. Ich fotografiere die Chinesen, die Elefanten und Kamele an den Friesen unter den Pagodendächern und denke dabei an Lohengrin und den Freischütz, Don Carlos und Ludwig Richter, an Honecker und Ulbricht, an meine Kusine und Breschnew und August den Starken inklusive der Gräfin Kosel und ihrer Nachfolgerin, der Gräfin Dönhoff. So, denke ich, geht es nicht weiter mit mir, obwohl es sehr lustig ist, Gedanken wie Drachen steigen zu lassen — zum reinen, kindlichen Vergnügen. Mit großer Ernsthaftigkeit mache ich mich also als erstes auf den Weg durch sämtliche Ausstellungen des Pillnitzer Schlosses, die im Wasserpalais und die im Bergpalais. Gemälde (darunter die berühmten Dresdner Stadtansichten des Canaletto), Möbel und Gobelins, Kunsthandwerk, Keramik ... eine Sonderausstellung über modernes Design, verborgen oben unter dem Dach: Kücheneinrichtungen, Plaste (wie hier Kunststoff genannt wird), geballte Häßlichkeit. Und auch die frühesten Versuche aus den Deutschen Werkstätten im nahen Hellerau, die erste Gartenstadt der Welt, die erste Möbelrevolution. Als ich alle Museen gesehen habe, verlangt es mich nach der Sonne und ihrer Wärme, ich gehe wieder vom Bergpalais zum Wasserpalais, beides Sommerhäuser mit französischen Fenstern, durch die man erst das Zimmer und dann auf der anderen Seite wieder die Landschaft sieht — die Landschaft mit dem Fluß.

Auf der großen Freitreppe mit den beiden Sphinxen setze ich mich an die Elbe, esse Schokolade, schlafe ein bißchen, sehe den tschechischen Schleppzügen nach und den Dampfern der Weißen Flotte: Die neuen, dieselelektrisch getriebenen heißen Ernst Thälmann, Karl Marx, Friedrich Engels und Wilhelm Pieck: die alten heißen Rathen, Meißen, Pirna, Riesa, Schmilka, Stadt Wehlen und Weltfrieden. Wie alt ist wohl der Weltfrieden? Man sagt mir, er ist sehr alt, liegt auf der Werft, muß gerade überholt werden.

Vierzig Meter breit ist die Fahrrinne der Elbe, jeden Monat wird sie zweimal mit der Meßstange nachgeprüft. Der Scheitel eines Julihochwassers im Jahre 1954 brauchte von der tschechischen Grenze bis Dresden (56 km) zehn Stunden, bis Magdeburg einen dreiviertel Tag, bis Wittenberge sechs Tage und vier Stunden. »Das gesamte Gebiet unserer Republik durcheilte die Hochwasserwelle damals in reichlich neun Tagen . . .«

Von den etwa 1 400 m hohen Südhängen der Krkonose, des Riesengebirges in der ČSSR, bis zur Nordsee zieht sich das schillernde Band der Elbe. »Von alters her hat der Strom im Leben der Völker eine bedeutsame Rolle gespielt.«

Vom Ufer der Insel, der einzigen, die geblieben ist, streichen Enten ab. Ich mache jetzt die Augen ganz fest zu und versuche mich zu erinnern an »das Alter, von dem alles her ist«.

Wenn ich in den Fluß spucke, so braucht die Spucke neun Tage, um »unsere Republik« zu durcheilen.

Unsere? Meine nicht mehr? Oder gehöre ich zu »unsere«?

Während ich darüber nachdenke, suche ich im Pillnitzer Park nach dem von mir seit Kindertagen geliebten großen »Kamelienbaum«. In seinem Röhrenhaus finde ich ihn endlich, prachtvoll und unglaubwürdig wie immer.

Der Pillnitzer Schloßpark ist nicht sehr groß, denkt man an Versailles, ist er geradezu winzig, ein Gärtelchen, wie man in Sachsen sagt. In Sachsen ist überhaupt nichts seinem Umfang nach sehr groß. Man möchte unbedingt den Überblick behalten, jederzeit alles übersehen können. So betrachtet ist *Tristan und Isolde* schon der Länge wegen die Mißgeburt eines falschen Sachsen. Drum vielleicht hat er diese Oper geschrieben, als er weg war von hier. Pillnitz ist genau das Gegenteil davon: ein großes Schloß, das kleiner aussieht, als es ist, ein Park, in dem man allein sein kann und sich doch nicht verläuft. Hunderte von Menschen gehen an diesem herrlichen Herbsttage in Pillnitz spazieren, aber man kommt sich trotzdem nirgendwo in die Quere. Die Sachsen sind jedesmal intim geblieben, wollen sich aber andererseits auch nicht gleich anfassen müssen. Ich kann mir ohne weiteres vorstellen, wie man in Pillnitz wohnt, Freunde zu Besuch hat. Das fällt mir in Versailles oder Schönbrunn nicht ein.

Der Pillnitzer Park wurde ursprünglich als Obst- und Küchengarten angelegt, unter dem Herrn Joachim von Loß war er »ein lustiger schöner Garten, darinnen nicht allein allerlei welsche und andere fremde Früchte von Feigen, Granaten, Pomeranzen und Lorbeeren, auch ausbündig schön Blumenwergk und mancherlei Simplicia erzeugt werden, sondern man kann sich auch durchs ganze Jahr allerlei Früchte von Melonen, Artischocken und anderm Obst in großer Menge darinnen erholen«.

Pillnitz ist noch immer ein lustiges Schloß in einem Garten von ausbündig schönem Blumenwergk und Simplicia. Ein Sommerschloß ohne Heizung außer den Kachelöfen, die von den Gängen aus geschürt wurden.

Pillnitz hat so viel Leichtigkeit — wie Kinder im Nachthemd, die am frühen Morgen auf einer Wiese einen Schmetterling erhaschen wollen. Die Fron, mit der es erbaut ist, sieht man ihm nicht an. Tränen und Schweiß sind mit denen, die sie vergossen, ins Grab gesunken. Was blieb, ist ein etwas ungewöhnliches Sommerhaus, in dem die Dresdner mit ihren Kindern ein und ausgehen, Postkarten kaufen, die Museumssäle flüsternd durchlaufen oder sich, die Groschen sparend, die Sachen von außen und hinten durch die großen Fenster und Türen ansehen. Im Park setze ich mich unter den mächtigen Bäumen der Kastanienallee ins Gras, versuche mich mit Kunstführer und Wanderheft weiterzubilden. Zwei Kinder mit einem Handwägelchen sammeln die Kastanien ein. Wofür? Als ich sie fragen will, sind sie längst weitergezogen.

Der japanische Kamelienbaum wurde nach dem Jesuitenpater Kamelli so benannt. Von vier Exemplaren der Camellia japonica, die um 1770 nach Europa gebracht wurden, ist der Pillnitzer Baum allein noch am Leben. Die von Herrenhausen, Schönbrunn und Kew Gardens sind eingegangen. Ach, wenn der Baum erzählen könnte! Ganz am Anfang stand die Pillnitzer Kamelie im Kübel im Park, wurde nur im Winter in die Orangerie gebracht. 1801 pflanzte sie der Gärtner Adolf Terscheck an ihren jetzigen

Platz. Die Kamelie hat mit ihrem langen Leben den Gärtner Adolf Terscheck unsterblich gemacht. Das ist sicher die schönste Art des Ruhmes.

Anfang Januar 1905 brannte das hölzerne Schutzhaus ab, das im Winter beheizt wurde (im Sommer entfernte man es). Da das Löschwasser sofort gefror, vereiste der Baum völlig und verlor alles Laub und viele Zweige; doch er blieb am Leben. 1951 ersetzte man das Holzhaus durch ein Gerüst aus eisernen Heizröhren, dessen Wände im Frühjahr abgenommen werden. Das sieht nicht gerade hübsch aus, ist aber praktisch und dauerhaft. Im Frühjahr trägt unsere Kamelie eine Unzahl kleiner roter Blüten.

Einen französischen Park, englischen Garten, einstigen holländischen Garten und sogar einen chinesischen Garten nebst botanisch-wissenschaftlichem Koniferenhain durchwandere ich langsam, bis ich draußen auf der Straße stehe und hungrig nach etwas Eßbarem suche. Auf dem Tisch des Parkwächters stehen Nelken und Astern, ich frage ihn erst nach einem Restaurant, dann, ob er mir wohl ein paar Blumen verkauft. Er schüttelt den Kopf, die stellt er nur für sich selber hin. Aber er weist mir den Weg zur alten Schloßgärtnerei, nennt mir den Namen des Gärtners. Bei den Gutsgebäuden verlaufe ich mich, stoße mit einem Pferd zusammen, das genauso dösig um die Stallecke kommt. Ich entschuldige mich, streichle ihm den Hals. Der Gärtner schneidet mir einen großen Strauß Nelken, ich bezahle drei Mark, bin ganz glücklich über diesen Schatz. In der Stadt sind wirklich frische Blumen selten und sehr teuer.

Auf dem Rückweg komme ich an Fenstern vorbei, hinter denen Frauen mit Reagenzgläsern und Samen hantieren, ein Forschungsinstitut. In meinem Wanderheft suche ich nach den Erklärungen.

Ein eigentliches Bauerndorf ist Pillnitz nie gewesen. Alles arbeitete, direkt oder indirekt, für das Schloß. Zu Dienstleistungen waren auch die Bauern der umliegenden Dörfer verpflichtet. Ihre Kinder mußten sie dem Hof als Gesinde anbieten. Aus dem ehemaligen Wettinischen Kammergut ist nun ein Volksgut geworden, das sich mit Züchtungs- und Produktionsaufgaben beschäftigt. Das Volksgut Pillnitz ist ein Betriebsteil der Kooperation »50. Jahrestag der Oktoberrevolution«. Die Güter Dobritz, Altprohlis, Kauscha und Seifersdorf sind mit Pillnitz zusammengeschlossen und kooperieren mit der LPG »1. Mai« in Dresden-Lockwitz. Außer der Schweine-, Rinder- und Hühnerzucht im alten Kammergut widmet man sich in Pillnitz vor allem dem Wein, den Blumen und dem Obst. Ein Weinpreßhaus gab es hier schon vor dem Jahre 1500: Der Weinbau ist im Elbtal über tausend Jahre alt. Heinrich I. veranlaßte 919 die erste Weinpflanzung. Auch ein Zentrum der Gartenkultur ist dieses Elbufer seit Menschengedenken gewesen.

Die Reblaus bereitete dem Weinbau ein vorläufiges Ende, nur wenige Weinberge ziehen sich noch am Fluß entlang.

Endlich finde ich, was ich suche: »Spezielle Forschungsaufgaben sind dem Institut für Obstbau der Deutschen Akademie der Landwirtschaftswissenschaften übertragen ... 1961/62 wurde in Pillnitz am Rande des Schloßparks ein modernes Laborgebäude errichtet ...«

Die Papiertüte mit den Museumskatalogen platzt in diesem Augenblick, ich stehe mit Büchern und Heften und einem großen Nelkenstrauß auf der Pillnitzer Straße und weiß nicht, ob ich weinen oder lachen soll. Eine Katze sieht mich aufmerksam von der Seite an. Auf der Steinmauer mache ich notdürftig neue Pakete, dann zieht es mich nur noch zum Dampfer und nach Hause. Oben steht hinter einer Barriere schon eine Schlange von Menschen, wartet brav. Ich bin aber unten am Fluß, steige vorsichtig über die Steine bis zum Steg. Darf man auch hier warten? Fragend hebe ich meinen Kopf zu den anderen, keiner sagt was: Sie sehen, wie bepackt und in welchen Nöten ich bin. Nachdem ich vorsichtig alles hingelegt habe, setze ich mich auf einen Stein, einer alten Frau gegenüber, die auch hier unten wartet. Sie zieht schnuppernd die Luft ein, lächelt und sagt: »Was duften die Nelken so gut.« Ich bin stolz, daß ich so klug war, sie zu finden. Den ganzen Weg lang, auf dem Schiff und in Blasewitz und Striesen, geht kaum einer an mir vorüber, der die Nelken nicht bewundert.

Zu Hause sagen die Frauen: »Dich muß man nach Pillnitz schicken.« Aber ich habe noch nie gern in Läden Blumen gekauft.

Die silbernen Berge

Am nächsten Morgen klingelte der Wecker um drei: Seit Darjeeling und Tiger Hill und dem Sonnenaufgang über dem Himalaja war ich für keinen Ausflug mehr so früh aufgestanden, und überhaupt nie zuvor habe ich mich so auf eine Tagesreise gefreut. Auch diese ging in die Berge, nur ein Achtel so hoch wie die anderen, aber der Inhalt von Tausenden von Träumen, seit ich sie 1945 mit achtzehn Jahren zum letztenmal gesehen hatte. Im Erzgebirge verbrachte ich jeden Winter meiner Kindheit und viele Sommerwochen auch. Meine Eltern gehörten zu den Gründern des Chemnitzer Skiclubs, und sie haben dessen Skihütte mit erbaut: Den ganzen Herbst lang saß ich jeden Morgen und jeden Abend sehnsüchtig starrend am Fenster und wartete auf den ersten Schnee.

Jede Ausfahrt ins Erzgebirge glich damals einer Expedition: Mit Heizöfchen und Wärmflaschen und großen Pelzdecken wurden erst wir Kinder ins Auto gepackt, dann die Skier, in Stroh und Zeltplanen gewickelt, auf die Trittbretter geschnallt, und dann, wenn es endlich losgehen sollte, spürte ich mit unerbittlicher Regelmäßigkeit ein menschliches Bedürfnis und mußte wieder ausgepackt werden. Derweilen warteten die anderen und wurden eingeschneit. Ich weiß nicht, wie lange die Fahrt durch die Wälder, Städte und Dörfer jedesmal dauerte, aber es war wie im Märchen, denn kaum je begegneten wir einem anderen Auto, die Wälder schliefen unter dem Schnee. Nicht selten blieben wir stecken, ich mußte dann die Skier anschnallen und einen Bauern mit seinen Ochsen holen. Die Bauern freuten sich, denn im Winter gab es nicht viel zu tun und sie bekamen fünf Mark. Weil ich von Kindheit an gewohnt war, mir allein zu helfen und mich allein zurechtzufinden – ich lief immer weg, auch wenn zwei Mädchen mich fest an den Händen hielten –, hatten meine Eltern auch niemals Angst um mich, und ich verbrachte Wochen und Wochen allein im Erzgebirge. Die Hüttenfrieda kam jeden Tag, heizte ein, brachte Essen und sah nach dem Rechten: Sie stapfte mit einer großen Kiepe auf dem Rücken und mit nur einem Stock in der Hand den Berg zur Hütte hinauf, bei jedem Wetter, fuhr dann breitbeinig, mit dem Stock bremsend, wieder hinunter. Ich kann mich nicht erinnern, daß sie je einen Mantel getragen hätte, höchstens drei Pullover übereinander und große schwarze wollene Schals, die sie sich um Kopf und Schultern wickelte. Sie sprach erzgebirgisch, wenn wir alleine waren, sagte »Abern« für Kartoffeln, von denen die Erzgebirgler damals, wie einst die Iren, hauptsächlich lebten. Von Kartoffeln und Quark.

Manchmal blieb ich auch tagelang weg, fuhr auf dem Kamm zwischen den deutschen und böhmischen Dörfern entlang und ging dann auf die eine oder andere Seite zum Essen und Schlafen. Die Zöllner kannten mich gut, die tschechischen wie die deutschen. In den Gasthöfen bekam ich immer zuallererst eine herrlich warme Suppe und auf der böhmischen Seite, vor allem um die Weihnachtszeit, Gänsebraten. Manche der Gasthausbetten hatten nur Strohsäcke, es gab oft kein elektrisches Licht, Wasser kam aus einer Pumpe vor dem Haus, dick mit Stroh und Säcken umwickelt. Mit dem Waschen nahm man es im Winter nicht so genau.

Das Schönste am Erzgebirge war für mich von Anfang an seine Menschenleere und Stille: Am wenigsten von allem menschlichen Tun kann ich Krach und Hast ertragen. Aber es herrschte niemals Totenstille: Vögel, Füchse, Rehe und andere Tiere gab es überall, und die Holzfäller hörte man schon von weit her. Außerdem singt der Erzgebirgswald mit seinen großen Fichten unablässig. Schnee plumpst im Winter nieder, und manchmal bricht knirschend ein Baum um, der es unter der Last nicht mehr ausgehalten hat.

Für mich war damals dieser große in Schnee gehüllte Wald Zufluchtsort. Nur hier, mitten im Wald, war man vor allen Ärgernissen der Welt wirklich sicher. *Hier konnte einem nichts passieren.*

Die Freunde und Bekannten meiner Eltern schlugen die Hände über dem Kopf zusammen, wenn sie hörten, daß ich tagelang allein auf meinen Skiern von Dorf zu Dorf fuhr: ein dreizehnjähriges Mädchen mit Zöpfen im Urwald . . . Sie sahen mich mit gebrochenem Bein erfroren unter dem Schnee begraben und setzten hinzu: »Und keiner wird sie da oben in den Mooren und Wäldern je wiederfinden.«

Gerade dieser Gedanke beruhigte mich ungeheuer.

Ich bin in diesen vielen Wintern übrigens nur ein einziges Mal wirklich in Gefahr geraten, als ich in eine alte Silbermine einbrach. Aber es gelang mir, mich herauszuarbeiten, ehe es dunkel wurde, obwohl ich mir den Arm gebrochen hatte. Ich hatte damals das Gefühl, alle Tiere des Waldes sähen mir gespannt zu, hofften, daß es mir gelingen würde, mich zwischen Geröll, alten Balken, Schnee und Eis wieder aus dem fünf oder sechs Meter tiefen Stollen zu befreien und dabei meine Skier nicht zu verlieren, ohne die ich im tiefen Schnee nicht weit gekommen wäre. Aber so was bilden Kinder sich natürlich nur ein. Trotzdem, die Tiere schienen mich oft nur als ein anderes, neues Tier zu betrachten, denn ich redete ja nicht und machte auch sonst im Schnee keinerlei Lärm. Die Vögel flogen oft auf meine Hand, um sich Nüsse und Rosinen zu holen, die ich mir mit ihnen teilte. An solchen Tagen war ich glücklich wie nie zuvor oder danach, und nun wußte ich nicht, ob es nicht vielleicht doch ein Fehler war, dort wieder hinzufahren. Noch dazu im Sommer.

Für solche Überlegungen war es inzwischen zu spät, ich rannte halb angezogen im Stockdustern zur einzigen Straßenbahn, mit der ich noch den Zug erreichen konnte; so früh fährt sie nur alle halbe Stunden.

Der Sonderzug nach Oberwiesenthal war voll, als ich auf dem Bahnsteig ankam — voller alter Menschen. Mehr als eine Handvoll junger Leute sah ich nicht, und weniger als ein Dutzend Kinder. Ich fand oben einen Fensterplatz — vor der allerdreckigsten Scheibe. Als erstes also fing ich an, das Fenster zu putzen; wenn der Zug steht, ist es leichter als während der Fahrt. Mit Tempotaschentüchern und Spucke bewältigte ich langsam und mühselig die Arbeit, steckte das Abteil, dann den Zug an. Als wir abfuhren, putzten in allen Wagen die Reisenden die Fenster. Auch die Frau mir gegenüber hatte sich an der Arbeit beteiligt; unseres wurde, glaube ich, das sauberste. Vorläufig aber fuhr der Zug durch die Dunkelheit, und wir schliefen, bis es hell wurde.

Der Reiseleiter erschien, sagte uns, wann wir in Cranzahl ankämen. Dort mußte man in die Bimmelbahn umsteigen. Ich möchte gern wissen, ob Sachsen die bimmelbahnreichste Gegend Deutschlands ist, aber keiner konnte es mir bisher sagen. Die anderen im Abteil packten ihre Bemmen und Thermosflaschen aus, aßen langsam, sorgfältig und ohne Spuren zu hinterlassen. Die Eierschalen wurden eingewickelt und wieder eingepackt.

Man findet, daß die Studenten und Schüler ruhig am Wochenende die Züge putzen könnten: es gehe ihnen viel zu gut. Der dreckige Zug sei eine Schande, sagen sie. Aber er fährt, und diesmal ist er sogar ganz pünktlich. Ich will die Augustusburg fotografieren; bis ich den Objektivdeckel abgenommen habe, ist sie weg, hinter Hügeln verschwunden.

Kurz nach acht kommt jemand vom Mitropawagen zurück und sagt: »Der Kaffee ist alle.« Die Frau mir gegenüber bietet mir von ihrem Tee an, aber ich bin nicht durstig. Nun rieselt wie ein Bach ihre Lebensgeschichte über mich hinweg, ich verhalte mich passiv wie ein Stein. Sie hatten eine Bäckerei, in Blasewitz gleich neben dem Blauen Wunder, und ihr Vater eine in Oberloschwitz. Sie kannte deshalb meinen Großvater. Hauptsächlich wegen seines schwarzen Bartes und weil er jeden Morgen den Veilchenweg hinunterging, Sommer wie Winter.

Die Bäckerei ist weg: »Sie wissen schon, enteignet.« Ihr Mann ist Rentner, sie arbeitet noch in einem Büro; trotz ihrer fünfundsechzig Jahre könnte sie es den ganzen Tag zu Hause nicht aushalten. »Wissen Sie, ich bin eine richtige Biddelliese.« Früher fuhr sie bis nach Venedig (alle Sachsen, die ich kenne, waren in Venedig) und nach Rom. Jetzt hat sie den Harz entdeckt, ist ganz begeistert. In Oberwiesenthal war sie noch nie, und ich übernehme im Zug die Rolle des Fremdenführers, könnte ihr, je näher wir dem Fichtelberg kommen, mit geschlossenen Augen jeden Fluß, jeden Bach, jedes Dorf und jede Brücke ansagen.

»Waren Sie denn schon öfter hier?« fragt sie.

»Ja«, sage ich, »früher.«

Für sie, wie für alle anderen, bin ich Blasewitzerin. Ich habe niemandem gesagt, woher ich komme.

Die meisten im Zug sind Rentner und fahren zum erstenmal ins Erzgebirge; sicher auch zum einzigen und letzten Mal. Ich bewundere ihren Mut, dieser Tag ist für uns alle achtzehn Stunden lang, davon verbringen wir mindestens neun oder zehn auf der Bahn. Nicht selten müssen wir auf den Bahnhöfen Güterzüge von und nach der Tschechoslowakei vorbeilassen. Da stehen wir dann und warten und putzen wieder ein bißchen an unseren Fenstern herum.

In Cranzahl steht schon die Kleinbahn, wartet mit angeheizter Lokomotive. »Für Reisende mit Traglasten« steht an einigen Wagen: Hier mußten wir früher mit unseren tropfenden Skiern sitzen, die in einem großen Bündel in der Ecke lehnten. Die Bänke laufen ringsherum an den Wänden entlang, in der Mitte standen damals Kiepen, Kinderwagen, Rodelschlitten, Körbe mit Hühnern oder Gänsen.

Der Aufenthalt auf der Plattform ist noch immer während der Fahrt verboten. Der Zug holt tief Luft, fährt an und in einer großen, umständlichen Schleife nach Oberwiesenthal, bimmelt alle paar Augenblicke, bimmelt, als sei in einem Vierteljahrhundert überhaupt nichts geschehen. Wenn ich die Augen schließe, wird mir ganz schwindlig, ich weiß nicht mehr, was für ein Jahr es ist, in dem ich durch den Wald fahre. Wenn ich die Augen aufmache, sehe ich den Wald und die Dörfer, in denen ich jedes Haus wiedererkenne, und die Schneisen, von denen ich die Namen weiß, die Wege und kleinen Straßen und die Bahnhöfe, auf denen sich nichts verändert hat, nicht einmal die Schilder. Bim-bim-bim-bim windet sich das Bähnchen unablässig durch die Fichten, die man an manchen Stellen noch immer mit den Händen greifen könnte. Die Bäckersfrau ist ganz außer sich vor Freude.

Hier nun muß ich von einem Zwischenfall berichten, der sich in der Bimmelbahn zutrug. Wie viele andere fotografierte ich während der Fahrt die Dörfer, Wälder und Berge und auch die Bimmelbahn selber, wenn sie in einer Kurve vor mir erschien. Wir standen dazu auf der offenen Plattform (»Aufenthalt während der Fahrt verboten«), allesamt selig, weil es so schön war an diesem Tag. Plötzlich drückt mir einer die Kamera herunter, freundlich, aber bestimmt. »Da hinten ist ein Bergwerk der Wismut, da tun Sie lieber nicht knipsen«, sagt er väterlich, »da kriegen Sie nur Schwierigkeiten.«

Das Bergwerk ist trotzdem auf meinem Film (ich habe es nie gesehen, auch nicht durch den Sucher, es ging alles viel zu schnell): Der Mann war einen Augenblick zu spät gekommen. Ich wußte nichts von der Existenz dieses Bergwerks bei Hammerunterwiesenthal, sonst hätte ich dort natürlich nicht fotografiert. Auf den Karten und in meinen Wanderbüchern fand ich die Erklärung:

»Hammerunterwiesenthal gehört zu den jüngsten Siedlungen des Erzgebirges, wurde erst nach dem Dreißigjährigen Krieg von böhmischen Exulanten gegründet.« Es finden sich »mannigfache Zeugen für den Abbau von Bodenschätzen in dieser Gegend. Links auf dem Bachberg ragen die großen Halden auf, die beim Abbau von Uranpechblende nach dem Zweiten Weltkrieg durch die SDAG Wismut aufgeschüttet wurden.« Heute wird an dieser Stelle nur noch Kalkstein gewonnen und gebrannt: Was ich fotografierte, waren die Anlagen des VEB Kalksteinwerke, Gott sei Dank. Der Mann glaubte sicher, die Wismut schürfe auch heute noch nach Uranpechblende.

Die Russen *haben* aber bereits das gesamte Uran des Erzgebirges, und neue Funde (gesucht wird noch immer) wären tatsäch-

lich Überraschungsfunde. Die Wismut ist eine zum ausdrücklichen Abbau der Erze für sowjetische Zwecke gegründete Gesellschaft. Natürlich sind die Uranerze die wichtigsten, aber nicht
die einzigen. Es fängt mit dem Kobalt oder Kobold an, den man
auch Silberräuber nannte – man warf ihn auf die Abraumhal-
den, bis man entdeckte, daß man aus Kobaltresten und Arsenik
Mineralfarben herstellen kann. Holland bezog schon im 16. Jahrhundert geröstete Kobalterze aus Schneeberg. 1635 wurde in Nie-
derpfannenstiel bei Aue eines der ersten Blaufarbenwerke errichtet, und das Meißner Zwiebelmuster ist ohne diese Farben nicht
denkbar. In der Gegend um Aue fand man auch das Kaolin, ohne
das Tschirnhaus und Böttger ihr Porzellan nicht hätten herstellen
können. Die Kaolinfässer wurden mit dem Siegel der Blaufarbenwerke verschlossen: zwei gekreuzten Kurschwertern. Daraus wurde
die Meißner Porzellanmarke.

Kobalt und Nickel sind unzertrennlich – und aus Nickel,
Kupfer und Zink entwickelte Dr. Ernst August Geitner in Schnee-
berg das Argentan oder Alpaka. Die Bergleute stiegen immer
tiefer in die Erde, um Silber, Wismut, Kobalt und Nickel zu fin-
den – aber mehr und mehr war ihnen ein schwarzes Erz im
Wege: Pechblende. Man warf es auf die Halden. Dabei hatte der
Berliner Chemiker Heinrich Klapproth 1789 bereits das Element
Uran entdeckt. Noch immer waren die Farbenfabrikanten die
einzigen Interessenten, nach Meißen lieferte man vor allem
Kobaltblau und schwarze Uranfarbe, aber auch grüne und gelbe
Tönungen gebrauchte man, vor allem in den Glashütten.

1898 entdeckte Marie Curie in den Rückständen einer Joachims-
thaler Farbenfabrik zwei neue Elemente, das Polonium und das
Radium. Die Uranförderung begann zu steigen.

Sechsundachtzig Prozent des im sächsischen Erzgebirge geför-
derten Urans wurden auf dem Schneefelder Kobaltfeld gewonnen.
Uranbergbau und -verhüttung sind jedoch teuer, es fehlte dem
Staat (der seit 1909 den Bergbau betrieb) an Kapital. Man konzentrierte sich deshalb auf Oberschlema, das als stärkstes Radium-
bad der Welt gepriesen wurde, als ich ein Kind war.

»Heute sucht man in Schlema vergebens nach den Bauzeugen
dieser Zeit, nach dem Kurhaus mit seinen Bädern und Trink-
quellen. Nur Fotos und Prospekte, inzwischen Archivmaterial geworden, künden noch davon. Und selbst die gigantischen Halden,
die sich später dort auftürmten, wo einst das Kurhaus stand, sind
heute begrünt. Setzt man sich ... in die ›Goldene Sonne‹ in

Schneeberg, in der ehemals Goethe einkehrte ..., kommt man unschwer mit jenen Menschen ins Gespräch, die dabeigewesen sind, als im Erzgebirge Weltgeschichte gemacht wurde, als der Erzbergbau noch einmal zu unvergleichlicher Bedeutung gelangte. ... Er wird erzählen, wie die Menschen 1946 zusammenströmten, wie sie anfangs in Baracken hausten und immer neue Schächte abteuften, wie dem Kumpel die Bauarbeiter folgten und neue Städte aus den Wäldern wuchsen.«

Neue Siedlungen also in Annaberg, Schwarzenberg, Raschau, Eibestock, Erlabrunn und Johanngeorgenstadt.

»Am eindrucksvollsten erscheint mir die Umgestaltung, die sich in Schlema vollzogen hat. Der Schlemabach wurde eingefangen und umgeleitet, die Häuser des Dorfes mit Kirche und Schule zur Seite gerückt und auf der Talschulter neuer und schöner aufgebaut.«

Das Kapitel in meinem Wanderführer schließt: »Die meisten Frauen aus den beiden Städten (gemeint sind Schneeberg und Annaberg) und den Nachbargemeinden entbinden in der Schlemaer Frauenklinik, und die ist ein Geschenk der Wismut!« Warum nicht Tacheles reden? Verlorene Kriege sind verlorene Kriege, lieber alles auf den Tisch als unter den Teppich. Die Bevölkerung selbst ist da viel nüchterner, realistischer. Das Uran ist weg, und es hat keinen Sinn, vergossener Milch nachzuweinen.

Aber nicht nur in Schneeberg, Aue und Schlema grub man nach der Pechblende. Hier aus einem anderen Wanderheft:

»Fährt man heute durch den Kreis Schwarzenberg, so sieht man überall an den Talhängen neue Halden ... Mit dem Jahr 1946 begann hier eine neue Epoche des Bergbaues, vor allem um Johanngeorgenstadt herum. ... Viele tausend Menschen kamen ins Gebirge herauf. Für die meisten von ihnen war der Weg zur SDAG Wismut ... der Anfang eines neuen Lebens ... Die Eisenbahnstrecke Aue—Schwarzenberg—Johanngeorgenstadt wurde teilweise verlegt und zweigleisig ausgebaut, die Straße nach Johanngeorgenstadt neu angelegt und viele andere Straßen in den vom Wismutbergbau betroffenen Gebieten weitgehend ausgebessert. ... Die Sowjetunion, als die Verfechterin der friedlichen Nutzung der Atomkraft, hat die Pläne der imperialistischen Staaten durchkreuzt und durch ihr beharrliches Eintreten für Frieden und Völkerverständigung auch mit Hilfe dieser neuen Energiequelle der Menschheit den Weg in eine friedliche Zukunft gewiesen.«

Man sagt, August der Starke sei von den Polen nicht zum

wenigsten wegen der Erze in seinem Erzgebirge als ihr König ausgesucht worden. Fest steht eins: Die Erze aus dem Erzgebirge haben die Geschichte Sachsens maßgeblich beeinflußt, wenn nicht überhaupt geprägt. Allein im Freiberger Bergbau wurden zwischen der Eröffnung und 1913 über fünf Millionen Kilogramm Silber gewonnen. 1765 wurde die Bergakademie Freiberg als erste Hochschule des Bergbaus und Hüttenwesens in der Welt gegründet.

Die Anfänge des Bergbaus im Erzgebirge liegen wahrscheinlich im 12. Jahrhundert. und so weit reichen auch die Vorgänger des berühmten Freiberger Bergrechts zurück. Freiberg selbst wurde zwischen 1210 und 1214 unter Markgraf Dietrich planmäßig vergrößert, schon 1225 bestanden fünf Pfarrkirchen und das Hospital. Freiberg war bis ins späte Mittelalter die bedeutendste und volkreichste sächsische Stadt (und nicht etwa Meißen, Leipzig oder Dresden). Auch die internationalen Beziehungen Sachsens reichen in das Mittelalter zurück; Freiberger Silber wurde in die Hansestädte, nach Flandern, Frankreich und Italien exportiert.

Das Merkmal des sächsischen Erzbergbaus ist seine große Streuung — es gibt Hunderte, vielleicht Tausende von Stollen, Halden, Hammerwerkresten, Zinnseifen; man stolpert im wahrsten Sinne des Wortes überall, in den Dörfern und im Wald, über die Spuren der Bergleute, der Hütten und Hammerwerke und muß aufpassen, damit man nicht, wie einst ich, hineinfällt in einen alten Silberstollen. Gifthüttenwege erzählen ihre Geschichten vom Arsenbrennen.

Noch um 1 000 war das Gebirge von einem fast undurchdringlichen Urwald bedeckt, dem Miriquidi. Nur wenige Handelswege führten durch den unbesiedelten Urwald nach Böhmen. Im 12. Jahrhundert kamen dann landsuchende Bauern und Bergleute aus Bayern und Oberfranken, aus Niedersachsen und dem Harz, sie begannen zu roden und das Land zu besiedeln. Sie vermischten sich oft mit den hier wohnenden Sorben, also Slawen. Eine Reihe von Burgen entstand zur Sicherung der Wege nach Böhmen. Auf ihnen wurden kaiserliche Ministeriale eingesetzt. Und schon um 1 200 waren überall Bergwerke tätig. Die Klöster hielten sich im späten Mittelalter oft eigene Bergmeister.

Vieles im wirtschaftlichen Gefüge der DDR ist nicht zu verstehen, wenn man das Erzgebirge nicht kennt, sich in seinem industriellen und gesellschaftlichen Aufbau nicht zurechtfindet. Intensiver Bergbau und die Verhüttung von Erzen sind nur möglich mit viel Wasser und Holz — man baute schon um 1300 hier künstliche Teiche, Wehre und Talsperren. Die großen Fichtenreviere, die für das Erzgebirge so charakteristisch sind, gehen auf Pflanzungen zurück, die oft schon vor dreihundert Jahren angelegt wurden. Wege, Straßen und später Eisenbahnlinien gibt es ganz ungewöhnlich viele. Entweder im Zusammenhang mit dem Bergbau oder als seine Nachfolge enstand eine Vielzahl von Industrien, alle arbeitsintensiv; denn der Bergbau hatte so viele Menschen in das Gebirge geholt, wie sie das karge und kalte Land niemals ernähren konnte. Die Menschen mußten über — für eine solche Landschaft überdurchschnittliche — Geschicklichkeit, Intelligenz und viel Unternehmungsgeist verfügen, um zu überleben. Äußerlich dem Bayerischen Wald ähnlich, unterscheidet sich deshalb das Erzgebirge von anderen bewaldeten Gebirgen mit gleichem Klima. Es steckt, bis hin zum hintersten Dorf, voll der verschiedenartigsten Industrien. Die Erzeugnisse mußten exportiert werden. In Annaberg und Eibenstock gab es amerikanische Konsulate und Bankfilialen, aus Schönhaide exportierte man 1897 für dreitausend Dollar Bürsten in die USA, 1904 für vierzigtausend Dollar. Spitzen und Posamente gingen und gehen aus dem Erzgebirge in die ganze Welt.

Schon im 13. Jahrhundert hat man im Gebiet der Zwickauer Mulde und des Schwarzwassers Eisenerze geschürft. Das Fundament des Volkseigenen Betriebs Eisenwerk steht auf dem Erlahammer, einem Eisenhammer, der 1380 zum erstenmal urkundlich erwähnt wird. Dreihundert Jahre später arbeiten allein am Schwarzwasser zwölf Schmelzhütten, zwölf Hochöfen, zweiundzwanzig Schmiedehütten, zwanzig Blech-, Eisen- und Zainhämmer. Der Blechlöffel löste den Holzlöffel ab: Die sächsischen und preußischen Armeen aßen mit den erzgebirgischen Blechlöffeln ebenso wie die Afrikaner am Limpopo oder die Inder in Kalkutta.

Die handwerkliche Geschicklichkeit mündete auch in die Herstellung der Spielwaren ein, die wie Löffel und Spitzen, Posamente und Bürsten, überallhin verkauft wurden: Das Biddeln der Sachsen kommt nicht von ungefähr. Bei soviel Abgelegenheit mußte man sich ständig kümmern, auf dem laufenden bleiben, sich zur Qualitätssteigerung spezialisieren, immer wieder erfinden oder zumindest neu Erfundenes sofort erkennen und übernehmen, wenn es etwas taugte.

Das Erzgebirge mit seinen vielen kleinen Städten und verschiedenen Industrien bildet auch heute noch einen wichtigen Bestandteil der Wirtschaft der DDR — in mancher Hinsicht sogar das Rückgrat, denn die Erzeugnisse sind exportintensiv geblieben. Instrumente, feinmechanische Geräte, Stanzen und Pressen, Auto- und Motorradteile; die Reihe ist lang, man braucht sie sich nur in *Wer liefert Was?* anzusehen, eine der dicken Bibeln der Leipziger Messe. Das Potential einer geschickten, sehr fleißigen und intelligenten Arbeiterschaft in einer verkehrstechnisch vergleichsweise gut erschlossenen Landschaft ohne großen anderweitigen Nutzen ist für ein rohstoffarmes Land wie die DDR von großer Bedeutung. Jede der Fabriken und Industrien mag relativ klein sein — die Summe ist für die Volkswirtschaft der DDR wichtig, denn mit der Beweglichkeit und Erfahrung solcher Betriebe können Lücken auf den Märkten der ganzen Welt genutzt werden.

Fast jedes Dorf hat also hier eine Fabrik, und von früher her oft noch Fabrikbesitzersvillen, jetzt meist Kinderheime, Altersheime, Sanatorien oder Jugendherbergen. Nur die Könige dieser Dörfer, die Fabrikbesitzer, sind verschwunden, haben in Bayern oder Westfalen wieder Fabriken gegründet, erzeugen nun dort Strümpfe, Schuhe oder Löffel. Unabhängigkeit, Selbstvertrauen, Fleiß, Erfindungsgeist waren und sind ihre nicht selten im Übermaß vorhandenen Eigenschaften. Manche blieben noch einige Jahre, verwalteten oder besaßen gar ihre Fabriken — aber nach 1950 gingen dann praktisch alle diese Fabriken an den Flüssen und Bächen des Erzgebirges in Volkseigentum über. Inzwischen hat man viele von ihnen in Produktionsgenossenschaften und andere Verbände der Kooperation zusammengefaßt, junge DDR-Manager mit akademischer Ausbildung stehen ihnen vor. Inzwischen ist auch die Automation in die Wälder des Miriquidi eingezogen, die Kühe und Lämmer und Giraffen der Arche schnitzt einer, indem er auf den Knopf drückt. Die Wismut hat große Betonklötze hinterlassen, in denen die Schneeberger Mütter ihre Kinder kriegen. Ab und zu geht noch ein Grüppchen mit Hammer und Geigerzähler im Erzgebirge auf und ab, trägt in große Listen Notizen ein, aber das Erz (außer Zinn) ist wohl nun fast alle.

Auf der böhmischen Seite soll es sich ebenso zugetragen haben, man sagt, die dortigen Uranerze seien den gleichen Weg gegangen. Genaues weiß man nicht. Auf jeden Fall ist mir, nachdem der Mann meine Kamera sanft, aber energisch runtergedrückt hat, weil er glaubte, daß ein Bergwerk der Wismut zu sehen sei, ein bißchen schwindlig geworden. Und kurz wie ein Blitz und ebenso hell leuchtet diese Begebenheit mein Gedächtnis aus, wo es am dunkelsten zu sein schien. Zu Tausenden strömten wir damals ins Gebirge ... Spaziergänger winken uns neben den Geleisen zu, manche heben stolz Körbe voller Pilze hoch. So haben wir vor fünfunddreißig Jahren schon mit unseren vollen Pilzkörben gewinkt, wenn der Zug, der für siebzehn Kilometer fast eine Stunde braucht, durch den tiefen Wald bimmelte. Und im Winter stiegen wir oft aus und schaufelten die Schienen frei. Dann puffte, schnaufte und pfiff er, holte Luft, wir stiegen ein, fuhren wieder ein Stück höher hinauf: nach Oberwiesenthal.

Der Kurort Oberwiesenthal ist die höchstgelegene Stadt der DDR (910 m über dem Meeresspiegel) und liegt so nahe an der Tschechoslowakei, daß sein Dorfbach gleichzeitig Grenzbach ist. Gleich neben Oberwiesenthal erhebt sich der Fichtelberg, der höchste Berg der DDR. Der Grenzbach heißt übrigens für Fremde und auf der Karte Pöhla. Gleich neben dem Fichtelberg erhebt sich jenseits der Grenze der Keilberg, jetzt (vielleicht wieder) Klinovec genannt. Er ist ein kleines bißchen höher und unnahbarer, und kurz unter seinem Gipfel habe ich einmal in einer Wildfutterkrippe die Neujahrsnacht verbracht. Für Silvester auf eine Skihütte eingeladen, hatte ich mich im Nebel verlaufen; an über hundert Tagen liegen die beiden Berge in den niedrigen Wolken oder sind vom Nebel verhüllt. Nicht selten verlaufen sich Menschen, fallen in alte Stollen und sinken in die Moore. Besser ist es schon, in einer heugefüllten Krippe einzuschlafen. Niemand hat mich damals vermißt: Unten glaubte man, ich sei oben, oben, ich sei unten, und an einem herrlich klaren Neujahrsmorgen fuhr ich durch den funkelnden Wald wieder ins Tal zum Gänsebratenessen.

Fichtelberg, Klinovec und Eisenberg umgeben im weiten Halbrund den Talkessel, in dem Oberwiesenthal liegt. Die Stadt wurde 1527 gegründet, ungefähr zur gleichen Zeit wie so viele andere Erzgebirgsstädte: Annaberg, Buchholz gleich neben Annaberg, Jöhstadt, Marienberg, Joachimsthal — alles Bergwerksstädte. Silber, Zinn und Eisen brachten die ersten Bewohner nach Oberwiesenthal und in seine Schwesterstädte. Zechengrund heißt das breite Tal zwischen Keil- und Fichtelberg.

Im Wanderheft steht: »Bergbau wurde in der Umgebung Oberwiesenthals bis ins vergangene Jahrhundert mit geringem Erfolg betrieben. Die jüngste, nach dem Zweiten Weltkrieg einsetzende

Bauphase dauerte ebenfalls nur einige Jahre. Damals schürfte die SDAG Wismut wie an vielen anderen ehemaligen Bergbauorten im Erzgebirge nach Uranpechblende und Kobalt. Die SDAG Wismut hat nicht nur großen Anteil daran, daß die Sowjetunion für das sozialistische Lager einen zuverlässigen Atomschild schaffen konnte, ihre Arbeit schuf auch wichtige Grundlagen für die friedliche Nutzung der Atomenergie in Wissenschaft und Technik.«

Einst, 1897, begann für die Gegend, die sich vor allem durch die Armut ihrer Bevölkerung auszeichnete, eine neue Phase. Die Bimmelbahn wurde eingeweiht! Offiziell heißt sie natürlich Schmalspurabzweigung Cranzahl—Oberwiesenthal und diente zuerst der im Pöhlatal entstandenen Industrie, aber bald schon saßen in ihr Skifahrer und Pilzesucher aus der Stadt, aus Chemnitz, Dresden und Leipzig. Bis zum Ersten Weltkrieg entstanden in Oberwiesenthal neue Hotels, unter anderem das Berggasthaus auf dem Fichtelberg und das ehemalige Sporthotel an der Vierenstraße. Ich habe noch Fotos, auf denen meine Großmutter mit wehenden Röcken durch den Schnee abfährt, im Hut natürlich, um den ein langer Schal geschlungen ist. Auch meine Mutter fuhr in einem sehr eleganten Rock Ski. Man nannte Oberwiesenthal damals das St. Moritz von Sachsen. Die Schwebebahn gab es schon, bevor ich auf die Welt kam: seit 1924. Uns galten die neuen alpinen Skiorte als Parvenüs. Garmisch zum Beispiel. Wie konnte einer nach Garmisch oder Kitzbühel fahren? Wenn schon in die Berge, dann nach San Pellegrino. Aber verloren haben wir dann doch immer gegen die Läufer und Läuferinnen aus den Alpen — und jetzt, auf einmal, gewinnen Oberwiesenthaler und andere Sachsen Goldmedaillen und Weltmeisterschaften beim Eislaufen, Skispringen, Rodeln, im Langlauf und in der Nordischen Kombination. Im Wanderheft steht: »Im SC Traktor Oberwiesenthal sind zahlreiche bekannte Spitzensportler unserer Republik zusammengefaßt.« Und im Internat der Kinder- und Jugendsportschule des SC Traktor erhalten Mädchen und Jungen neben dem planmäßigen Unterricht spezielles Training im Wintersport. Alles, was man uns einstmals zugestand, waren vierzehn Tage mit Christl Cranz fürs ganze Jahr. So ändern sich die Zeiten: auch für die Skiläufer. Oberwiesenthal. Wir steigen aus, ich gehe die Straße hinauf zum Ort und erkenne fast jedes Haus wieder.

Die Häuser sind verputzt, frisch gestrichen, die Misthaufen sind verschwunden. Jeder Skiort von Ruf in den Alpen ist nicht wiederzuerkennen von jemandem, der nach dreißig Jahren wiederkommt. An Oberwiesenthal aber hat sich kaum etwas verändert. Es sieht wohlhabender aus, ordentlicher, aber größer? Nein. Nach einem Dutzend Häusern ist man auf dem Markt, nach ein paar Dutzend Häusern am Grenzbach, wo der Kurort zu Ende ist. Dreitausend Einwohner. Über zehntausend Besucher im Jahr. Eine Schwebebahn wie 1924. Zwei Lifte. Eine neue Rodelrennbahn. Drei Sprungschanzen (eine hieß bei ihrer Einweihung Martin-Mutschmann-Schanze, nach dem damaligen sächsischen Gauleiter). Die Menschen mit mir im Zug sind gekommen, um zu Fuß durch den Wald und über die großen Wiesen zu gehen, auf denen die angepflockten Kühe stehen; sie grasen einen Kreis ganz sauber ab, dann den nächsten. Die Schwebebahngondeln kommen mir neuer, größer vor, aber ich kann mich an die alten nicht mehr so genau erinnern. Während wir auf den Fichtelberg schweben, pflügt tief unter uns ein Bauer mit seinem Ochsen. Das ist aber auch hier selten geworden: Längst nicht mehr muß jeder einzeln seinen Kartoffelacker bearbeiten, im Erzgebirge wird noch nur wenig Ackerbau getrieben, die winzigen Wirtschaften hat man zu LPGs zusammengelegt oder gleich VEGs draus gemacht, und man beschränkt sich in Gegenden, die nur drei, vier Monate im Jahr völlig schneefrei sind, auf die Weidewirtschaft.

Drüben in Böhmen sieht es noch immer ganz leer aus, ein paar Häuschen und der große Wald. Auf dem Keilberg steht ein merkwürdiger Turm, anscheinend mit einer riesigen Antenne.

Als wir oben ankommen, finde ich mich nicht zurecht: Hier hat sich *alles* verändert.

Die alte Fichtelbergbaude brannte ab, und nun steht hier ein neues großes Haus mit Aussichtsturm, können bis zu zweitausendfünfhundert Besucher einen warmen Mittagstisch bekommen, arbeiten hundertzwanzig Kellner und Köche und – wie heißen die, die putzen, in der DDR? Im Buch steht: hundertzwanzig Mitarbeiter. Sie leben in einem sehr schönen Wohnflügel, von dem ich erst dachte, er sei ein Hotel. Nein, schlafen kann der Gast nicht mehr auf dem Fichtelberg, vorläufig wenigstens. Ich hole mir im Selbstbedienungsrestaurant ein Tartar, bekomme eine Riesenportion mit Ei, Kapern, Zwiebeln, DDR-Worcester-Sauce, Butter, Brot, alles für drei Mark zwanzig. Die meisten derer, die mit mir in der Schwebebahn gekommen sind, essen die dem Leser nun schon vertrauten Bockwürste. Hier sind sie nicht lang und dünn, sondern kurz und dick. Achtzig Pfennig in der Stadt am Stand im Stehen, einszwanzig auf dem Fichtelberg, selbstbedient, aber im Sitzen. Mit Kartoffelbrei und Kraut zweizwanzig, ein großer Teller voll. Schubweise kommen immer neue Menschen von der Schwebebahn, fast alle zweihundertvierzig Sitzplätze der Selbstbedienungsabteilung sind eingenommen: früh um elf, im Oktober. Darüber gibt es eine Grillbar (sechzig Plätze) und ein Konzert- und Tanzcafé (zweihundert Plätze). Im Aussichtsturm geht der Lift nicht, und Farbfilme sind gerade ausgegangen. Die Hälfte meines Tartarbrots wickle ich ein, denn da, wo ich hingehen will, gibt es nichts zu essen.

Es ist einer der wenigen Tage im Jahr, an denen man sozusagen mit den bloßen Augen die Ostsee erkennen kann. Das Erzgebirge ist ein Pultdach, fällt schräg nach Sachsen im Norden und steil nach Böhmen im Süden ab. Könnte man Prag sehen? Und wie weit ist es nach Prag? Das habe ich vergessen. Hier fing der Krieg an – mit der Sudetenkrise. Daran kann ich mich noch sehr genau erinnern, an das aufgeregte Hin und Her auf den Landstraßen. Soldaten plötzlich, hier die deutschen, drüben die tschechischen, Soldaten, wo ich noch nie einen Soldaten gesehen hatte. Jetzt sind die beiden Länder verbrüdert, weil ein dritter Bruder so lange bei ihnen zu Gast ist. »Das sind doch ganz arme Luders«, sagte einer im Zug und zeigte über die Grenze. »Wie wir«, fügte er nach einer Weile hinzu.

Draußen vor dem Fichtelberghaus stehen und gehen Grüppchen von Menschen und sehen glücklich aus. Die Sonne ist warm, und am Himmel entdeckt niemand ein Wölkchen, nicht in Böhmen und nicht in der DDR. Nirgendwo ist ein Auto zu sehen oder zu hören, auch kein Flugzeug. Der Himmel ist riesengroß und tiefblau, und darunter dehnt sich über Buckel und Täler der schwarzgrüne Wald. Am besten kenne ich den Bärenstein; von Unterwiesenthal aus sind wir im Winter oft an einem Tag bis zum Bärenstein und zurück Ski gelaufen. Ich suche ihn in meinem Heft: »Durch den Uranbergbau entstanden im Pöhlatal nach dem Zweiten Weltkrieg zahlreiche Schächte, deren Halden man gut vom Bärenstein überblicken kann, sowie neue Siedlungsteile am Waldrand oberhalb von Bärenstein ...« Für den Bergbau wurde auch die erste Talsperre der DDR gebaut, die von Cranzahl. Ein junger Dackel schnuffelt an meinen Schuhen herum, zwei Kinder holen ihn wieder ab: Berliner Kinder.

»Himmelsleiter« heißt der schnellste und steilste Weg zum Roten Vorwerk, eine schnurgerade Schneise vom Gipfel zum Fuß des Fichtelberges. Nach wenigen Schritten ist es vollkommen still, nach der neuen Rodelbahn mit ihren Scheinwerfern und Tribünen durchschneiden den Wald nur noch die alten Wege. Wie hießen sie doch, die Wege von Fichtelberg? Philosophenweg und Karlemannweg, Amtsweg, Reitweg, Wellenschaukel, Ausrücke, Gifthüttenstraße, Bärenfangweg. Unter meinen Füßen rollen die bunten Steine weg, rote, blaue, grüne, blasse und solche, die glitzern, wenn man sie in der Sonne dreht. Zwei Marienkäferchen setzen sich auf meine Hand, fliegen davon. Leute fragen mich nach dem Weg und wie lange man geht. Ob meine Höhle noch steht? Ich bin auf dem Weg zu meiner Höhle.

Unten beim roten Vorwerk setze ich mich auf eine Bank, esse das Tartarbrot. Ein junger Mann kommt, setzt sich neben mich, sieht, daß ich eine Karte habe, und bittet sie sich aus. Er will nach Annaberg laufen, ein Berliner Ingenieur. Er läuft seit einer Woche durch das Erzgebirge, mit einem kleinen Beutel über der Schulter. Plötzlich springt er auf und läuft wieder los, die Vierenstraße hinunter. Alle, die mir begegnen, fragen mich in der nächsten halben Stunde nach dem Weg, weil sie sehen, daß ich eine Karte habe: 1:50 000. Sie kostet zwei Mark fünfzig, aber darum geht es nicht, sie haben einfach nicht dran gedacht. Hochschulprofessoren und Dreher kommen vorbei, Junge und Alte, setzen sich einen Augenblick neben mich, reden ein bißchen, freuen sich, daß die Sonne scheint: *was für ein warmer Oktober*. Manchen sage ich, wo ich herkomme, sie antworten: Das ist selten. Aus dem Westen ist hier sonst eigentlich nie wer. Dann gehe ich weiter, am Roten Vorwerk vorbei (Kinderheim, ganz frisch verputzt und gestrichen) zum Bärenfangweg, und begegne bald keinem Menschen mehr. Neben der Chemnitzer Skihütte hat jemand ein Gärtchen angelegt, in den Fenstern hängen Laubsägefiguren, und die kleinen Wäldchen, die mein Vater mit anpflanzte, um das Haus vor dem Wind zu schützen, sind große Wäldchen geworden. Jugendherberge Rosa Luxemburg heißt die Skihütte jetzt; wie in jedem Herbst liegt ein großer Kohlehaufen auf dem Gras, und auf dem Hang weiden die Kühe an ihren Ketten. Bis zu meiner Höhle ist es nicht mehr weit. Aber die Höhle ist meine Privatangelegenheit, und ich will niemanden damit langweilen. Ich fand sie, mitten im Wald, und wie, das weiß ich beim besten Willen nicht, denn es gibt keinen Weg dorthin.

Auf der Vierenstraße kamen mir Leute entgegen, die offensichtlich einen Betriebsausflug machten, die Füße taten ihnen weh, sie waren viel zu gut angezogen, die, die redeten, redeten zu laut, die anderen schwiegen zu deutlich. Einer fragte mich: »Wie lange noch?«, und als ich antwortete: »Noch eine halbe Stunde«, seufzten alle. Jemand sagte: »Gibt es denn nichts zum Hinsetzen?« — »Doch«, sagte ich und mußte lachen, »den ganzen Wald.« Aus dem Bach trank ich Wasser, und von diesem Wasser vielleicht, oder weil ich zu müde war, wurde mir später schlecht, denn ich spie meiner Blasewitzer Bäckersfrau auf den Schoß; aber das war viel später, am Abend, im Zug.

Im Dorf Vierenstraße warteten Menschen auf dem Bahnhof, der Zug kam den Berg heraufgebimmelt, wir lösten im Gepäckwagen unsere Karten und fuhren wieder nach Oberwiesenthal. Eine Frau, die ich mit ihrem kleinen Jungen schon auf dem Wege getroffen hatte, erzählte mir, sie wohne im Erholungsheim der Wismut. Weil sie aber meine Kamera gesehen hatte, blieb sie ganz vorsichtig. Welche Frau geht schon alleine durch den Wald mit so einem Fotoapparat und knipst die Gegend? Ich erzähle, daß ich die Marienkäferchen fotografiert habe, der kleine Junge findet dabei nichts. Seine Mutter sieht mich schweigend an.

Vom Bahnhof aus gehe ich diesmal in die Stadt, durch die Stadt zum Grenzbach. Auch hier sehen mir die Leute, die in den Haustüren stehen, verwundert nach, obwohl ich nicht fotografiere: Das Fotografieren der Staatsgrenze ist verboten. Am Grenzbach bleibe ich stehen, aber immer sieht mir jemand nach, und die Leute reden über mich. Das ist ganz offensichtlich. Alleine geht hier am Abend niemand spazieren, denn es gibt nichts zu sehen außer der Grenze. Wer sich aber die Grenze betrachtet, muß sich doch was dabei denken. Oder? Diese Grenze ist ohne Zaun, ohne Wachtürme und Hunde — einfach die Pöhla, ein Bach. Aber ich bin viel zu müde, um noch was zu denken.

Im allerletzten bißchen Licht fotografiere ich die Postsäule auf dem Markt. Auf ihr steht: »Wer reisen will, der schweig fein still.«

Es ist beinahe Mitternacht, als ich wieder zu Hause bin. »Für einen Tag war es zuviel«, sagen die anderen, die auf mich gewartet haben.

DREIZEHNTES KAPITEL

Ein Orgelkonzert

Die nächsten Tage verbrachte ich wieder in Dresden, las die Zeitungen, auch die für Hühnerzucht, Schachspielen und die Jagd. Zweimal aß ich im Zwingercafé Bockwurst, weil das Italienische Dörfchen wegen Renovierung geschlossen war. Merkwürdigerweise ist das Zwingercafé fast immer halb leer: Dort sind die Würste auch teurer. Gruppen von Polen, Tschechen, Russen, deutschen Schulkindern gingen vorbei, wenn sie das Nymphenbad besichtigten, aber fast niemand kam herein. Überall stand jemand und erklärte was, und die anderen sahen ernsthaft erst hierhin, dann dorthin. Auf den polnischen Adler, auf den deutschen Reichsadler, auf die Kurschwerter, auf Krone und Herkules und auf die eleganten Nymphen in ihren Nischen. Tag für Tag wird hier was erklärt, was sich nicht erklären läßt.

In meinem Zimmer sitze ich so vor mich hin: Die anderen arbeiten, kommen erst spät nach Hause. Ich nehme mir wieder die Zeitungen vor, lese die Ankündigung eines *Orgelkonzerts auf der Großen Silbermannorgel* in der Hofkirche, renne zur Straßenbahn, komme gerade noch pünktlich bei der Hofkirche an. Sie ist fast voll.

Ich denke sofort an das, was mir jemand erzählt hat: In Dresden strömen auch die jungen Menschen und die prominenten Architekten, Chirurgen und so weiter in die Hofkirche, ja konvertieren vom Protestantismus, vom Kommunismus, vom Nichts zum Katholizismus.

Lange vor der Zerstörung Dresdens bin ich zum letztenmal in dieser Kirche gewesen: Wie hat sie sich verändert!

Völlig schmucklos ist jetzt der Innenraum, weiß verputzt, das ist alles. An der linken Wand, leicht zu übersehen, ganz schlicht, das Zeichen der Kathedrale: Die Hofkirche wurde durch päpstliches Dekret 1964 zur Kathedrale erhoben.

Römischer Barock, aller Farbe und seines Zierats beraubt. Hier muß sich plötzlich die nackte Architektur beweisen, und ich suche mir voller Staunen einen Platz auf den vollen Bänken. Die Hofkirche ist die größte Kirche im sächsischen Raum — aber man sieht es nicht, weder innen noch von außen. Sie trennt den Theaterplatz vom Schloß, man verzichtete aus ästhetischen Gründen auf die Ostung, stellte sie schräg zur Elbe — eine geniale Lösung. Hier steht die Königin aller Orgeln der Welt, Silbermanns größtes, schönstes und bestes Werk. Sie wurde im Krieg ausgelagert und entging als einzige Dresdner Silbermann-Orgel der Zerstörung. Nur der Orgelprospekt blieb in der Kirche und verbrannte. Die Hofkirche ist hauptsächlich aus Staatsmitteln fast völlig wiederhergestellt worden, die Restaurierung leitet das Institut für Denkmalspflege. In den vier Grufträumen ruhen in neunundvierzig Sarkophagen die wettinischen Kurfürsten und Könige und ihre Frauen und Kinder. Ein kleines Gefäß birgt das Herz August des Starken, der in Krakau zwischen den polnischen Königen begraben wurde. So hatte es der König gewünscht.

Die mit mir auf der Bank saßen, waren fast alle jung: Studenten, Schüler. Viele trugen langes (aber immer sehr gepflegtes) Haar, manche amerikanische Parkas und Blue jeans. Während in der Kreuzkirche die Frauen überwogen, war es in der Hofkirche umgekehrt.

In Gänsereihen zogen ganze Familien ein, voran der Vater, dann die Mutter, dann die Söhne, zuletzt die Töchter. Viele versuchten auf Zehenspitzen zu gehen, um keinen Lärm zu machen. Um vier Uhr sollte das Konzert beginnen: Um vier Uhr war die Hofkirche, die größte Kirche Sachsens, voll. Um sechs Uhr begann ein zweites Orgelkonzert, keine fünf Minuten zu Fuß entfernt, in der Kreuzkirche — das war natürlich kein Zufall. Früher spielten Organisten untereinander um die Wette, wurden aneinander gemessen. Vielleicht nur noch in Paris kann man heutzutage ähnliches erleben, aber dort gibt es keine Silbermann-Orgel.

Wir warteten, es blieb still. Dann trat ein Kaplan ans Mikrophon (und nun sah man, *wie* groß die Hofkirche ist), erklärte uns, bei der Probe am Morgen sei alles gutgegangen, nun arbeite der Motor des Blasebalgs nicht mehr. Ob ein Elektriker zufällig anwesend sei und helfen könne?

Keiner ging weg. Nach einer Dreiviertelstunde der erste Ton, ein leises *ah,* dann begann das Konzert. Es ist unmöglich, den Klang dieser Orgel zu beschreiben: Kein Wort reicht aus. Seele und Geist *verwandeln* sich bei ihrem Klang. Die laut quietschende Straßenbahn gleich neben der rechten Mauer verschärft die Konturen dessen, was die Leute früher so leichtfertig *diesseits* und *jenseits* nannten.

Der Organist kam, wenn ich mich recht erinnere, aus Magdeburg. Händel, Bach und zwei noch lebende, uns unbekannte Komponisten hatte er gewählt und mit einem virtuosen Stück am Schluß eine Konzession gemacht. Diese Orgel mokiert sich über schlechte Musik, deckt jede, auch die kleinste Schwäche auf. Selbst die Straßenbahn quietscht jetzt lauter, obwohl die Musik fortissimo dröhnt. Und dann quietscht sie wieder: *aber keiner hört es mehr.* Die Menschen um mich herum sind ernst, konzentriert, abwesend, haben einen Ausdruck, wie ich ihn sonst nirgends mehr auf der Welt in Konzerten gesehen habe. Nichts Verklärtes, keinerlei Überschwenglichkeit; jeder ist, wie mir scheint, auf der beinahe methodischen Suche nach etwas *Bestimmten.* Hoffen sie, bewußt oder unbewußt, in den *Strukturen* der Musik Antwort zu finden? Eine ihrer Fragen heißt vielleicht: Woraus besteht Schönheit? Was macht sie aus und was sie zunichte? Ist sie wesentlich im menschlichen Leben, vermißt man sie, welche Prioritäten soll man ihr einräumen?

Auch der Marxismus-Leninismus hat sich kritisch mit ihr auseinandergesetzt, ein dickes teures Buch stand in den Schaufenstern der Buchhandlungen. Vergeblich. Die Frage bleibt ungelöst. In der DDR wird mit großer Mühe restauriert, hergestellt, bewahrt, gesammelt, interpretiert. Aber die *lebenden* Maler, Dichter, Komponisten, Bildhauer, Architekten lügen oder schweigen oder bauen ihre Welten in Nußschalen ein. Der Mut ist zwischen den Mühlrädern der *Maschinerie* von Partei und Staat zu feinstem Staub zerrieben — man *fühlt,* er ist da, *sieht ihn aber nicht.*

Die Gedanken gehen auf lange Reisen nach *innen* — nach *außen* weit zu denken, ist in der DDR schwierig. *Alle* großen Fragen lösen sich in unzählige kleine auf, durch die man sich geduldig den Weg suchen muß.

Als wir aus der Kirche kommen — zwei Nonnen verwechseln mich, grüßen freundlich —, ist es fast dunkel. Viele gehen direkt von der Hofkirche zur Kreuzkirche hinüber: Ich bin zu müde. Auch kann ich mich vom Eindruck der Hofkirche und vom Klang ihrer Orgel nicht so schnell losreißen, die Grenzen der verschiedenen Welten nicht überspringen wie Türschwellen.

Katholizismus, Protestantismus, Nazismus, Kommunismus: Stationen nacheinander und nebeneinander. Ein katholischer Hof mit protestantischen Untertanen. Auch Carl Maria von Weber und Richard Wagner waren als Kapellmeister der Oper dazu verpflichtet, für die Hofkirche Werke zu komponieren und geistliche Konzerte zu leiten. Der Protestant Bach schrieb Messen.

Der Dreißigjährige Krieg verwüstete das Land zwischen Ostsee und Erzgebirge und wütete hier wie sonst nirgendwo. Jetzt steht an den Wänden: *Mit uns siegt der Plan.* Verwischen läßt sich hier kaum etwas. Man kann den Problemen den Rücken kehren, aber sie bleiben klar und deutlich, bis hin zu den Extremen von Gefängnis und Tod an Mauer und Elbe und der Bestimmung des Urans aus dem sächsischen Gebirge für Krieg oder Frieden. Zu Dutzenden, in Ringen gebündelt, stehen Fahnen auf dem Altmarkt, angestrahlt wie die Kreuzkirche und das Kulturhaus: die roten Fahnen der Freundschaft mit der Sowjetunion, die roten Fahnen der Sowjetunion mit Sichel und Hammer, die blauen Fahnen der Freien Deutschen Jugend, schwarzrotgoldene Fahnen der DDR mit Zirkel und Hammer.

Der Orgelbauer Silbermann verkleidete sich als Frau und floh, weil er nicht Soldat werden wollte. Bach schrieb in der Haft sein Orgelbüchlein, denn der Herzog ließ ihn nicht aus Weimar heraus.

Wir haben den Schlüssel zu unserem Verhalten immer noch nicht gefunden und wissen nicht, was Schönheit ausmacht, woher sie kommt, warum sie so selten zustande gebracht wird, von wem, unter welchen Umständen und ob sie nötig ist oder ausgeklammert werden kann. Aber auf dem Mond sind wir immerhin inzwischen gewesen.

Ich gehe an den Fahnen entlang zum Pirnaischen Platz, ein Monstrum, ein Straßenwahn: Weil so viel Platz war, hat man alles breit und vielspurig gebaut und Fußgänger laufen in Tunnels zehn Minuten von einer Straßenseite zur anderen. Alles ist verkehrstechnisch von den Experten geplant worden, und hier passieren jetzt die meisten und schwersten Unfälle in Dresden. Genial gebaute Städte? Die gibt es weder hüben noch drüben. Vielleicht müßten sie komponiert werden, nach Gesetzen von Rhythmus und Melodie: Ach, hätte die DDR nur Mut gehabt zu solchen Experimenten. Außer mir ist fast niemand mehr auf der Straße, Sonnabend, die meisten sitzen jetzt zu Hause und essen und baden, einer nach dem anderen, und jeder legt zwei Briketts nach für den nächsten.

Daran aber kann es nicht liegen. Kohlenholen und Schönheit schließen einander nicht aus.

»Der philosophische Materialismus geht davon aus, daß es eine objektive Realität gibt, die primär gegenüber dem sie widerspiegelnden Bewußtsein ist, und daß sie prinzipiell erkennbar ist. Dabei sagt die marxistische Erkenntnistheorie, daß die absolute Wahrheit eine Summe von relativen Wahrheiten ist, die uns in gleichsam hyperbolischer unendlicher Progression an die absolute Wahrheit heranführen, ohne daß wir sie jemals vollständig erschöpfen könnten.«

Der Marxismus-Leninismus gründet sich auf die Lehre vom Fortschritt: Das Phänomen Kunst stellt diesen Glauben aufs ernsthafteste in Frage. Vielleicht erklärt sich aus dieser Konfrontation die Kunststerilität der sozialistischen Länder. Wo eine Steigerung des Genies im Plan steht, bleibt diesem sozusagen die Spucke weg. Denn Genie ist, und war es schon immer, äußerste Konsequenz. An der aber zerbricht die marxistische Lehre, sobald man sie in die Wirklichkeit übersetzt. Besteht man auf ihr, dann zerbrechen die Menschen und mit ihnen natürlich die Kunst. Die Rechnung, glaube ich, geht anders nicht auf. Der in der DDR lebende Mensch steht in jedem überdurchschnittlichen Konzert auf der Probe.

VIERZEHNTES KAPITEL

Das Scheiß-Spiel

Scheiß-Spiel nennt man in der DDR die Arbeit: das tägliche Aufstehen, Rennen, Drängeln, Umsteigen, Erwischenmüssen, Melden, Machen, Aufschreiben, Jasagen, Zuhören, die Unterwerfung unter die Kader-Akte, die Einsamkeit, das Mißtrauen, Warten, Fürchten.

Meine Verwandten, zwei Frauen, die eine fünfzig, die andere dreißig, gingen früh aus dem Haus, kamen abends oft sehr spät erst wieder. Was sie tun, weiß ich bis heute nicht, habe ich sie nicht gefragt. Sie arbeiten bei der Reichsbahn, haben ganz normale Funktionen, Inspektor oder so was die eine, die andere erteilt, glaube ich, Auskünfte. Wenn sie abends nach Hause kamen, wollten sie über alles reden — nur nicht über die Arbeit.

In der DDR gibt es zwei Theorien über die Arbeit: Die eine besagt, es wird enorm fleißig gearbeitet, mit Hingabe. Die andere: In der DDR drückt sich jeder, wo er kann.

Warum arbeitet der Mensch? Die Antwort auf diese Frage ist in der DDR klar und einfach: um der Gesellschaft nützlich zu sein. Nur durch diese Arbeit, nur durch seine Nützlichkeit, erwirbt sich der Bürger überhaupt erst die Lebensberechtigung. Er bringt seine Arbeit, seine Nützlichkeit in den Staat ein, der ihn dann planmäßig mit dem Lebensnotwendigsten versorgt: Aber der Staat, das ist *er selbst,* eine Organisationsform, an der er *aktiv täglich mitwirkt.* Eine bestechende Formel.

Ein *Arbeitsfond* wird errechnet aus dem *Zeitfond* plus der Effektivität, mit der diese Zeit umgesetzt wird in wahre Produktivität. Das im Zeitfond sozusagen eingeschlossene potentielle Arbeitsvolumen ist eine der *bestimmenden* Größen bei der Aufstellung *des Planes:* Sozialistische Wirtschaft ist Planwirtschaft.

Der Plan aber, soll er wirksam werden, braucht ein Funktionieren der Formeln, auf denen er aufbaut — mit zu vielen *unbestimmten* Größen geht die Rechnung nicht auf.

Die Zahl der Bürger im arbeitsfähigen Alter ist bekannt, aus ihr errechnet sich der Zeitfond, aus diesem der Arbeitsfond. Prinzipiell ist der Faktor Arbeitsfond im totalitären sozialistischen Staat eine, mit geringen Abweichungen, *feste* Größe. Nur wenn sie das bleibt, kann die sozialistische Wirtschaft funktionieren. Da ihre Gesamtproduktivität wiederum allen Bürgern *gehört,* zwingt man die Bürger, wenn man sie nun schon zwingen muß, nur zu ihrem eigenen Glück. Der Bürger kann das vielleicht nicht sehen — aber er sollte es zumindest glauben können.

Von diesem Glauben oder hin und wieder vielleicht vom wirklich vorhandenen Einblick hängt allein die Arbeitsmoral ab. Ende gut, alles gut. Wenn wir heute hungern, sind wir morgen reich.

Ein Staat, der so Ungeheures von allen seinen Bürgern fordert, nämlich das unbeschränkte Einbringen *ihrer* jeweils vierundzwanzig Stunden in den Zeitfond, die Zurverfügungstellung des Zeitfonds für den Arbeitsfond — ein solcher Staat nimmt mit seinen Forderungen auch eine gewaltige moralische Hypothek auf. Er muß den Nachweis erbringen, daß das Glück seiner Bürger sein *einziges* Anliegen ist. Er muß beweisen, daß er dieses Glück seiner Bürger *formulieren* kann als eine *konkrete* Zielvorstellung. Er baut auf den *Pflichten* des Bürgers. Dazu fühlt er sich voll und ganz berechtigt, denn er tut *alles* allein *ihretwegen.*

Jeder, der die DDR begreifen will, sollte die »Bibel« lesen, die dort in mehr als einer Million Exemplaren verbreitet ist (und allein deshalb so genannt wird): Die *Politische Ökonomie des Sozialismus und ihre Anwendung in der DDR* (Dietz Verlag, 12,80 M) — auf diesen neunhundert Seiten findet er die einzig gültige *und verständliche* Erklärung für die Mauer, für den Stacheldraht, die Hunde und Minen. Auf Seite 19 liest er folgende Zeilen:

»... mit der Sicherung der Staatsgrenze in Berlin wurden wichtige objektive Voraussetzungen geschaffen, um das uneingeschränkte Wirken der ökonomischen Gesetze des Sozialismus in der DDR herbeizuführen.« Und auf Seite 207:

»Es ist dies der eigentliche Sinn sozialistischer Planmäßigkeit, die Erfordernisse des gesellschaftlichen Fortschritts und die persönlichen Interessen jedes einzelnen zu einem einheitlichen Ziel und Handeln der Menschen zu verbinden und so die höchste Rationalität des Wirtschaftens zu gewährleisten.«

Die totale Abriegelung der Grenzen erfolgte aus einer *zwingenden* Logik. Dieser Logik einmal wenigstens probeweise von Anfang bis Ende zu folgen, ist die Grundlage für das Verständnis der Politik der DDR. *Von der Oberfläche her ist hier nichts zu begreifen.*

Alle Schwierigkeiten, die wir haben, den Sozialismus im Sinne der DDR zu verstehen, verschwinden sofort, wenn wir uns (im Geist) *vollständig* einordnen in die von ihm als Ziel gesetzte *höchste Rationalität des Wirtschaftens.* Eine fruchtbare Diskussion hin und her kann es sonst gar nicht geben: *Nur als Gesamtpaket* ist der (bis jetzt lediglich angestrebte) Kommunismus denkbar (und damit ausführbar). Erst wenn wir begreifen, daß der *totale* Anspruch des Staates auf unseren persönlichen Zeitfond (um nur ein Beispiel herauszugreifen) *integraler* Bestandteil seiner Struktur ist — etwas, das sich eben *nicht* aus dem System wieder herauslösen läßt —, erst dann können wir auch hoffen, nicht nur die diversen Maßnahmen zu verstehen, die der Staat ergreifen mußte, um seine Ansprüche geltend zu machen, sondern auch die moralische Selbstverständlichkeit, mit der SED-Funktionäre sie verteidigen. Für *sie* wäre es grausam, die Menschen an der Mauer *nicht* zu erschießen: Sie sind die Verwalter des Volksvermögens und müssen seine Integrität und sein Wachstum schützen. Das Volksvermögen schließt die Produktivität *jedes* einzelnen *voll* ein. Sie gehört nicht ihm, sondern allen, weil er gleichermaßen von der Produktivität aller zehrt.

Die Alten in der DDR, die ja ohnehin nicht mehr produktiv sind, dürfen deshalb logischerweise gehen — und auch wegbleiben.

Die Hunde an den Drähten schützen im wahrsten Sinne des Wortes das Volksvermögen vor Verfall und Zerstörung. Etwa so viele Menschen, wie die Bevölkerung Norwegens ausmacht, haben die Zone, beziehungsweise die DDR, seit 1945 verlassen, die Mehrzahl davon war jung, intelligent, ausgebildet. *Zum Schutze der Zukunft aller Bürger dienen Maßnahmen,* die uns unmenschlich erscheinen.

Es kann also innerhalb der Logik, der das politische und wirtschaftliche Leben der DDR folgt, weder ein Zurück noch Zweifel geben. Um *Richtigkeit* der Logik beweisen zu können, muß der Weg *bis ans Ende* gegangen werden. Bevor der Kommunismus nicht irgendwo in der Welt voll verwirklicht ist, können gültige Aussagen über ihn nicht gemacht werden. *Er erfordert einen ganz neuen Menschen,* wie die Lehrbücher richtig sagen.

Einen ganzen Tag lang saß ich in meinem Zimmer und las und begriff immer mehr, wie sehr wir mit unseren Diskussionen im Westen stets am Wesentlichen vorbeigehen, weil wir uns *innerlich* weigern, die große Veränderung zu akzeptieren, die in diesem Teil Deutschlands stattgefunden hat. Diese Veränderung leitet sich viel weniger aus den neuen Besitzverhältnissen ab — de facto gibt es keine Produktionsmittel in Privatbesitz mehr, keine

Fabrik- oder Gutsbesitzer oder Aktionäre — als von der *neuen* Funktion des *Staates.* Da, wo es dem einzelnen Spaß macht zu besitzen, ein Haus, ein Auto, ein Boot und dergleichen, ist ihm solcher Besitz ja gar nicht verwehrt. Fabriken, Güter, Aktien aber haben zu jeder Zeit nur eine verschwindend kleine Minderheit besessen: Die Masse ist von den Enteignungen nicht betroffen worden.

Betroffen wird jeder von dem Anspruch des Staates auf seine *Zeit*, betroffen wird er von der richtigen und zentralen Wahrheit, daß er *alles*, auch seine Seele, in diesen Staat einbringen *muß*, weil das System sonst niemals voll funktionstüchtig ist. Nicht der Mensch, sondern nur der *sozialistische* Mensch, der sich als *ein Teil* des Staates verstehende und mit dieser Rolle zufriedene Mensch kann dem kommunistischen Staat und damit wiederum sich selbst überhaupt erst Sinn geben. Wer also nicht begreift, daß er sein Glück erst durch die totale Hingabe erlangen kann, muß notwendigerweise unglücklich bleiben — er bekommt nichts zurück für seine Opfer, denn er identifiziert sich nicht mit dem Staat: Er wird, er muß psychisch auf die Dauer Schaden erleiden.

Es ist also müßig, mit SED-Funktionären die Details zu diskutieren, die Grenze, die Mauer, die zum Teil erschreckenden Gesetze der DDR, man kann sich bei solchen Diskussionen nicht einen Schritt näherkommen: Humanismus bezieht sich dort aufs Ganze, niemals auf den einzelnen. *Alles*, auch das Kunstschaffen, »ist ein mit anderen Schaffensbereichen verknüpftes, gesellschaftlich nützliches Tun, eine praktisch-geistige Aneignung der Wirklichkeit«.

Die Politik der DDR und der sozialistischen Staaten überhaupt hat also ihre eigene Logik, der man von außen nicht folgen *kann*. Die Brücke zu denen, die im anderen Deutschland leben, läßt sich in Zukunft immer weniger nur aus Kaffeepaketen bauen (so wichtig diese auch sein mögen): Soll sie dauerhaft und begehbar bleiben, müssen wir uns ganz anders als bisher zumindest mit den Büchern beschäftigen, die in der DDR erscheinen und die Grundlagen des Planes und der Politik bilden. Die offensichtliche Abhängigkeit von der UdSSR erklärt *allein* schon längst nichts mehr. So sehr man sich auch bei uns an den Fehlern und Fehlschlägen und Aufständen degoutieren mag: Sie ändern nichts an der vorläufigen Endgültigkeit, daß nun neben uns, die gleiche Sprache sprechend, durch tausend Verwandtschaften verknüpft, ein *von den Fundamenten* her verschiedener Staat entstanden ist. Ignorieren wir diese fundamentalen Unterschiede, dann ist eine Verständigung bald nicht mehr möglich. Sehen wir sie allein mit Haß und Angst, dann bleiben wir blind. Nachdenken allein hilft über den schmalen Steg, unter dem die Kluft jedes Jahr, jeden Tag einige Zentimeter breiter wird. Jedem, der den in der DDR praktizierten Marxismus-Leninismus als System begreift und untersucht, muß sofort klarwerden, daß in diesem System Kompromisse *nicht möglich sind.* Alle Konvergenztheorien gehören ins Reich der Träume. Eine Mitte gibt es nicht, nur die Notlösung des »friedlichen« Nebeneinander, die das mehr oder weniger Unmögliche zur Voraussetzung hat — den *gegenseitigen Respekt.*

Die meisten derer, die in die DDR fahren, klammern solche Überlegungen sorgfältig aus: Sie fahren, überglücklich darüber, »zu Hause zu sein«, die Elbe mit jenen herrlichen Dampfschiffen rauf und runter, die hundert Jahre lang schon die Elbe rauf- und runtergefahren sind. Sie gehen in oftmals hervorragende Konzerte, hören die Kruzianer oder die Thomaner, essen im Italienischen Dörfchen Ragoût fin. Und ohne Husten und Schnupfen, ohne Zufall, wäre es mir sicher nicht viel anders ergangen. Nirgendwo in der Welt sitze ich so glücklich in der Sonne wie an der Elbe oder im Erzgebirge. Das Heimweh dorthin verfolgt mich seit siebenundzwanzig Jahren, wo immer ich auch bin. Die Versuchung, allem anderen außer Elbe, Sonne, Pillnitz, Silbermann-Orgeln, Kruzianern, dem Zwinger den Rücken zu kehren, war groß. Das Lesen der Zeitungen und Bücher, zumindest anfangs, eine Qual.

Die meisten der Gespräche aber, die ich bei meinen zwei Besuchen in der DDR führte, wären *nur absurd* geblieben, hätte ich nicht wenigstens *versucht,* mich dem Kern dieses Staates zu nähern: einem in sich geschlossenen System, das mindestens fünfundneunzig Prozent der westdeutschen Bevölkerung gänzlich unbekannt geblieben ist.

Es ist auch nicht damit getan, die bei uns erscheinenden Bücher *über* die DDR zu lesen (so nützlich das natürlich bleibt) — der einzige Schlüssel, der richtig paßt, liegt *dort,* in der DDR selbst. *Dort,* gleich neben uns, finden wir das Beispiel einer Verwirklichung des angewandten Marxismus-Leninismus. *Unsere eigenen Landsleute haben ihn, unter welchen Umständen auch immer, in unserem eigenen Land bereits zu realisieren begonnen.* Man sollte sich von dieser Tatsache durch nichts ablenken lassen. Hier wird eine völlig neue Idee vom Menschen erprobt, die, betrachtet man sie genauer, *ungeheuerlich* ist.

Hier versucht man, das System bis in alle Einzelheiten der Durchführung wissenschaftlich zu ergründen und dann durchzukonstruieren — ein System, das die Veränderung des Menschen nicht zum Ziel, sondern zur Grundlage hat. Es ist leicht, bei solchem Studium das Fürchten zu lernen oder in Ekstase zu geraten, je nach Veranlagung und Umstand — besser ist es, über die Ursachen des Fürchtens und der Ekstase nachzudenken. Beide Reaktionen leiten sich von der gleichen Wurzel ab — der Erkenntnis, daß allein die Einmündung des Individuums in ein totales Ganzes, dessen integrierter Teil es wird, die Verwirklichung des Marxismus-Leninismus ermöglicht.

Wir haben der Klarheit der Definition des Staates, des einzelnen und der Rolle des einzelnen im Staat (also in der Gesellschaft) auf unserer Seite, vorläufig wenigstens, nichts Ebenbürtiges entgegenzusetzen: Wir hantieren mit Gefühlen. Wir haben das Gefühl, ein Staat ist richtiger, gerechter, dessen Grenzen nicht geschlossen sind. Wir halten es für wesentlich, daß wir in freier und geheimer Wahl abstimmen über die, die unseren Staat in befristeten Perioden verwalten. Wir argumentieren fast ausschließlich mit solchen Details, können aber den wahren Grund unserer Angst und unserer Ablehnung des Sozialismus marxistisch-leninistischer Herkunft nicht zusammenhängend belegen durch ein eigenes klares Bild vom Verhältnis Mensch und Gesellschaft, durch eine eigene *Idee,* die sich weiterentwickeln und verwirklichen ließe. Wir sind mit tausenderlei bewußten und unbewußten Experimenten auf der Suche, glauben, hoffen, träumen: daß am Menschen mehr dran ist als nur das. Wie beweisen? Und *was* ist es, das der Marxismus-Leninismus zwangsläufig amputiert, amputieren muß? Können *wir* es denn *auf die Dauer* überhaupt behalten? Einfach so, mit Weiterwursteln?

Die Bedeutung von vielem in der DDR, über dessen Absurdität man sich anfangs mokiert, wird einem erst allmählich klar. Tagelang wurden zum Beispiel im DDR-Fernsehen die Bürger vorgeführt, denen man wegen ihrer Verdienste Orden und Ehrenzeichen verliehen hat: Helden der Arbeit, Banner der Arbeit, Karl-Marx-Orden, Vaterländische Verdienstorden, Verdienter Erfinder, Verdienter Eisenbahner, Aktivist des Fünfjahresplanes, Verdienter Arzt des Volkes, Verdienter Lehrer des Volkes und so weiter. Alle so verliehenen Orden und Medaillen sind auf der linken beziehungsweisen rechten Brustseite zu tragen, beginnend von innen nach außen: Es können bis zu vier Orden und Medaillen nebeneinander in einer Reihe getragen werden. Es war langweilig im höchsten Grad, zumal ich, seit ich denken kann, Orden und Ehrenzeichen als Instrumente, letztlich der Verdummung, ablehne. So wurden also in der DDR Orden und Medaillen tagelang in großen Mengen vom Staat verteilt, komplett mit Blumen und Beethoven. Rückfall dies, ganz sicherlich — aber dem Staate gehört ja die *ganze Arbeit* des einzelnen, er billigt *sich allein* folgerichtig die Wertung zu, kann durch solche *öffentlichen* Wertungen Meilensteine setzen, an denen sich die Masse orientiert. Der einzelne (so Ausgezeichnete) ist also wiederum *nur* Instrument. Er übt in der Ordens*annahme* wieder nur eine gesellschaftliche Funktion aus. Er ist, mit einer solchen *in der Öffentlichkeit* vollzogenen Ordensannahme, der Gesellschaft *nützlich*.

So gesehen, wird auch die Ordensannahme wieder zu einer Arbeit wie jede andere.

Das Individuum darf Individuum nur zum Zweck des besseren Beitragens zur Erfüllung der Gesamtaufgaben bleiben, nur innerhalb dieses Rahmens soll es seine Originalität voll ausschöpfen.

Wie notwendig schöpferische Eigeninitiative ist, welche Dynamik für das gesellschaftliche Ganze von ihr ausgeht, hat man inzwischen auch in der DDR erkannt und berücksichtigt. Diese Kraft ohne Einbußen zu bändigen, wie man Wildwasser staut und in Kanäle leitet, um Energie zu gewinnen, bleibt auch in der DDR ein Problem, dem man nun wissenschaftlich zu Leibe rückt. Langsam begreift man auch dort, daß solche Kanalisierungen ökologische Konsequenzen hat, die man noch gar nicht voraussehen oder etwa berechnen kann, und muß wohl eines Tages auch einsehen, daß langfristige ökologische Konsequenzen in langfristigen gesellschaftlichen Konsequenzen ihre Entsprechung haben könnten, führt man nur den Vergleich zu Ende. Vorläufig verläßt man sich auf Wäg- und Sichtbares. Überwiegend jedenfalls ist es zumindest bis jetzt gelungen, die schöpferische Eigeninitiative so zu kanalisieren, daß der Staat einen beträchtlichen Nutzen für sich buchen konnte. Auf den Gebieten der Forschung und Entwicklung wird, trägt man den einschränkenden Umständen Rechnung, die durch die Abhängigkeit von der Sowjetunion bestehen, in der DDR durchaus auch nach internationalen Maßstäben Hervorragendes geleistet. Einige der Orchester gehören immer noch zu den besten der Welt, es gibt oft außergewöhnlich gutes Theater zu sehen. Überall dort also, wo sich der Rahmen einigermaßen sicher ziehen läßt, so sicher, daß man den Inhalten Bewegungsfreiheit gewähren kann, überall dort wird ohne Einbuße gearbeitet.

Mein Buch ist nur ein Reisebericht, will nichts weiter sein, aber jeden, der sich für das andere Deutschland ernsthaft interessiert, möchte ich darauf hinweisen, daß er die psychologische Schwelle, die uns immer mehr von den Deutschen drüben zu trennen beginnt, nur dann wirklich überschreiten kann, wenn er wenigstens einige von den Büchern gründlich liest, die sich nicht allein mit der Theorie des Marxismus-Leninismus beschäftigen, sondern konkrete Anweisungen für ihre Übersetzung in die Praxis enthalten, und zwar nicht nur in Auszügen, sondern in vollständigen, ungekürzten Ausgaben.

Das »Mit uns siegt der Plan«, eingemeißelt in eine Dresdner Hauswand, und die Mehrheit aller herumhängenden frommen Sprüche bleiben auch nach der Lektüre Quatsch: Man darf sich von so viel oberflächlichem Unsinn nicht beirren lassen, läßt sich auch viel weniger beirren, wenn man erst einmal begriffen hat, was den Kern des Systems ausmacht, welchen Gesetzen die Kräfte in ihm folgen.

Es mögen nur zehn Prozent der Bevölkerung in der DDR überzeugte Marxisten sein — aber diese zehn Prozent wissen sehr genau, um was es geht, und sie stellen alle Weichen, von Rostock bis Oberwiesenthal, sind auf ihre Führertätigkeit immer besser vorbereitet, haben sich einen wissenschaftlichen Apparat geschaffen, der von der Funktion von Zins und Kredit im sozialistischen Staat bis zu den Formeln zur Errechnung des Zeit- und Arbeitsfonds das gesamte Instrumentarium eines hochmodernen Managements enthält. Darüber dürfen uns weder die schmutzigen Fenster der Eisenbahnen noch der hohe Preis des Kaffees hinwegtäuschen. Wir müssen auch die neue Sprache lernen, die zunehmend drüben gesprochen wird, sonst hört der Dialog auf, sonst reden wir weiter, ohne uns verständigen zu können, täuschen uns aber damit nur eine kleine Weile über den endgültigen Bruch hinweg. Viele von uns ziehen diesen, seien wir doch ehrlich, der großen Anstrengung des Lernen und Begreifens vor. Von der DDR will die Mehrheit von uns möglichst wenig wissen.

FÜNFZEHNTES KAPITEL

Drachensteigenlassen

Denen drüben entgeht die Entfremdung natürlich nicht, im Gegenteil, sie sind viel hellhöriger als wir. Ihre größere Sensibilität haben mir viele andere Besucher der DDR bestätigt. Sie hören auch *viel aufmerksamer* zu. Man kann dort mit Worten Gedanken weniger schlampen als bei uns. Trotz der furchtbaren Verstümmelung der Sprache in den Zeitungen haben sie sich im Umgang das bessere Sprachgefühl der beiden Deutschlands bewahrt, suchen und finden den genaueren Ausdruck. Vielleicht ist es nur in Sachsen so, vielleicht war es dort auch schon immer so. Mir fiel es jedenfalls auf — die Sprache hat *ihren Wert* dort besser behalten als hier, nicht selten zieht einer eine Handvoll Gold aus der Tasche, wo wir mit Blech bezahlen. Da nur die wenigsten die Zeitungen wirklich lesen, üben sie auch keinen allzu verheerenden Einfluß aus. Die meisten DDR-Bürger haben mit der Zeit eine perfekte Technik entwickelt, durch bestimmte Dinge glatt hindurchzuschauen, sie nicht mehr zur Kenntnis zu nehmen. Nur mit einer solchen rationellen Kräfteeinsparung überlebt man, lernt sich auf Wesentliches zu beschränken. Es wäre aber sicher falsch, wenn man von einer solch lakonischen Betrachtungsweise zum Beispiel auch rückschließen würde, daß sich die Jugend enttäuscht und zynisch abwendet: Sie prüft nur, wenn auch schweigend, kritischer. Sie ist nicht mehr durch Traumata, ganz gleich welcher Art, belastet, hat weder im KZ gesessen noch im sibirischen Kriegsgefangenenlager. Es ist eine Jugend, die sehr genau auf alles aufpaßt und überwiegend den Eltern nicht mehr zuhört, ihnen nicht mehr zuhören will — bei aller Liebe. Der Generationsbruch, so schien es mir wenigstens, ist drüben genauso vollständig vollzogen wie hüben, der Egoismus der Jungen gegenüber den Alten ebenso nackt und unbeschwert, jeglichen kaschierenden Zierats beraubt.

Die zwischen fünfundvierzig und fünfundfünfzig verharren dort in der gleichen Ratlosigkeit wie hier, können ihren Kindern keine Auskunft geben, sind selber, im Grunde genommen, Kinder geblieben, die am liebsten spielen und vergessen würden. Die meisten von ihnen arbeiten hart, anders und dem Volumen nach mehr als ihre Kinder. Die Kinder greifen sich an den Kopf oder nützen es gedankenlos aus. Viele Mädchen knicksen übrigens noch, auch die, die die Blumensträuße an Honecker, Stoph oder

Breschnew übergeben.

Die Kinder begreifen die DDR zunehmend als ihre Heimat, Württemberg oder Bayern ist Frankreich oder Italien gleichzusetzen, Ausland, *kapitalistisches Ausland.* Das ist eine Kategorie in Fragebögen und Schulbüchern. Nur für die Dauer unserer Aufenthalte und allenfalls mit einem regen Briefverkehr verwischen wir die Grenze. Beim Spazierengehen und Schwätzen und gemeinsamen Kochen vergessen wir sie ganz. Wenn man sich sorgen muß, wo das Geld für die Miete herkommt, sind die Gefühle darüber hüben und drüben gleich, träumt man die selben Angstträume oder wünscht träumend vor sich hin.

Trotz aller Vertrautheit, die sich nach und nach bei jedem Besuch wieder einstellt, hören die Ost-West-Rituale nie ganz auf und auch nie ganz das Mißtrauen — oder vielleicht ist das auch nur einfach eine unausgesprochene Besorgnis, man könne die tausend Regeln nicht ernst genug nehmen, nach denen sich das Leben in der DDR vollzieht.

Im Augenblick befindet sich die allgemeine Stimmung in einer Art von Schwebezustand: Die verschiedenen Lektionen von Berlin, Budapest, Prag und Danzig hat man begriffen, aber es ist trotzdem schwer, sich von alten Hoffnungen gänzlich und endgültig zu trennen. Sie haben so eine Art, sich leise durch die Hintertür wieder hereinzuschleichen. Für die Mehrheit gilt: Löhne und Gehälter sind wenig, die Preise dagegen merklich angestiegen. Man ist vollauf damit beschäftigt, das Nötigste zum Wohnen, Heizen und Essen heranzuschaffen. Ulbricht ist weg, Honecker hat seinen Platz eingenommen: Auch hier hat es keine Sensation gegeben. Die Tage rinnen dahin: Man wartet auf den sechzigsten Geburtstag, redet vom »Jahr 2000, wenn ich ...« und meint: Wenn ich nach Paris oder Rom fahren darf (darf nicht, genaugenommen, aber kann).

Die Frage nach dem Parteieintritt kommt für alle begabten Kinder wie das Amen in der Kirche. Die meisten Eltern sagen: »Das mußt du selber wissen«, sind dafür *und* dagegen. Im Augenblick ist die Partei für Akademiker und Studenten gesperrt, war zu kopflastig geworden, muß mit Arbeitern wieder ins Gleichgewicht gebracht werden.

Arbeiter, in der Sowjetunion und in der DDR, in Polen und der Tschechoslowakei: Wir erfahren so gut wie nichts über sie. Sie machen Aufstände wegen der Preise, Prämien, Normen, Löhne, die Aufstände werden manchmal blutig niedergeschlagen.

In unseren Fernsehnachrichten sehen wir schemenhaft ihre Umrisse im Rauch der brennenden und einstürzenden Häuser, hören Schüsse, lesen ein paar Tage später, man habe tausend oder zweitausend oder gar fünftausend verhaftet. Sie werden vertrieben von den Schatten der Panzer oder von den Panzern selbst. Ein, zwei Tage währt der Spuk, eine Woche höchstens, dann ist alles wieder ruhig.

Die aus dem Osten geschmuggelten und bei uns veröffentlichten Bücher spielen nur selten im Arbeitermilieu, und die *spektakulären* politischen Prozesse Rußlands oder der DDR sind Intellektuellenprozesse. Wenn in DDR- oder sowjetrussischen Romanen Arbeiter vorkommen, denkt man sich beim Lesen in neun von zehn Fällen: »Aha, der hat keine Ahnung.« Das Leben am Fließband spielt sich in der Isolation ab, hier wie drüben. Die Arbeitersöhne, selbst oft gelernte Arbeiter, die die Geschicke der DDR in den ersten zwanzig Jahren ihres Bestehens leiteten, werden durch eine neue Generation von Akademikern ersetzt, von denen die meisten *niemals* an einer Maschine oder am Fließband gestanden haben. Auch Dichter mit Schwielen an den Händen gibt es nur noch im Lesebuch. Bei den obligaten Fernsehstücken im Arbeitermilieu, die das DDR-Fernsehen regelmäßig ausstrahlt, mußte ich meist nach zehn Minuten an den kleinen Moritz denken, der sich das eben so vorstellt. Dreimal *Scheiße* sagen genügt nicht, hier nicht und drüben auch nicht. Die Situation des Fabrikarbeiters ist angesichts der zunehmenden Technologisierung so komplex geworden, daß sie von außen nicht mehr durchschaut oder begriffen und schon gar nicht dargestellt werden kann. Und die Arbeiter selber schreiben heute weniger denn je, verwandeln sich auch, wenn sie in andere Welten überwechseln. Vielleicht ist unter den Türken, Griechen, Arabern in Berlin, Köln oder Lille mal einer, durch den sich das ändert.

Für den Arbeiter in der DDR hat sich nur das ergeben: daß sein Sohn oder seine Tochter jetzt studieren, wenn sie einigermaßen Grips haben, und dann eben keine Arbeiter mehr sind. Ihrer Herkunft nach unterscheiden sich die meisten der DDR-Studenten grundlegend von ihren Kommilitonen in der Bundesrepublik, und das gleiche gilt natürlich schon lange für die UdSSR.

Klassen? Klassen gibt es in der DDR wirklich nicht mehr — neue Gruppierungen dagegen schon. Deren Übergänge sind aber, zumindest jetzt noch, viel zu fließend, als daß man von *neuen Klassen* sprechen könnte. Vielleicht am deutlichsten hebt sich die Gruppe der Regierenden in Berlin von allen anderen ab: Der Einschnitt im Leben eines jungen Funktionärs, der nach Berlin versetzt wird, ist wahrscheinlich der bedeutungsvollste. Hier lernt er zum erstenmal den Apparat der *zentralen* Macht kennen, in diesen Büros mündet das Leben eines jeden Bürgers letztlich in den Plan ein, wird verwendet, genutzt, berechnet. Hier wird aus gesammelter, gelenkter Energie Macht. Man soll nur nicht glauben, daß es viel leichter ist, einen totalitären Staat zu verwalten als einen demokratischen, zumal im sozialistischen Staat, wo der Aufbau und die Führung der *gesamten* Wirtschaft, vom Kernkraftwerk über die Ernte bis zum kleinsten Schräubchen, letztlich administrativ gelenkt wird. Wenn es trotz Panzer und Todesstrafen noch immer zu Aufständen kommt, kann man daraus ablesen, wieviel Druck sich immerhin unbemerkt oder unterschätzt ansammeln kann.

Wer in Berlin in der Partei- oder Staatsspitze mitarbeitet, weiß viel mehr als alle anderen: Er weiß meist viel mehr als seine Eltern, Schwestern, Brüder, Frau. Zwischen ihm und den anderen entsteht eine Kluft, die nicht mehr zugeschüttet werden kann. Man darf diese Esoterik nicht überschätzen — zu übersehen ist sie aber nicht, und zumindest am Jargon und am Klatsch läßt sich auch für einen Außenstehenden ablesen, ob der junge Mann noch außerhalb oder schon innerhalb der Berliner Bannmeile der Macht lebt.

Eines steht jedenfalls fest: Es wird *sehr* hart gearbeitet in den Ministerien und Parteisekretariaten. Die Privilegien, die es natürlich gibt, fallen niemandem in den Schoß. Schlimmer aber als die Arbeit ist, glaube ich, die Isolierung, die im Gefolge der hohen und höchsten Dienststellen entsteht. Einesteils ist man frei oder doch freier als der Normalbürger der DDR, darf auch ins westliche Ausland reisen, arbeitet unter Umständen sogar dort. Man liest westliche Zeitungen im Dienst und die neuesten französischen, englischen, westdeutschen Bücher. (Stolz zeigte mir ein solcher junger Mann seinen Erich von Däniken, von dem er ganz begeistert war.)

Man darf vielleicht nach München der Olympiade wegen. Doch schon Freundschaften völlig außerhalb der Politik kann es nun nicht mehr geben, schon gar nicht mit uns aus dem Westen. Aber auch nicht mit den Brüdern aus dem Osten, die man vielleicht im Kaukasus kennengelernt hat, als man dort Ski gelaufen ist.

Dieses vollkommene Einwachsen in den Staatsnährboden, so fest, daß eine Trennung kaum noch möglich ist, ja unmöglich ist, nach der Zeit der relativen Freiheit während des Studiums, ist nicht selten ein schmerzhafter Prozeß. Um ihn ohne Schaden zu überstehen, muß man nun noch fester an den Kommunismus glauben, alle Übel als Geburtswehen begreifen, sich durch nichts und niemanden in diesem Glauben beirren lassen.

Die Isolierung der oberen Führungsschicht vom Normalbürger ist in der DDR groß, viel größer als bei uns. Auch Wechsel finden viel seltener statt, einmal oben, ganz oben, ruft höchstens Alter oder Krankheit einen aus dem inneren Zirkel wieder heraus. Daß aber ohne Begabung und Fleiß heute keiner mehr hineinkommt, steht fest. Die DDR ist ein armes Land, das vom Fleiß und Können ihrer Bürger leben muß und unter ungeheurem politischen Druck von Ost und West steht: Sie kann sich Nieten nicht lange leisten. Ob sie sich das (nur in der dortigen Relation) sehr große Gefälle zwischen dem Lebensstil derer ganz oben und derer ganz unten auf die Dauer wird leisten können, ohne das Grundprinzip der Gleichheit aller in Frage zu stellen, bleibt abzuwarten — aber das ist eine Gefahr, die in allen kommunistischen Ländern droht. Heute bedient man sich *einer Mischung* aus Appell an den Glauben *und* der Verheißung von Privilegien, um die Begabtesten im Lande an die Spitze zu holen und dort vor allem auch zu halten. Daß solche Kompromisse eben notwendig sind, kann man schon bei Lenin nachlesen — der entsprechende Text gehört zu den Pflichtlektüren der ersten Universitätswochen, über die eine Arbeit geschrieben werden muß. Es ist *notwendig*, Spitzenfunktionäre gut zu bezahlen, ihnen Privilegien einzuräumen, denn sie sind der Gesellschaft besonders nützlich. In dieser ihrer Eigenschaft als gesellschaftlich nützliche Faktoren, die nicht ersetzt werden können, dürfen sie beanspruchen, was einem Traktorführer oder Dreher nicht zukommen kann. Man darf dabei nicht vergessen, daß sich die DDR selbst noch immer als im Übergangsstadium befindlich versteht, als *sozialistisch*, als *auf dem Wege* zum Kommunismus.

Die Wissenschaft — jede Wissenschaft — wird heute in der DDR als Produktivkraft erkannt, eingesetzt und als solche gewertet. Folgerichtig wird also jeder begabte junge Mensch mit seiner oder ihrer Ausbildung multipliziert und dann in den Plan als Faktor eingesetzt.

»Allen für den Aufbau der sozialistischen Wirtschaft in der DDR Verantwortlichen war schon lange klar, daß die Anwendung des Leistungsprinzips (oder, wie es im vorliegenden Werk exakt analysiert wird, des sozialistischen Aneignungsgesetzes) von ganz entscheidender Bedeutung ist, um die Initiative des werktätigen Menschen anzuspornen.«

Nur der »sozialistische Mensch«, der Mensch auf einer Bewußtseinsstufe, die vorläufig noch von niemandem erreicht ist, kann vielleicht eines Tages auf solche Hilfsmittel verzichten.

Man schämt sich also der Privilegien und der unterschiedlichen Entlohnungen nicht, indem sie als notwendig erkannt (analysiert) werden, sind sie richtig. Was der Gesellschaft nützt, ist richtig.

In diesem Zusammenhang muß auch eine andere These der politischen Ökonomie des Sozialismus erwähnt werden. Wenn ich sie zitierte, habe ich nicht selten auch finstere SED-Funktionäre zum Lachen gebracht, die gerade mal *nichts* taten:

»Die *Freizeit* sozialistischer Menschen ist nicht einfach Nichtarbeitszeit, sondern Zeit für ihre umfassende Bildung, Entwicklung und schöpferische Selbstbetätigung, sei es zur physischen und psychischen Reproduktion ihres Leistungsvermögens, sei es zur schöpferischen freien Betätigung auf wissenchaftlichem oder kulturell-künstlerischem Gebiet.«

Vergessen wir nicht: ». . . daß künstlerische Werke über Gegenwartsprobleme des Lebens der Werktätigen in diesem Reifeprozeß eine enorm aktivierende Wirkung ausüben« — und natürlich nur so kann die oben angegebene »schöpferische freie Betätigung« verstanden werden.

Der Sozialismus produziert Freizeit, die sozialistische Gesellschaft benötigt immer weniger Arbeits- und Zeitaufwand zur unmittelbaren Reproduktion ihres Lebens, und zwar nicht durch Einschränkung ihrer Bedürfnisse, sondern durch ihre allseitige, immer rationellere und effektivere Befriedigung, so daß die Entwicklung der sozialistischen Ökonomie in zunehmendem Maße Freizeit produziert.

Vorläufig ist Freizeit auf allen Ebenen in der DDR Mangelware — der Mangel an Arbeitskräften ist ihr größtes wirtschaftliches Problem. Für die Zukunft aber liegen die Richtlinien fest.

»Mit der Entwicklung der sozialistischen Gesellschaftsformation verschwindet der Gegensatz von Arbeitszeit als Nichtfreizeit zur Freizeit als Nichtarbeitszeit. Die Arbeit wird als positiv schöpferische Tätigkeit immer mehr zu einer normalen gesellschaftlich üblichen Lebensgewohnheit ...«

Schon Marx betrachtete »die Ökonomie der Zeit im Sozialismus als den eigentlichen, den wesentlichen Prozeß der Entwicklung des gesellschaftlichen Reichtums ... Es ist dann keineswegs mehr die Arbeitszeit, sondern die disposable time das Maß des Reichtums«.

Und »disposable time« ist, wie wir wissen, keineswegs Nichtarbeitszeit, sondern Zeit für Bildung, Entwicklung und schöpferische Selbstbetätigung.

Aus ist es mit dem Hinsetzen, Biertrinken und Rumblödeln. Daran habe ich jeden mit dem Parteiabzeichen am Rockaufschlag sanft erinnert, mit dem ich mich hinsetzte und Bier trank. Aber Gespräche mit mir konnten ja wohl sowieso niemals undienstlich sein. Jedenfalls dann nicht, wenn ich vorher nach Wohnort und Beruf befragt wurde.

Der ungeheure Druck, den diese Ideologie auf das Leben jedes einzelnen in der DDR ausübt, liegt in der Luft, wo immer man geht und steht.

Und müde ist man sowieso, da die kleinen Verrichtungen des täglichen Lebens so viel Zeit und Kraft in Anspruch nehmen. Greifen wir dafür beliebige Beispiele heraus: Möbel kann man nicht kaufen, man muß sie bestellen, man kann sie aber auch nicht sofort bestellen, sondern muß auf eine Liste gesetzt werden. Ist man dran, bekommt man einen Katalog — aber um zu wissen, ob man für den Katalog dran ist, muß man jede Woche anrufen oder vorbeigehen. Gut, dann ist man dran, holt den Katalog, bestellt, wenn man Glück hat, oder kommt wieder auf eine Liste. Will man sich selber einen Tisch machen, stößt man auf noch größere Schwierigkeiten, denn Holz ist bewirtschaftet. Ein Ladeninhaber erzählte mir: »In der ČSSR sind Kacheln nicht bewirtschaftet, man kann so viele kaufen, wie man will. An der Grenze aber durfte ich sie nicht mitnehmen, auch nicht gegen Zahlung von Zollgebühren.«

Die materielle Grundlage des Sozialismus ist die moderne sozialistische Großproduktion, aber: »Die sogenannte Selbstverwaltung der Betriebe ist dem Sozialismus wesensfremd.«

»Wie die ökonomischen Gesetze wirken, ob bewußt ausgenutzt oder spontan, dabei geht es bei der Auseinandersetzung über die Rolle des Marktes. Dem Sozialismus ist die Marktwirtschaft wesensfremd, da die ökonomischen Gesetze des Sozialismus nur als bewußt ausgenutzte Gesetze im Interesse der Gesellschaft wirken können. Ihr Wirken durchdringt den gesamten gesellschaftlichen Reproduktionsprozeß, der als Ganzes der Planung durch den sozialistischen Staat unterliegt. Sie treten deshalb auch nicht, wie es im Kapitalismus der Fall ist, in erster Linie in der Phase der Zirkulation auf dem Markt in Erscheinung. Der Markt ist im Sozialismus eine Phase des planmäßig geleiteten gesellschaftlichen Reproduktionsprozesses. Er ist dem Primat der Produktion untergeordnet und schon gar nicht verselbständigt. Eben weil es um die bewußte Ausnutzung der ökonomischen Gesetze des Sozialismus durch die Gesellschaft geht und nicht um ihr spontanes Wirken, ist der Sozialismus durch die Existenz der sozialistischen Planwirtschaft charakterisiert.«

Spontan ist nichts mehr, soll nichts mehr sein. Selbst seinen Urlaub kann man nur einmal im Jahr bestellen, kommt auf eine Liste, darf die Liste nicht verpassen. Ist das ein Zeichen der realen Armut eines Landes? Schwierigkeit des Übergangs? Oder ist auch das integraler Teil des Ganzen?

»Ob bewußt ausgenutzt oder spontan . . .«

Es macht gerade das Wesen des Sozialismus aus, daß die wirtschaftlichen Gesetze bewußt ausgenutzt werden und nicht spontan wirken.

Auch wenn eines Tages von allem reichlich da ist, wird die Planung und Bewirtschaftung *immer* bleiben. Der Markt bleibt dem Primat der Produktion untergeordnet.

Nicht was ich will, sondern was sein muß, bestimmt mein Leben. Das geht so lange ohne Konflikt ab, wie man mir klarmachen kann, daß das, was sein muß, *auch wirklich sein muß.* Kann ich's glauben, so bedeutet der Sozialismus, wie er in der DDR praktiziert wird, für mich Befreiung. Kann ich es nicht glauben, so bedeutet seine Verneinung aller Spontaneität, ja sogar meiner Freizeit als Nichtarbeitszeit, nichts anderes als Diktatur.

Irgend etwas dazwischen gibt es nicht, sieht man von der totalen Resignation und Selbstaufgabe ab, die nur noch die einfache Unterordnung vorsieht, mit der allein man überlebt, nicht mehr und nicht weniger. Wie eine Karotte im Feld. Man wird gesät, man wird geerntet. Dazwischen scheint einmal die Sonne, ein andermal regnet es.

Der Eindruck der Ernsthaftigkeit, der in jedem Besucher drüben entsteht und der so viele davon abhält, überhaupt erst in die DDR zu fahren, täuscht nicht. Man muß die großen Veränderungen, die in jedem auf dem Weg zum sozialistischen Mensch-sein vor sich gehen, wahrnehmen, kein davon Betroffener kann sich der Wandlung verschließen, kann den Anspruch vollkomme-ner Hingabe als leicht, vorübergehend, oberflächlich von sich wegschieben. Ein junger, begabter DDR-Bürger kann nicht ewig in Wartestellung verharren, er muß ja oder nein sagen, alles andere wird ihn auf die Dauer korrumpieren oder ins Karotten-dasein verweisen. Er mag zynisch seine Privilegien nutzen und den lieben Gott dabei einen guten Mann sein lassen (wie das gewiß so mancher drüben auch tut) – aber wenn er nicht gerade an Flucht denkt, so gräbt er damit sein eigenes Grab, nicht im persönlichen engen Sinne, sondern im weitesten, gesellschaft-lichen.

Ich packte die Bücher wieder weg, mußte dabei daran denken, wie sich *alle* jungen SED-Funktionäre, mit denen ich gesprochen hatte, über die Undiszipliniertheit der westdeutschen studenti-schen Linken lustig machten. Und wie auch die kommunistischen Gewerkschaften sich damals in Frankreich geweigert hatten, die Studenten zu unterstützen, die sich 1968 in Revolution versuchten.

Man wartet in solchen Tagen auf brüderliche Gesten – auf die der Linken für die Linke in Paris, auf die der (sogenannten) freien Länder für die Aufständischen der DDR, Ungarns, der Demonstranten in der Tschechoslowakei und Polen. Man hat in der DDR jahrelang auf brüderliche Gesten gewartet, heimlich unter der Bettdecke Radio gehört, die Bundestagsdebatten da-mals, Adenauers Nein und wieder Nein. Von den *jungen* Men-schen in der DDR wartet keiner mehr. Und wenn die größere Durchlässigkeit der Ostblockländer für Nachrichten aus dem Westen (durch das Fernsehen, durch Urlauber) auch viele Nach-teile für die Regierungen hat, so bringt sie doch auch Vorteile. Manches bei uns ist erstrebenswert, aber bei weitem nicht alles. Die Menschen drüben sind nicht nur ihren eigenen Regierungen gegenüber kritischer geworden, sondern auch gegenüber den uns-rigen. Das macht die Konflikte im einzelnen noch komplizierter, es ist noch schwieriger geworden, sein endgültiges *Ja* oder *Nein* abzugeben, man ist noch eher versucht, als Karotte zu leben.

Ganz unmöglich fand ich es, mit Verwandten oder Freunden über diese Dinge zu reden. Von dem, was Fremde sagen, ist man nur vorübergehend direkt betroffen: Das, was in der Familie oder unter Freunden gesprochen wird, bleibt im Raum stehen, geht nicht wieder weg, man muß damit leben. Wie immer es auch ausfällt, man hat Angst davor, vor dem *Ja* soviel wie vor dem *Nein*.

Es müßte zwangsläufig jene Frage auftauchen, die ich mit Aufrichtigkeit nicht beantworten kann: »Was würdest du an meiner Stelle tun?«

Was würde ich an ihrer Stelle tun? Ich habe mir darüber die ganzen vier Wochen, auf dem Fichtelberg und in Karl-Marx-Stadt, in der Kreuzkirche und auf den Treppen von Pillnitz, immer wieder den Kopf zerbrochen. Ich wollte sehr gern mit meiner Kusine und deren Freunden und mit meinen eigenen Freunden darüber reden — fand aber niemals den Mut dazu. Wir redeten oft genug über Details, aber nicht über das Ganze. Ich sagte: »Mir ist es hier viel zuwenig kommunistisch, ich kann Bonzen und Orden nicht ausstehen«, aber sie lachten nur, ohne jeden Kommentar.

Ihnen raten? Wie könnten wir es wagen, den Menschen in der DDR zu raten? Auf dem einen steht die Todesstrafe, auf das andere folgt die totale Hingabe an den Staat und, je erfolgreicher man ist, die Isolierung von den übrigen, den Freunden oft und der Familie fast immer. Auch als Sohn bleibt man dann, ich weiß nicht, wie ich es anders ausdrücken soll, Besucher.

Wir treten in Parteien ein und wieder aus: In die SED tritt man ein, aber nicht wieder aus. Auch ist es mit dem Eintritt allein nicht getan. Eines der wichtigsten Instrumente sozialistischer Lenkung ist und bleibt *die Kaderakte.* Zuerst hörte ich dieses Wort immer wieder (etwa: »Der kann nicht mehr raus, bei dem steht jetzt was in der Kaderakte«, oder: »Ich kann natürlich jetzt keinen höheren Posten mehr kriegen, wegen der Kaderakte«), ohne seinen Sinn zu begreifen. Dann, als ich nach und nach begriff, was die Kaderakte ist und daß letztlich alles, aber auch alles im Leben eines DDR-Bürgers davon abhängt, was in ihr steht, und daß es keinen Bürger ohne eine Kaderakte gibt, die er selber aber niemals zu sehen bekommt, als ich das nach einer Weile voll begriffen hatte, überfiel mich lähmende Angst. Lähmende Angst überfällt mich immer angesichts *endgültiger* Urteile über einen Menschen, gegen die dieser selbst keinen Einspruch erheben, die er niemals berichtigen kann. Er weiß, er ahnt, dies und das steht in meiner Kaderakte: Auch wenn es ganz falsch sein sollte, kann er es dort niemals mehr verwischen. Die Kaderakte wandert mit jedem Bürger von Ort zu Ort, von Haus zu Haus, vor allem aber von Arbeitsplatz zu Arbeitsplatz. Sind die Eltern, ist man selbst engagierter Protestant oder Katholik, so geschieht einem nichts, man geht ungestört und ungestraft in die Kirche — aber es steht natürlich in der Kaderakte. Studienplätze sind rationiert, der Staat zahlt für das Studium — es ist, im Sinne des praktizierten Sozialismus, nur logisch, daß diese Studienplätze solchen zur Verfügung stehen, die sich zu diesem Staat bekennen, und das kann ein engagierter Katholik oder Protestant natürlich nur schwer. Die Gesetze der DDR sagen eine freie Ausübung der Religion ausdrücklich zu, nicht weniger. Aber auch nicht mehr.

Am Erntesonntag ging ich morgens in die Kreuzkirche, mehr um die Kruzianer singen zu hören als aus irgeneinem anderen Grund. In den Kirchennachrichten standen den sechs Namen derer, die in einem Vierteljahr getauft wurden, zwölf Namen von Verstorbenen gegenüber: Zwölf Christen gestorben, sechs getauft. Sechs Taufen in drei Monaten in der Hauptkirche Dresdens. Ich zählte am Erntesonntag in der Kreuzkirche ungefähr siebzig Menschen, die meisten davon alte Frauen. Gewiß doch, im Synagogenkonzert in Leipzig wunderte ich mich über ein Dutzend junge Diakonissinnen — aber ihnen gibt die Kirche immerhin ein Zuhause eigener Art, das eine Engagement kann, muß, das andere aufheben. Die totale Disziplin der Berufung wird als freiwillige Hingabe zelebriert und ermöglicht so die Kompensation für den Ausschluß, der Konflikt bleibt erspart.

Die katholische Kirche tut sich aus vielen Gründen leichter als die protestantischen Gemeinden. Die Disziplin und totale Unterordnung, die die katholische Kirche letztlich fordert, ihr starkes Ritual, macht Diskussionen innerhalb der Kirche und zwischen der Kirche und den Gläubigen viel seltener notwendig, die katholische Kirche hat das größere Selbstverständnis.

Anders bei den Protestanten. Schon allein die zentrale Bedeutung der Predigt macht jeden Gottesdienst problematisch. »Was, ich bitte dich, soll denn der Pfarrer noch sagen?« antwortete mir meine Kusine, als ich enttäuscht nach Hause kam. Sie meinte das, wie ich später merkte, im Sinne von *was kann er denn überhaupt noch sagen*, um etwaige Ansprüche der Kirche auf unsere Seelen geltend zu machen — nicht im Gedanken an eine mögliche politische Verfolgung. Der Protestantismus ist ohne fortwährende Diskussion nicht denkbar, also auch nicht machbar. Er kann deshalb in der DDR nur noch dort überleben, wo er schweigend demonstriert, wie im Leben der Diakonissinnen. Dort, wo er reden muß, reden müßte, am Sonntag vor der Gemeinde, ist er, meine ich, schon tot. Und eben da, bei der Messe, tut sich der Katholizismus leichter.

In einem so kahlen, nüchternen Staat ist er auch, wie soll ich nur sagen, ist er auch irgendwie fröhlicher. Er wendet sich ohne Scham an die Sinne. Möge der Himmel mir meine Frivolität vergeben, aber ich fand es in der Hofkirche lustiger als in der Kreuzkirche, sieht man mal davon ab, daß einige Kruzianer, die beim Singen wie Putten über die Brüstung hingen, mit mir lange Zeit Faxen austauschten, so daß sie sich schließlich hinter der Empore verstecken mußten und ich mich hinter mein Gesangbuch verschanzte.

Bis jetzt ist die DDR das einzige überwiegend protestantische Land unter sozialistischer Herrschaft. Was bei einer solchen Konstellation präzise geschieht, wäre sicher einer eigenen Untersuchung wert.

Noch tagelang sang ich lauthals die herrlichen Choräle aus dem *Sächsischen Kirchengesangbuch,* viele darunter aus dem 16. Jahrhundert, bis mir meine Kusine schweigend wieder eine Mark hinlegte, damit ich still sein sollte.

Für einen berühmten Chirurgen, Sänger, Architekten bedeutet es kaum noch ein Risiko, sonntags die Messe zu besuchen. Aber das soll niemanden darüber hinwegtäuschen, daß Taufe, Firmung, Konfirmation, sonntäglicher Kirchgang in der DDR letztlich ihren nicht geringen Preis fordern.

Der Kreuzkirche hätte ich jedenfalls eine bessere Predigt gewünscht, immerhin war diese Kirche einst wesentlicher Mittelpunkt des künstlerischen, gesellschaftlichen und geistigen Lebens Dresdens. Nur die Kunst, so schien es mir wenigstens, ist davon noch übriggeblieben, und zu den Konzerten der Kruzianer ist jeder der dreitausendfünfhundert Plätze im voraus verkauft.

Wer jetzt besser singt, der Kreuzchor oder der Thomanerchor? Für mich selber zumindest habe ich diese Frage zugunsten der Dresdner entscheiden müssen, die es mit einem bescheidenen »natürlich« quittierten. Und der edle Streit (musikalische Kriege sind stets edel) zwischen dem Gewandhausorchester und der Dresdner Staatskapelle, dem ältesten permanenten Orchester in Deutschland überhaupt? In beiden spielen Freunde von mir, und ich bitte mir das Urteil zu erlassen. Dirigentenmangel aber herrscht überall. Ist einer überdurchschnittlich gut, geht er bald weg, nach Berlin oder noch weiter. Ist er erst weg, bleibt er weg. Mauersbergers Bruder bei den Thomanern in Leipzig war jedenfalls keine Lösung.

Damit sind wir wieder bei der Frage, die mich andauernd beschäftigte: Was würde ich in der DDR tun, wenn ich nicht 1946 zu meiner Schwester nach Feldafing gezogen wäre? Damals gab es für mich in der Sowjetzone als Kapitalisten- und Akademikerkind eindeutig keine Studienmöglichkeit, sieht man von einem ausdrücklichen Angebot der Russen ab, nach Moskau zu gehen. Das *klingt* übrigens nur widersprüchlich, ist es aber nicht. Schon meines schwerkranken Vaters wegen war an Moskau gar nicht zu denken. Wollte ich also studieren, mußte ich, ganz abgesehen von allen anderen Umständen, auswandern. Manchmal durfte ich dann sogar fast offiziell wieder zurück, etwa um Braunkohle zu fördern und damit meiner Mutter eine Heizmaterialzuteilung zu ermöglichen. Ich schulde also der DDR nichts, habe meinen Anteil an den Reparationszahlungen für die UdSSR sicher in etwa abgegolten mit dem, was ich zurückließ. Auch die Bundesrepublik zahlt unsereinem nichts. Als der Krieg ausbrach, war ich dreizehn Jahre alt, als er im Mai 1945 zu Ende ging, achtzehn. Zwölf Jahre von diesen achtzehn verbrachten wir unter Hitler. Was war der Bolschewismus für uns? Ein Phantom. Für mich auch noch: Arbeiter, die in Chemnitz erschossen oder erstochen wurden, oder die müde hinter der roten Fahne mit selbst aufgenähtem Hammer und Sichel einherzogen, nicht selten schob eine schwangere Frau einen Kinderwagen im Demonstrationszug. Das Elend und die Arbeitslosigkeit in Sachsen in den dreißiger Jahren war verheerend und grausam. *Das* hatte auf mich, damals noch ein Kind, tiefen Eindruck gemacht. Man mußte schon blind sein, um die Armut Sachsens nicht zu sehen, und die in Preußen war ganz gewiß ebenso schlimm. Aber von den Arbeitern trennten uns damals Welten. Was ist er? Arbeiter. Fertig. Aus. Unter Hitler wurde das nur oberflächlich anders, in der Tiefe blieb die Kluft gleich groß. Auch wenn es uns nach Herkommen und Erziehung sehr schwerfallen mag, wir sollten es heute versuchen: uns in die Rolle eines Arbeiters in einer Chemnitzer Fabrik zu versetzen, oder in die seiner Kinder. Diese Kinder, sind sie nur annähernd begabt genug, studieren jetzt. Das haben sie früher praktisch nie gekonnt, das tun Arbeiterkinder auch heute noch kaum in der Bundesrepublik. Als ich zum Geburtstag der Republik in Karl-Marx-Stadt herumlief, war ich von Arbeitern umgeben (sämtliche alten Bekannten, die ich anzurufen versuchte, waren nicht zu Hause, waren irgendwohin aufs Land gefahren —

Ärzte, Ingenieure, ein Architekt: Autobesitzer also) und unterhielt mich mit ihnen. Sie, das kann ohne zögern gesagt werden, benehmen sich heute, als gehöre ihnen die Stadt. Das Selbstbewußtsein des jungen Arbeiters prägte das Bild in jeder Straße. So hat ihnen die Stadt früher *niemals* gehört. Ich habe oft genug im Krieg in Chemnitzer Fabriken gearbeitet. Die Arbeitsbedingungen haben sich im einzelnen sicher nur selten wesentlich verbessert — das gesellschaftliche Klima und die Aufstiegsmöglichkeiten aber bestimmt. Einzige Bedingung für den Aufstieg? Aber das habe ich ja schon gesagt.

Früher oder später wäre ich vielleicht auch in der DDR was geworden, wie man so schön sagt. Je mehr ich geworden wäre, desto enger wäre auch der Pfad gewesen, auf dem ich hätte ungestraft wandeln dürfen.

Es bleiben: Engagement, Widerstand, Karottendasein. Ärzte, Naturwissenschaftler, Tierärzte und Musiker sind in ihrem Berufsleben relativ freier als Juristen, Schriftsteller, Leiter von Kollektiven oder Volkseigenen Betrieben, freier als Architekten und selbst Maler und Fotografen. Für die *1. Porträtfotoschau der DDR* im Dresdner Zwinger zum Beispiel »*begann das hohe Verantwortungsbewußtsein der Fotografen schon im eingesandten Bildmaterial Ausdruck zu finden.* ... Mit hoher Qualität geben die fotografischen Bilder parteilich und beeindruckend unser sozialistisches Leben wieder«.

»... und daß bereits bei der Wahl der zu Porträtierenden die Parteinahme erfolgt.«

Ich gehe in diesen Schnupfentagen einkaufen (bitte niemals Taschen und Tüten vergessen, auch und vor allem für die Brötchen!) und quäle mich dabei weiter mit der Frage herum, was aus mir geworden sein könnte, wäre ich hier geblieben, lebte ich hier, arbeitete ich hier, hier in Dresden zum Beispiel.

Das Wetter war jetzt so herrlich, daß man darüber hätte den Verstand verlieren können, ich fuhr also in die Stadt und kaufte mir noch einen Drachen, einen roten Kastendrachen mit Schnur und Haspel. Damit zog ich auf die Elbwiesen zu den anderen Kindern.

Der Schäfer erkannte mich, obwohl ich diesmal die Kamera nicht dabei hatte, er lächelte nachsichtig. Ich lief unterhalb des Blauen Wunders vorbei an den wiederkäuenden Kühen, in Richtung Stadt am Ufer entlang. Ein Raddampfer der Weißen Flotte überholte mich, ein anderer kam mir entgegen. Paddel- und

Ruderboote und Kanus waren wieder über den Fluß verstreut, so weit man sehen konnte. In den Fenstern der Villen und Schlösser am anderen Ufer spiegelte sich die Sonne, der Umriß von Dresden war mit einem ganz spitzen Bleistift in den entengrünen Himmel gezogen.

Viele Kinder waren schon auf den Wiesen und ließen ihre Drachen steigen, manchmal lief ein Hund bellend hinter uns her. Mein Drachen bewährte sich aufs beste und gehorchte dem Wind und meiner Schnur. Schon nach zehn etwas mühseligen Schritten war er mir aus der Hand geflogen und stand nun fast regungslos hoch oben am Himmel. Bald erinnerte ich mich wieder an die Kunst, ihn dort zu halten, zog ein bißchen, lief ein paar Schritte, ließ von der Schnur einige Meter ablaufen.

Wie viele Korrekturen sind dem einzelnen erlaubt, am Detail, am Ganzen? Auch und gerade dann, wenn er das Prinzip akzeptiert, wenn er überzeugter Sozialist geworden ist, im Sinne dieses Staates und seines Bruderstaates und *Mentors* im Osten?

Ich muß mich aufs Hörensagen verlassen, auf dritte, auf Beispiele. Einem Arzt ist vieles möglich, einem Musiker einiges, einem in der Wirtschkaft an führender Stelle Tätigen wieder etwas ganz anderes. Der hat in *mancher* Hinsicht größere Freiheiten — in anderer praktisch gar keine. Er muß, zum Beispiel, in bezug auf die Sowjetunion vieles schweigend schlucken. Ein Arzt oder ein Musiker weiß davon wenig, ärgert sich dafür über anderes.

Schlagartig fällt mir etwas ein, so plötzlich, daß ich darüber einen Augenblick lang den Drachen vergesse und er herunterfällt. Die *Isolation des einzelnen* ist *hier,* in diesem doch so ganz und gar auf die totale Hingabe eines jeden an die Gesellschaft ausgerichteten Staat, größer als irgendwo, größer als in irgendeinem anderen der Länder, in denen ich je gewesen bin, abgesehen höchstens von den Vereinigten Staaten.

Vielleicht ist es ein Zufall, vielleicht auch keiner: Die DDR und die USA haben die höchsten Scheidungsquoten der Welt.

Gewiß stimmt auch das, was westliche Besucher erzählen: Die Menschen in der DDR halten besser zusammen, sind viel freundlicher im kleinen Kreis derer, die sich gut kennen, hilfsbereiter. Meistens sind auch die Kollegen netter. In der Brigade ist man daran gewöhnt, sich gegenseitig zu helfen (Ausnahmen bestätigen diese Regel nur). Die Schwierigkeiten der Arbeit und des Lebens überhaupt sind im Kollektiv leichter zu überwinden, und hier meine ich nicht die staatlich verordneten Kollektive, sondern die, die sich um eine bestimmte Arbeit, einen bestimmten Arbeitsplatz mit der Zeit bilden. Die Statistiken besagen: Man wechselt in der DDR weder Arbeitsplatz noch Wohnung oder gar Wohnort auch nur annähernd so häufig wie in der Bundesrepublik. Viele hat *dieses* Zugehörigkeitsgefühl davon abgehalten, aus der DDR zu fliehen.

Aber es ist andererseits nicht stark genug, um den einzelnen tatsächlich aus jener totalen Isolierung zu befreien, in der sich, meiner Meinung nach, die meisten DDR-Bürger (und wahrscheinlich die meisten Russen auch) befinden, ganz gleich, ob sie zum Sozialismus dieser Art *ja* oder *nein* sagen oder ob sie für das Karottenleben optieren. Meiner Erfahrung nach ist auch die Isolierung bei jungen Menschen eher noch stärker als bei den älteren.

Mich hatte also das Wort *Isolierung* getroffen wie ein Blitz aus heiterem Himmel, als eine Art plötzlicher Bilanz der unzähligen kleinen Beobachtungen, die ich in den Tagen und Wochen vorher gemacht hatte. Es fiel mir auf den Elbwiesen aber nichts weiter dazu ein. Ich rannte wieder ein Stück, ließ meinen Drachen steigen, dachte daran, daß ich mich natürlich auch irren konnte.

Von Honecker bis zum Mann, der die Straßenbahn gefahren hatte, von jedem, den ich hier gesehen und gesprochen oder im Fernsehen beobachtet hatte und an den ich mich erinnern konnte, ließ ich Gesicht und Worte an mir vorüberziehen. Die Klofrau und der Professor, meine Kusine und der Maschinist auf dem Dampfschiff — sie alle erschienen mir jetzt nicht mehr so zutiefst unglücklich oder unzufrieden oder irgend so etwas, vielmehr sah ich sie, wenn ich mich ganz auf den einzelnen konzentrierte, in einem riesigen Gestell sitzen mit Tausenden von Fächern, jeder in einem Fach, von dem aus er seinen Nachbarn weder sieht noch hört, von dem aus er über sich selbst dem, der im nächsten Fach sitzt, auch nichts sagen oder gar erklären kann.

Die *geplante* Bindung eines jeden an das Gefüge, an die Summe aller anderen, der Tod der Spontaneität nicht nur des Marktes, sondern des Lebensablaufs überhaupt, der Zwang, nur noch bewußt und rationell zu handeln, die Freizeit nicht als Nichtarbeitszeit aufzufassen — welche Amputationen finden hier statt, die eine Verständigung vom einzelnen zum einzelnen unmöglich machen?

Marx und Lenin waren letztlich ungewöhnlich einsame Menschen, bezogen überwiegend aus ihrer *Isolierung* die Kraft und Zeit für ihre Arbeit. Sie lebten, beide, in *extremen* Zuständen. Deshalb geht ihre Rechnung auf *und geht doch vielleicht nur scheinbar auf.*

Bleibt die Frage, ob sie von Grund auf falsch ist oder ob sie nur der Verbesserung bedarf. Wird hier eine Traurigkeit mit einer neuen Traurigkeit behoben? Wird auf die totale Nutzung vieler Menschen durch wenige Menschen mit einer totalen Nutzung aller Menschen geantwortet? Eine Antwort, die nur indirekt über die Maschinerie des Staates dem einzelnen die ihm streng zugeteilte Glückseligkeit verschafft?

Das Gebäude des Marxismus-Leninismus fügt sich auch nur scheinbar lückenlos zusammen, besticht durch seine Logik nur, solange man kein Teil herauslöst, dessen Wert man unabhängig zu ermitteln versucht.

Mein Drachen folgte mir hoch oben in der Luft langsam bis zum Blauen Wunder. Es war so still, daß ich das trockene Knirschen der Kühe beim Kauen hörte. Ich war mir weder über die Ursachen noch über die Konsequenzen der Isolierung des einzelnen klargeworden, dachte mir nur noch, daß sie überall *dort* vorzuherrschen scheint, wo das Leistungsprinzip und damit das Kriterium der Nützlichkeit am nacktesten zutage tritt, wenn immer Prioritäten festgestellt werden müssen — in den USA und in den Staaten des Ostblocks.

Hilflosigkeit, Abhängigkeit des einzelnen in einem Gefüge, dessen *Macht* er nur noch empfindet, aber nicht mehr bis in alle Einzelheiten zu überschauen und zu begreifen vermag. Auch die, die an den Hebeln sitzen, sind nur scheinbar freier. Wir beugen uns vielleicht, hier wie dort, Kausalitäten, die keine sind?

Die Wirtschaft, die längst zur Nebensache geworden sein könnte, stellt hier wie dort das gleiche Diktat auf: Der Markt ist der Produktion untergeordnet. Auf zwei völlig verschiedenen, ja feindlichen Wegen wird die gleiche Situation erreicht und der einzelne einem Mechanismus untergeordnet, der in jeder Phase zwangsläufig mehr auslöscht von dem, was früher *das Wesentliche des Individuums* ausmachte.

Ich setze mich zu den Kindern ins Gras, gebe ihnen von meiner Schokolade ab, höre ihren Geschichten aus der Schule zu. Sie fragen mich, warum ich Drachen steigen lasse und ob ich denn keine Kinder habe. »Nein«, sage ich ihnen, »und Drachen lasse ich steigen, weil es lustig ist und weil hier an der Elbe so viel

Platz ist.«

»Dann sind Sie gar nicht von hier?« sagt einer.

»Nein«, muß ich zugeben.

»Komisch«, sagt schließlich ein anderer, »wir dachten alle, Sie sind von hier. Sie sehen gar nicht so aus wie die anderen.« Ich schenke ihm, ohne zu überlegen, meinen schönen roten Drachen. Die übrigen Kinder wollen sich totlachen über sein verdutztes Gesicht. Als ich mich, schon beinahe beim Schillergarten, noch einmal umdrehe, schwebt der Drachen wieder hoch oben am Himmel, und der Junge läßt fachmännisch und konzentriert die Schnur von der Hapsel laufen.

Vielleicht sehe ich nur Geister, vielleicht ist alles gar nicht so, sage ich auf dem Heimweg immer wieder vor mich hin — wie einen Zauberspruch, der vor Alpträumen schützen soll.

SECHZEHNTES KAPITEL

Jahrmarkt

Am Abend klingelten einige Bekannte und luden mich zum Rummel ein, meine Verwandten kamen an diesem Tag vor Mitternacht nicht heim – also nahm ich an.

Wir fuhren mit der Straßenbahn bis Fučikplatz, wo dieser traurige Nachfolger der ehemals stolzen Vogelwiese jetzt abgehalten wird. Die weltberühmte Vogelwiese liegt noch immer am Elbufer. Das Volksfest aber, so heißt der Jahrmarkt jetzt, wird an einer Ecke des Großen Gartens am Fučikplatz abgehalten, und von weitem sieht es auch ganz lustig aus.

Von nahem ist es ein schrecklich trauriger Rummel. Fischbrötchen gibt es, Bratwürste und Broiler, Türkischen Honig. Damit ist das Angebot erschöpft. Das Bierzelt war der einzige Ort in ganz Dresden, der vor Schmutz starrte, in den Pfützen am Boden sammelten sich die Zigarettenstummel, die Leute, die an den Tischen saßen, stierten vor sich hin, redeten kaum. Zwei Riesenräder gab es und auch sonst noch verschiedene Karussells, kaum jemand fuhr auf ihnen, auch nicht für dreißig Pfennig. Nur bei den Elektroautos stand eine Schlange.

Wir gingen zu den Schießbuden, probierten mehrere aus. Als wir eine mit guten Gewehren gefunden hatten, schossen wir uns ganze Blumensträuße zusammen und verschenkten sie gleich wieder an die Kinder, die sich schnell angesammelt hatten.

Es war eine Vollmondnacht, und ich sagte, ich würde gern das Elbufer im Mondenschein fotografieren. Wir nahmen also eine ganz vorsintflutliche Straßenbahn zum Postplatz. Die Straßenbahnen in der DDR müssen fast den gesamten Stadtverkehr bewältigen, sind ununterbrochen im Einsatz – nachts nimmt man deshalb diese Museumsstücke her: als Lumpensammler. Unsere hauchte plötzlich ihr elektrisches Leben aus, der Fahrer sagte: »Scheiße«, und dann: »Die geht heute abend nicht mehr.« Wir stiegen aus, liefen langsam und auf Umwegen zur Augustus- alias Dimitroffbrücke. Schauerlich schön ragte die Ruine der Frauenkirche nach einer Weile vor uns auf, ein riesiger Steinhaufen, über den nun allmählich Gras wächst. Die Leere ringsum war gespenstisch. Ich begeisterte mich über einen rosa Widerschein am Himmel hinter der Ruine, die anderen sagten trocken: »Du müßtest aber erst mal sehen, wo der herkommt.«

Später sah ich's: von einer roten Neonreklame, die so etwas

Ähnliches wie »Mit uns siegt der Plan« in die menschenleere nächtliche Stadt ausstrahlt. Im Sucher hatte es jedenfalls ausgesehen wie Morgen- oder Abendröte. Basta. Die anderen lachten gutmütig, sagten: »Jetzt wirst du drüben erzählen, du wärst extra früh um fünf hierhergegangen, um das zu fotografieren.« — »Aber nein«, entfuhr es mir, »die Geschichte mit dem frommen Spruch ist viel lustiger.«

»Könnt ihr euch denn nur noch über uns lustig machen?« kam eine Stimme aus der Dunkelheit.

Wir gingen schweigend weiter, stellten enttäuscht fest, daß das Elbufer diesmal nicht angestrahlt war, denn mit Strom mußte gespart werden (nicht mit Geld: mit Strom). Jemand hatte es in der Zeitung gelesen, jetzt erst fiel es ihm wieder ein. Wir begegneten auf dem ganzen Weg keinem einzigen Menschen, das Italienische Dörfchen war noch immer geschlossen, aus den Fenstern der Hofkirche drang nur flackerndes Kerzenlicht. Unten zog ich Schuhe und Strümpfe aus und steckte meine Zehen in die Elbe, die tintenschwarz überfloß: Das Wasser war ganz warm. »Ihr braucht euch doch nur wie Moses in einen Korb zu legen und euch treiben zu lassen, dann seid ihr noch vor Weihnachten in Hamburg, und ich hole euch ab«, sagte ich, als ich mir wieder Schuhe und Strümpfe angezogen hatte.

»Und bis wir unten sind, sind wir erfroren«, meinte eines der beiden Mädchen. Nicht etwa: »Da schießt man uns ja tot.«

Wir waren zu fünft, ein junger Akademiker mit dem SED-Abzeichen am Rockaufschlag, der jetzt in Berlin arbeitete, der Sohn eines bekannten Arztes und zwei Studentinnen der Technischen Universität. Wir wollten uns über alles mögliche unterhalten: Es gelang uns nicht. Ich hatte Angst, sie hatten Angst. Es war wie im dunklen Wald. Man weiß, der andere ist nur noch einen Schritt weit weg, hört ihn durch das Unterholz auf einen zukommen — dann ist es plötzlich wieder ganz still. Man denkt: »Ich muß mich wohl geirrt haben.«

Wir steigen zur Brühlschen Terrasse hinauf, sehen auf den Mond, der wie ein gelber Teller am Himmel hängt und sich in der Elbe spiegelt. Schwarze Wölkchen huschen ab und zu über ihn weg.

Wir fangen plötzlich alle gleichzeitig an zu lachen, als hätten wir es vorher ausgemacht. Vielleicht lachen sie über das gleiche? Ich sage: »Ich habe hier dauernd Angst, sogar vor euch, wenn ich sage, ihr sollt im Moseskorb nach Hamburg kommen. Das ist

Aufforderung zur Republikflucht.«

»Und wir trauen dir nicht. Warum kommst du plötzlich nach fünfundzwanzig Jahren oder so in die DDR? Was willst du denn hier?«

»Gar nichts. Ich hatte Heimweh.«

Die anderen sagen nichts. Dann der mit dem SED-Abzeichen: »Willst du denn nicht rumschnüffeln? Sehen, wie so die Stimmung ist? Ich glaub' dir schon, daß du nicht spionierst – aber irgendwas mußt du doch vorhaben.«

»Vielleicht schreibe ich ein Buch? Aber vor habe ich es eigentich nicht. Ich habe die Verleger bei uns gefragt, und sie haben gesagt: ›Die DDR interessiert doch hier niemanden. Bis jetzt war noch kein DDR-Buch ein Geschäft.‹ Und es gibt auch kaum welche. Ich finde schon, es müßte welche geben, aber bei uns denkt jeder, wenn er DDR hört ... nee, er denkt vielleicht gar nicht. Er hat eben Angst. Und ein schlechtes Gewissen. Auf jeden Fall vermeidet es jeder lieber. Und weil man die Grenze und das alles indiskutabel findet und eure Wahlen auch, hört man schon gar nicht mehr hin, wenn es was Gutes zu sagen gibt. Die meisten denken dann, man wird von euch bezahlt. Das Ganze ist die höchste Scheiße.«

»Ihr seid selber dran schuld, wenn ihr den ganzen Mist glaubt.«

»Das könnten wir auch sagen. Warum laßt ihr niemanden frei rumfahren, damit er erzählen kann?«

»Weil er dann doch nur lügt und schreibt, die Züge kommen zu spät, und es gibt keine Zitronen.«

»Die Züge kommen ja auch zu spät, und es gibt keine Zitronen. Aber er kann ja auch von was anderem schreiben. Wenn er fair ist, wird er auch von was anderem schreiben. Ihr laßt aber niemanden rein, auch keine Engländer oder Franzosen, und wenn sie dürfen, dann müssen sie sich in Begleitung Schwarze Pumpe ansehen. Viermal hat mich jetzt jemand angehalten, wenn ich fotografiert habe, und irgendwas von spionieren gesagt, oder ich darf gar nicht. Und dauernd schlucke ich runter, was ich sagen will, obwohl es gar nichts weiter ist. Ich spioniere nicht, ich sage euch die Wahrheit, ich will nicht mal für irgend jemanden rauskriegen, wie die Stimmung hier ist. Ich bin heimgekommen, weil ich Heimweh hatte. Die meiste Zeit fahre ich die Elbe rauf und runter oder geh' spazieren. Trotzdem habe ich sogar vor euch Angst. Könntet ihr mir das erklären?«

»Du glaubst eben jeden Quatsch, der bei euch in den Zeitungen steht.«

»Nein, denn ich habe seit Jahr und Tag keine deutschen Zeitungen gelesen. Aber ich habe eure Gesetze gelesen, per Zufall, weil ich einer Freundin euer Strafgesetzbuch mitbringen soll. Davon ist mir ganz schwindlig geworden. Ich verstehe ja, daß vieles, von euch aus gesehen, so sein muß. Aber nicht jeder, der nicht für euch ist, ist darum gegen euch. Ich gebe euch keine Ratschläge, nicht mal, wenn ihr mich fragt. Was soll ich euch denn für Ratschläge geben? Aber reden möchte ich mit euch, ohne Angst zu haben bei jedem Wort. Und ihr habt auch Angst, weil ihr wißt, wer ich bin und was ich mache.«

Der mit dem Abzeichen lacht schallend:

»Aber du redest doch dauernd mit Leuten. Du hast in den drei Wochen, die du hier bist, mehr erfahren als unsereiner. Du weißt sogar, wo man billig gute Blumen kriegt. Sei mir bitte nicht böse, aber ich trau dir eben nicht.«

»Und ich dir auch nicht. Du mußt doch melden, daß du mit mir redest, und was. Du hast gesagt, du kommst zur Olympiade nach München, und ich habe dich eingeladen. Das mußt du doch alles melden, und wen du bei mir triffst und was wir sagen. Mir ist das Wurscht, ich habe schon über euch in der *Times* geschrieben, ich habe sicher schon ein Dossier. Ich habe drüben auch eins und in Frankreich auch. Aber dort sage ich immer, was ich will. Ich könnte euch tausend Leute und ihre Devisen herbringen nach Dresden, wenn sie keine Angst hätten. Ich habe ein gutes Gewissen. Ich zerbreche mir dauernd den Kopf warum, aber ich habe trotzdem Angst vor euch. Und ihr vor mir. Das ist traurig. Ich bin gerne hier. Ich weiß doch, daß vieles, was wir verurteilen, Probleme sind, die wir euch nicht abnehmen, vor denen wir uns drücken. Aber ihr kriegt auch vieles in die falsche Kehle. Wir lachen nicht alle über euch.«

»Aber die meisten doch«, sagt das Mädchen traurig. »Und im Grunde genommen sind wir euch doch völlig Wurscht. Du kommst, weil du gerade mal Lust hast. Es ist dir eben so eingefallen, ach ja, nach Dresden könnte ich ja auch mal wieder fahren, da war ich lange nicht. Deine Verleger wollen nicht mal ein Buch über die DDR. Das ist eben kein Geschäft in der Bundesrepublik. Sei doch nur ehrlich: Was würdest du denn denken an unserer Stelle?«

»Ich weiß es nicht. Ich weiß es wirklich nicht. Wie soll man denn erklären, daß man hier lieber ist als irgendwo anders auf der Welt und doch hier nicht leben kann?«

»Warum denn nicht? Wir leben doch auch hier! Du siehst, wir leben hier, wir studieren hier, heiraten, kriegen unsere Kinder. Also: Warum lebst du nicht hier?«

Wir sitzen auf der Bank, bis es anfängt zu nieseln und uns kalt wird.

»Kommst du denn wieder?« fragt einer.

»Wenn ich darf.«

Unterwegs begegnen wir dem, was am nächsten Tag in den Zeitungen »festlich gekleidete Menschen« heißt: Das Galakonzert einer russischen Gruppe ist gerade aus. Viele der Männer tragen dunkle Anzüge und Parteiabzeichen, ihre Frauen Pelzstolen, einige auch lange Kleider. Sie steigen in ihre Moskowitsch und Wolgas, die Fahrer halten die Türen auf. Die anderen, auch festlich gekleidet, warten mit uns auf die Straßenbahn.

»Ich dachte, im Arbeiter-und-Bauern-Staat geht alles viel einfacher zu?«

Die vier lachen. Ich überlege, ob ich je einen Ostblockoberen im Frack oder Smoking gesehen habe, Breschnew oder Ulbricht oder Honecker. Svjatoslav Richter ja. Die anderen? Die Frage kommt mir zu blöd vor, ich schlucke sie lieber hinunter. Die vier bringen mich bis vor das Gartentor, geben mir einen Gutenachtkuß.

»Du brauchst vor uns keine Angst zu haben«, ruft es aus der Dunkelheit, und ich schreie: »Ihr vor mir auch nicht.«

Wir lachen. Ob wir das Lachen auch ernst meinen? Ich habe mir inzwischen gemerkt, welche Dielenbretter knarren, ziehe schon vor der Tür die Schuhe aus und trete nur auf die festen. Dann renne ich in der Dunkelheit gegen den Schrank, daß es nur so kracht. Das Licht geht an.

»War's lustig?«

»Ja«, sage ich, »aber das Flutlicht war leider nicht an, und ich konnte den Mondschein nicht fotografieren.«

Die beiden beruhigen mich: »Es gibt sehr schöne Postkarten vom Elbufer im Mondschein zu kaufen, zu dreißig Pfennig das Stück.«

SIEBZEHNTES KAPITEL

Das Rathaus

Am nächsten Tag mußte H. nicht arbeiten, wir standen sehr spät auf, frühstückten bis zum Mittag und gingen dann in die Stadt. Für den Abend hatten wir uns Plätze in einem der sehr guten Spezialitätenrestaurants bestellt. Wir wollten biddeln, hatten uns gar nichts Bestimmtes vorgenommen, freuten uns über die warme Sonne. Ich kaufte Filme, wir setzten uns auf eine der Bänke auf dem Altmarkt, die Kreuzkirche in unserem Rücken, vor uns die Arkaden der Gebäude, die man als erste nach dem Krieg in der Innenstadt errichtet hat, noch im alten Stil, wie die Dresdner halb entschuldigend hinzufügen. Dieser große Gebäudekomplex, der bis zum Postplatz reicht, ist heute praktisch das Einkaufszentrum der Stadt. Hier gibt es das Prager Café, Delikatessen-, Platten- und Büchergeschäfte, Warenhäuser, eine der vielen Nichtraucher-Grill-Bars, in denen man billig und sehr gut essen kann, hier ist das größte Fotogeschäft. In all den Tagen, die ich nun schon in Dresden wohne, ist mir der neue Altmarkt so vertraut geworden, daß ich darüber den von vor 1945 ganz vergessen habe. Wozu die Dresdner ein Vierteljahrhundert Zeit hatten, vollzieht sich in mir in einem einzigen Monat. Die Wirklichkeit des neuen Dresden, durch das ich täglich laufe oder mit der Straßenbahn fahre, läßt das alte Dresden endgültig zum Traum werden, aus dem man aufgewacht ist. Ich drehe mich um und fotografiere den Mann auf dem Rathaus, den die Sonne golden vor einer dunklen Wolke aufblitzen läßt. H. grinst mich an. »Wollen wir ...?« sagt sie lachend, und wir wissen beide, was wir gleichzeitig gedacht haben. Langsam überqueren wir den Markt, kaufen die Billets, steigen in den Fahrstuhl und fahren hinauf zu dem, was wir nicht so recht glauben. Auf der ersten Plattform müssen wir noch mal in einen anderen Fahrstuhl umsteigen, ich kaufe ein Heftchen über das Rathaus, finde darin aber nicht das Gesuchte.

Oben auf dem offenen Rundgang sehen wir uns unauffällig die Sockel der großen Figuren an, die in allen Himmelsrichtungen auf die Stadt hinunterblicken. Auf denen, die unbeschädigt geblieben sind, finden wir, was wir suchen: Großvaters Namen, sorgfältig und ordentlich in den Stein gemeißelt. Und jede der riesigen rußgeschwärzten Frauen (»Vom Feuer«, sagt uns später der Turmführer) ist ein Porträt meiner schönen Tante Berta:

auch jene, die wie schützend ihre Arme ausbreitete über die rauchenden Trümmer der Stadt und deren Bild um die ganze Erde ging, als der Krieg vorbei war; eines der traurigsten Bilder, die ich kenne.

Von dort oben haben wir einen herrlichen Blick auf das ganze Dresden, die Elbe entspringt Dunstschleiern auf der einen Seite, um auf der anderen unter einem Regenbogen aufzuhören: Man sieht hinunter auf Stadt und Fluß wie vom Hradschin auf Prag und vergißt es nie wieder. Bin ich denn als Kind nicht hier gewesen? Vergaß ich es, nur weil ich nicht daran denken wollte?

Nach einer Weile ziehen Regenwolken auf, die Tropfen wehen schräg vom Himmel herunter, den der Goldene Mann jetzt fast mit seinen Händen berühren kann: Wir fahren wieder abwärts, fragen auf der Plattform die Andenkenfrauen, von wem denn die Figuren oben wären; sie sehen erst sich, dann uns verlegen an, schütteln mit den Köpfen, rufen: »Heinz«, der aber weiß es auch nicht. »So einen komischen Namen hat er, glaube ich. Den habe ich noch nie vorher gehört. Aber erinnern kann ich mich, ehrlich gesagt, nicht mehr. Ziemlich lang war er, das weiß ich noch. Vielleicht, wennse das Museum anrufen, die wissen so was.«

Wir bedanken uns. Was tut's denn? Ein Michelangelo war der Großvater nicht, auch kein Permoser (von dem die besten Figuren im Zwinger stammen), und interessant sind die steinernen Frauen dort oben sicher nur für mich ganz allein, weil sie mich an meine schöne Stiefgroßmutter erinnern. Außerdem ist es lustig, über einer Stadt wie dieser jemanden aus der Familie als Schutzengel schweben zu wissen: Schutzengel, die Dresden nicht helfen konnten, die selbst nur wie durch ein Wunder dem großen heißen Feuer entgangen sind. Aber das Bild, das Bild der traurigen Frau über der verwüsteten Stadt — der Großvater hätte sich gefreut, wenn er gewußt hätte, wie vielen Menschen es zum Symbol gegen den Krieg schlechthin geworden ist. Ein Zufall, sicher. Vielleicht.

Von jetzt an fahre ich nie mehr am Turm vorbei, ohne in Gedanken zu winken.

Wir sind hungrig, gehen zur Nichtraucher-Grill-Bar, stellen uns als letzte in die Schlange derer, die auf freie Plätze warten, warten auch noch geduldig, bis andere einfach hineingehen. Innen weist ein Mädchen den Gästen die Tische zu, nimmt immer wieder welche vor, die lange nach uns gekommen sind, vor allem, wenn sie Parteiabzeichen tragen. Ich habe Hunger, der Zorn steigt in mir hoch, ich vergesse ganz und gar, wo ich bin, sage dem Mädchen höflich und leise, man stelle sich doch an, um der Reihe nach dranzukommen. Sie sagt, die anderen hätten Tische bestellt. Ich habe zugehört, weiß, daß es nicht wahr ist, sage ihr, sie solle doch bitte nicht auch noch schwindeln. So dumm sei ich auch wieder nicht, wie man vielleicht annehmen möchte. Das Mädchen wird garstig, macht aus dem Spaß Ernst. Sie sieht aus wie von oben getreten, tritt nun weiter nach unten, wie das eben so ist in dieser Welt.

Das habe ich erst in Frankreich gelernt: mich zu wehren. Genauer gesagt: in Paris, in den Pariser Restaurants, bei den Taxifahrern. Kalte oder schlechte Gerichte wieder zurückschicken, angefaulte Tomaten sorgfältig wieder aus der Tüte zu nehmen, wortlos. Ich schimpfe nicht laut, o nein: Aber in Paris geht man sonst unter wie ein durchlöcherter Topf. Also, sage ich hier in Dresden: »Seien Sie uns nicht böse, aber wir haben auch Hunger.«

Alle anderen im Restaurant hören nun zu, schweigend, einige versuchen mich wortlos zu ermutigen, ich kann das sehen. Das Mädchen ärgert sich, weil es weiß, daß es unrecht hat, es hat Angst, sein Gesicht zu verlieren. Ich sage gar nichts mehr. Auch die nächsten zwei Plätze werden von jungen Männern eingenommen, die gerade erst gekommen sind. Ich sage nun nichts mehr, aber das Mädchen fordert mich auf: »Gehen Sie doch in den ersten Stock und beschweren Sie sich!«

»Ja«, sage ich, »aber erst esse ich.«

H. ist verschwunden, ich kann es ihr nicht verdenken. Das Mädchen denkt angestrengt nach, sagt schließlich ganz laut: »Aber dann ist es keine Beschwerde mehr.«

Zum erstenmal sehe ich DDR-Bürger in der Öffentlichkeit lachen: Sie lachen laut und fröhlich, wie vom Eise befreit. Danach ist es still. H. kommt wieder, wir setzen uns auf die nächsten beiden freien Plätze. »Es tut mir leid«, sage ich zu H., sie nickt, noch immer blaß vor Schreck. »Es tut mir leid«, sage ich noch einmal, »aber das ging einfach zu weit.« Die Kellnerin ist sehr freundlich, sagt schließlich, als niemand mehr neben uns sitzt: »Es ist zuviel für sie, wissen Sie, es ist einfach zuviel, sie traut sich nicht, denen etwas zu sagen. Und weil Sie eine Frau sind, hat sie eben gedacht . . .«

Ich würde diese Geschichte gar nicht erzählen — aber in Dresden sagt bald jeder, der sie hört, daß er noch nie so etwas miterlebt habe: einen Gast, der sich wehrt. Es ist ja auch sonst nie nötig, im Gegenteil. Aber so? Nein, trotzdem, *so redet hier keiner.* »Ich habe doch gar nicht geschimpft«, sage ich, »ich wollte nur nicht länger warten.« »Eben«, sagen sie, »eben.«

Ähnlich wie den Reiter über den Bodensee überkommt mich die Angst erst, als wir wieder langsam durch die Stadt gehen. Aber warum?

Vor allem wird mir versichert, man könne seit der Mauer mehr sagen, es sei besser geworden, nicht schlechter. Nur: die Angst steckt allen in den Gliedern, ist zur Gewohnhit geworden. Daran ist nicht zu rütteln. Sie breitet sich wie ein großes graues Tuch über die Elbe und über die Städte an der Elbe, vom Erzgebirge bis zur Ostsee, von Thüringen bis zur Oder. Ist sie denn, von oben aus gesehen, überhaupt noch nötig? Ist letzten Endes ihre Nutzbarmachung nicht auch dort nur bloß zur Gewohnheit geworden? Der praktizierte Kommunismus als Staatsform ist noch keine hundert Jahre alt, die Frage ist, wie er die Erfahrungen verwertet, ob er für sie überhaupt aufnahmefähig bleibt.

Ein SED-Funktionär sagt mir, als er meine *Politische Ökonomie des Sozialismus* sieht: »Ach, das ist doch längst überholt, das Zeug brauchen Sie gar nicht mehr zu lesen.« Orientierungshilfen (von dem Buch wurden in der DDR mehr als eine Million Exemplare verkauft) werden also abgebrochen, noch ehe sie in ihrer Wirkung voll erprobt sind. Wer genau hinhört, spürt auch in der DDR Bewegung: Die Technologie macht Wirtschaftssysteme möglich, im Osten wie im Westen, für deren praktische Anwendung wir die passenden gesellschaftlichen Strukturformeln hier wie dort noch gar nicht parat haben. Viele Reiter, die mit ihren Pferden nicht fertig werden, greifen als erstes zur Peitsche oder verpassen ihnen, was man früher einen Insterburger nannte, eine scharfe Parade links-rechts-links-rechts.

Wir sind schweigend bis zum Zwinger gegangen, haben uns auf den Brunnenrand gesetzt. H. glaubt, ich denke noch immer über das Mädchen im Nichtraucher-Restaurant nach, meint, ich solle es nicht so tragisch nehmen, es sei ja auch nichts passiert, »sie war wirklich eine dumme Kuh«, sagt sie.

Aber ich habe trotzdem wieder Angst gehabt, sinnlose Angst. Wo ich feste Bezüge suche, auch diese mir noch so fremden, wo ich versuche, nicht abzulehnen, sondern zu verstehen, ist es mir, als würde ich auf Treibsand laufen. Auch hier, in der kommunistischen Welt, herrscht, läßt man sich nicht vom Oberflächlichen beirren, Unruhe, Unsicherheit. Für einen Nichtmarxisten ist es aber beinahe unmöglich, sie zu verstehen, ihre Ursachen und Auswirkungen. Sie lassen sich erahnen, ich kann sie fühlen — aber schon genau beschreiben kann ich sie nicht.

Sicher klingt es für viele idiotisch: Meine Angst in der DDR galt nicht Gesetzen und Bestimmungen, denn ich bemühte mich ja, sie alle zu befolgen — meine Angst, so glaube ich wenigstens, war wie der Ausschlag eines Seismographen und betraf mich persönlich gar nicht. Wo geschwiegen, wo gelacht wird, das sind Wölkchen am Himmel, die das Wetter anzeigen: Erdbeben hingegen künden sich anders an.

Auf jeden Fall aber sind alle unsere Analysen, die ich bisher über dieses Phänomen gelesen habe, viel zu grob, meist zweckgebunden, fast immer aus der Ferne theoretisch erarbeitet.

»Wir machen uns die blödsinnigsten Gedanken über euch«, sage ich zu H., und sie nickt. Dann gehen wir und kaufen Schuhe, dabei entdecke ich im Kaufhaus sehr schöne Perlmuttknöpfe, und obwohl ich keine brauche, nehme ich sechs davon zum Andenken mit. Später, wenn man mich fragt: »Wo hast du die denn her?«, werde ich sagen: »*Aus Dresden.*«

Was dem Menschen Freude macht: die komischsten Dinge.

Tante Berta auf dem Rathaus, und daß ich von meinen schönen Knöpfen sagen kann: »*Die sind aus Dresden.*«

ACHTZEHNTES KAPITEL

Der Mann mit dem Fisch

Die Kusine sagt: »In der Technischen Universität steht auch noch so'ne Figur vom Großvater, ich glaube, es ist ein Mann mit einem Fisch.« Sie hat dort studiert, aber der Mann mit dem Fisch steht weiter oben, vor anderen Instituten, und sie kann sich kaum noch an ihn erinnern. Außer, daß es *weiter oben* war. Sie sagt mir noch, welchen Bus ich nehmen soll, dann mache ich mich am nächsten Vormittag auf den Weg. Es war, wenn ich mich recht erinnere, ein Sonntag. Der Bus mäandert von Striesen zur TU, vielleicht bin ich auch irgendwo umgestiegen. Was mir auffiel, war die Friedlichkeit der Straßen mit den großen Gärten und alten Bäumen, es gab kaum Verkehr — mal ein Radfahrer — aber das war schon fast alles. Der Himmel leuchtete zwiebelmusterblau.

Manchmal fuhren wir durch Stadtteile, die noch immer Dörfer geblieben waren, so wie Schwabing oder Chelsea bis zu den fünfziger Jahren. Wieder durchfuhr ich mit dem Bus nicht Dresdner Vororte, sondern meine Kindheit. Als ich aussteigen muß, sagt es mir die Fahrerin. Ich bin der letzte Fahrgast so kurz vor der Endstation.

Die Technische Universität Dresden ist eine der bedeutendsten Hochschulen der DDR, ein weitgedehnter Komplex von vielen Gebäuden, zwischen denen Bäume und Hecken stehen, am Hang eines Hügels gelegen. Von hier aus kann man die bunten Kuppeln der alten russischen Kirche erkennen. Dresden hat schon immer eine große russische Kolonie gehabt, die Handelsbeziehungen zwischen Sachsen und Rußland waren von jeher sehr lebhaft. Man lieferte Maschinen, kaufte Pelze.

Auch daß Lenin in Leipzig lebte und dort seine Zeitung machte, war kaum ein Zufall. Rußland war uns nie so fremd, wie einem Bayern Rußland fremd sein muß, dem dafür Griechenland näher ist: Man darf solche alten Bezüge nicht übersehen.

Mit einem Stadtplan versuchte ich mich zurechtzufinden, hatte mir das ganze nie so groß vorgestellt: Das Hochschulgelände umfaßt 180 Hektar. Hier arbeiten 382 Hochschullehrer, 200 wissenschaftliche Assistenten und 21 000 Studenten. 7 500 der Studenten sind Fern-, Abend- und Sonderstudenten, 700 kommen aus dem Ausland. Ein richtiges Geburtsjahr gibt es für diese

Universität nicht. 1828 richtete man in einem Gartenhäuschen auf der Brühlschen Terrasse die Polytechnische Bildungsanstalt ein, aus dieser wurde die Dresdner TH, 1961 umgewandelt in die Technische Universität.

Nach Süden also, in die Vorstädte Strehlen und Räcknitz, fährt man, wenn man zur TU will: Die Verbindungen mit Bus und Straßenbahn zählen zu den besten in Dresden. Die Gebäude der alten TH, fast alle zwischen 1900 und 1925 erbaut, wurden beim Bombenangriff 1945 zu fünfundachtzig Prozent zerstört. Heute stehen die wieder aufgebauten Institute aus rotem Ziegelstein, von Bäumen umgeben, neben den vielen neuen TU-Gebäuden: Mir gefiel es.

Die Dresdner TU gilt als eine der größten und bedeutendsten polytechnischen Lehr- und Forschungsanstalten Europas; sie ist, in ihrer Mischung aus Altem und Neuem, sicher auch eine der schönsten. Vom Münchner Platz aus machte ich mich also auf den Weg, den Mann mit dem Fisch zu suchen, wußte nur, daß er irgendwo »oben« stehen mußte, vor einem der neuen Institute. Niemand begegnete mir unterwegs, auch als ich an eine der Hausmeisterpforten klopfte, machte mir niemand auf.

Der Mann mit dem Fisch steht weit oben zwischen Bäumen über einem Brunnen, fast hätte ich ihn übersehen. Ich holte die Kamera aus meiner Einkaufstasche und begann, ihn von allen Seiten zu fotografieren. Von allem, was der Großvater gemacht hat, gefällt er mir am besten: Ein ganz junger, nackter Mann, er hält in der einen, herabhängenden Hand das leere Netz — die andere hebt den Fisch hoch empor, als wollte sie ihm die Freiheit wiederschenken.

Während ich fotografiere, fährt ein Auto die Straße mehrmals langsam hinauf und herunter, schließlich steigt ein Mann aus, fragt mich, was ich denn da mache.

»Den Mann fotografieren.«

»Warum?«

»Weil er mir gefällt.«

Sein Gesicht verdüstert sich. Eine Frau in einem schäbigen Regenmantel mit einer Einkaufstasche fotografiert an einem Sonntag mit einem Teleobjektiv einen nackten Mann auf einem Sockel — im Gelände der Technischen Universität. Ich kann sehen, wie seine Kinnmuskeln zu arbeiten beginnen, beschließe deshalb, ihm zu helfen.

»Mein Großvater hat ihn gemacht«, sagte ich, »und ich fotografiere alles, was mein Großvater gemacht hat, weil meine Mutter und meine Tante gern Bilder davon haben möchten.« Beruhigend füge ich dann noch hinzu: »Auch die Figuren auf dem Rathaus sind von einem Großvater. Und heute ist das Wetter so schön.«

Er entschied sich, fast gegen seinen Willen, dafür, mir zu glauben, ging zu seinem Wagen zurück, blieb aber da, bis ich fertig war und die Kamera wieder einpackte. Ich nahm mir Zeit: Ich hatte ja auch keine Eile. Erst als ich die Straße wieder hinunterbummelte, fuhr er weg. Diesmal, so hatte ich mir vorgenommen, wollte ich bestimmt keine Angst haben.

Unten setzte ich mich auf einen Mauerrand und spulte den Film zurück, um einen neuen einzulegen. Ein kleiner Hund kam, wedelte um meine Füße, quiekte, wie es ganz junge Hunde tun. Ich nahm ihn hoch und fing an, mich mit ihm zu unterhalten.

Er gehörte Ursula, einer Studentin aus Pommern, die ihrem Freund gerade ihr Institut gezeigt hatte. Sie nannten ihren kleinen Hund Karlchen: Darüber wunderte ich mich. Aber nicht lange.

Karlchen gefiel es in der Sonne bei mir auf dem Schoß, er klammerte sich hilfesuchend an meinen Pullover, als die beiden ihn wieder mitnehmen wollten: Schließlich saßen wir alle vier auf der Mauer und aßen Apfelsinen, die ich aus meiner Tasche holte.

»Was wollte denn der von Ihnen?« fragte das Mädchen.

»Ach, ich habe den Mann mit dem Fisch fotografiert, weil er von meinem Großvater ist. Das ist ihm komisch vorgekommen.«

»Er ist hier Professor.«

»Ach so.«

»Ich glaube, man darf hier nicht fotografieren.«

»Das wußte ich nicht.«

»Ist ja auch nicht schlimm. Höchstens den Film hätte er ihnen rausgenommen.«

»Aber warum denn?«

»Hinter dem Brunnen ist doch das Institut. Wo kommen Sie denn her?«

»Aus München.«

Die beiden schweigen, spielen mit dem Hund.

»Ich bin hier bei meiner Tante, ganz offiziell für vier Wochen.«

»Haben Sie früher schon hier gewohnt?«

»Ja, vor fünfundvierzig.«

Die beiden scheinen sehr erleichtert.

»Und Sie?«

»Wir wohnen an der Ostsee.«

»Würden Sie mit mir einen Kaffee trinken?«

Sie nicken.

Wir setzen Karlchen auf die Straße, gehen zur Tram.

Karlchen verschwindet in einem Korb, den wir nun abwechselnd tragen. Für die Stadt ist er noch zu klein.

Es ist gar nicht so einfach, am Sonntagvormittag ein Café in Dresden zu finden, das offen ist, oder überhaupt ein Café zu finden.

Am Pirnaischen Platz endlich können wir uns an einem der Tische auf der Straße niederlassen, hängen Karlchen an eine gelbe Lederleine, die ihm gut steht, und schlingen die Leine um ein Stuhlbein. Wolfgang bestellt sich Bier und Würstchen, ich nehme Tomatensaft und Wodka, Ursula trinkt Tee. Der Tag breitet sich vor uns aus wie eine Felldecke, auf der man sich bequem hinlümmeln kann, von der Zeit ist noch so viel da, daß man keine Angst haben muß, herunterzufallen. Wir erzählen mal hierhin, mal dorthin: ganz selten geradeaus. Jeder unterbricht andauernd den anderen, weil ihm gerade etwas in den Sinn kommt. Soviel steht fest: Wolfgangs Vater ist Werftarbeiter, Ursulas Vater Arzt und Professor, sie haben sich im Kaukasus kennengelernt. Wolfgang studiert in Leipzig, wird Bauingenieur, Ursula Biologin. Der Unterschied in der Herkunft ist nicht existent: nicht verwischt, nein, er existiert einfach für die beiden nicht. Dieses Problem hat die DDR gelöst. Funktionärskinder und Nichtfunktionärskinder: ja. Professorentochter und Arbeitersohn: nein. Auch die Sprache macht hier keine Unterschiede mehr sichtbar.

Wolfgang hat gerade vier Wochen Praktikum im Robotron hinter sich gebracht, die Arbeit war an sich nach einigen Tagen zu Ende, weil das aber nicht im Plan stand, hat die Gruppe eben noch ein bißchen rumgespielt, Programme erstellt, die auch einen kalifornischen Think-Tank entstammen könnten — für den Papierkorb. Norm ist oft der Zwischenraum, mit dem die Wissenschaft der DDR die Praxis hinter sich läßt: Nicht zuletzt deshalb wurden auch all jene wieder gebremst, die mit der *Politischen Ökonomie* über den Horizont zu entschwinden schienen. Die Chefideologen rücken einmal mehr den Arbeiter in den Mittelpunkt: Weil er zu den vielen zählt, die Hauptmacht im sozialistischen Staat soll ihm bleiben. Aber hat er sie denn überhaupt je gehabt?

Inzwischen sind in der UdSSR die Ideen, Theorien und Systeme der DDR aufgegriffen worden, sie werden nun dort verarbeitet, um vielleicht in geläuterter Form eines Tages ihren Weg zurückzufinden. Nicht selten ist mir zumute, als sei auch Marx ein Geschenk der UdSSR an die DDR. Voilà. Seine Heimatstadt Trier hat das alles noch nie so richtig verstanden.

Die Studenten der DDR sind auch ungeduldig, zumindest die begabten unter ihnen. Das ist ihnen aber kaum anzumerken. Bedachtsam, gelassen, eher komisch, erzählen sie von ihren Problemen.

Minderwertigkeitskomplexe hatte von denen, die ich kennenlernte, niemand. Sie halten ihre (sozialistische) Welt für stark verbesserungsreif, unsere (kapitalistische) aber noch mehr. Sie üben scharfe Kritik, wohlfundiert, präzise, zuweilen auch abfällig, am Apparat, am System — aber selten an der Idee selbst. Im übrigen glauben viele von ihnen (wie auch ich), daß Management-Probleme hüben wie drüben eines Tages sehr ähnliche Aspekte haben werden, auch solche psychologischer Art. An *feedback* mangelt es hier wie dort: Es fehlt der Rückfluß klar formulierter Informationen über die Bedürfnisse der Vielen, die selbst nicht genau wissen, was sie wollen. Es fällt mir überhaupt nicht schwer, mich mit diesen beiden Bürgern der DDR zu unterhalten. Wir sind uns einig. Unsere Beobachtungen, in zwei so verschiedenen Welten gemacht, lassen sich zusammensetzen wie ein Puzzlespiel und ergeben ein Bild. Studenten sind noch nicht dem Druck der Funktionsgesellschaft voll ausgesetzt, sie können die ideologischen Gärten und Gärtner voll ausschreiten, mal sehen, was auch hinter der letzten Hecke steckt.

Gewiß, die beiden sind nicht typisch, denn die meisten Studenten der DDR sind wie Studenten auf der ganzen Welt: Es geht ihnen mehr um den Rahmen als um den Inhalt, die Wissenschaft ist Gebrauchsanweisung, fertig verpackt, muß faßbar sein und einen unmittelbaren Nutzen haben, Student zu sein ist besser, als nicht Student zu sein, ist für das ganze Leben nützlich: Prüfungen sind vor allem in der DDR sehr nützlich. Oh, wie gehen hier die Meinungen zwischen Marxisten in Ost und West auseinander! Die Ideologen haben bei den Technikern und Naturwissenschaftlern zwar den Fuß in der Tür — im Zimmer aber stehen sie nicht. Die große bevorstehende Auseinandersetzung zwischen Naturwissenschaftlern und Ideologen, in der UdSSR — zumindest am Horizont — schon deutlich sichtbar geworden, bahnt sich, zwar fast lautlos, aber doch spürbar, auch in der DDR schon an. Es ist mir unmöglich, meine Ansicht exakt zu begründen — ich hatte aber den Eindruck, als gäbe es in der DDR ganz hervorragende Wissenschaftler und Techniker. Die Atmosphäre, in der sie arbeiten, ist von der westlicher Wissenschaftler völlig verschieden, ihre materiellen Schwierigkeiten sind oft enorm, zu einem Zeitpunkt aber, in dem es nicht zuletzt um die gedankliche Ausarbeitung und Einordnung des inzwischen auf der Welt angefallenen experimentellen Materials geht, sind die Beschränkungen — vielleicht — eine Hilfe. Die Geisteswissenschaften dagegen stecken ganz ohne Zweifel — hier wie dort — in einer Krise. Wäre ich in der DDR geblieben, so wäre ich sicher, wie mein Uronkel aus der Lausitz, den der gute Max Ernst sogar im Kino rezitiert, Astronom geworden und müßte vielleicht seine Schwierigkeiten bei der Benennung der von uns gefundenen Sterne teilen.

Durch Ursula und Wolfgang lernte ich in den nächsten zwei Tagen noch mehr Studentinnen und Studenten und auch zwei Assistenten kennen. Was mir dabei auffiel und was ich nicht über Wichtigerem zu erwähnen vergessen möchte: Die Naturwissenschaftlerinnen sind hier auf einmal viel eleganter angezogen als die Studentinnen der Literatur oder Kunstgeschichte. Sie, die früher immer mit den gleichen Röcken und Blusen herumliefen, sie fielen mir nun auf, weil sie besonders *chic* waren, und ihre Freunde übrigens auch. Mit ihnen konnte man über alles mögliche lachen. Die anderen kamen mir allesamt verklemmt vor, von früher Sorge versäuert. Aber es ist natürlich gefährlich, von einem Dutzend auf Tausende zu schließen.

Auf jeden Fall genossen wir diesen Sonntag sehr, Karlchen in seinem Korb am meisten, denn er bekam Würstchen und Kuchen und von allen Seiten Bewunderung. Hunde gibt es nicht mehr sehr viele in Dresden oder Leipzig, und in Karl-Marx-Stadt und Oberwiesenthal habe ich gar keine gesehen.

Dresden läßt sich übrigens in seiner Magnetwirkung auf die Studenten und viele andere Bürger in der DDR nur noch mit München in der BRD vergleichen, und zwischen Dresden und Berlin scheint eine ähnliche Rivalität wie zwischen Moskau und Leningrad zu bestehen. Ach, dürfte man nur in diesem Land herumbiddeln, um solchen Fragen auf den Grund zu gehen! Aber ich glaube kaum, daß sie, im marxistischen Sinne, als gesellschaftlich relevant und damit nützlich angesehen werden. Insofern wäre ich sicher hier ganz unglücklich, denn ich ziehe es vor, einen Berg von allen vier

Seiten zu besteigen, möchte mich unter keinen Umständen von vornherein auf eine einzige Route festlegen. Welche ungeheure Zeitverschwendung! Aber man kann das Leben ja überhaupt als eine einzige Zeitverschwendung ansehen. Es hat immer nur den Sinn, den man ihm gerade gibt.

Wir gehen zu Wolfgang, kaufen vorher am Postplatz ein, denn dort ist auch sonntags und abends ein Delikatessengeschäft offen. Er wohnt bei seiner verwitweten Tante in der Nähe von Jasmatzi, und von der Telefonzelle am Postplatz aus lädt er noch Freunde ein, wir sitzen schließlich zu neunt auf Bett und Boden und auf dem einzigen Stuhl. Karlchen pinkelt in den Brotkorb, wir lachen, bis uns die Tränen kommen, denn er stand danach da wie ein Löwe und verteidigte sein, wie er meinte, neues Habitat.

Was einem plötzlich einfällt, wenn man so dasitzt: Keiner hier hat ein Auto, einige sind jedoch mit Arbeitern verschwistert, verschwägert oder befreundet, und wenn man ein Auto braucht, können die es am ehesten organisieren. Reisen und Wohnungen gehören zu den intensivsten Träumen: Einer hat sich am Elbufer ein verstrüpptes Grundstück gekauft, und nun gehen sie oft alle dorthin und bauen ein Wochenendhaus, heben mit Spaten den Grund aus. Die Träume bewegen sich also im Realen. Man träumt hauptsächlich von dem, was irgendwie eines Tages vielleicht doch erlangbar sein wird, und Pilzesuchen, Skilaufen — alles, was bei uns schon überwuchert ist von dem Drum und Dran, das diese Dinge begleitet, bleibt hier noch der bestimmende Inhalt. Man fährt auch an Sonntagen mit dem Zug, dem Bus, der Straßenbahn oder geht zu Fuß, kann nicht jeden jederzeit anrufen. Die ganze Zeit und Kraft, die zum Beispiel in der BRD mit *Angeben* vertan wird, bleibt dem einzelnen hier. Aber es bleibt ihm andererseits auch weit weniger Zeit und Kraft übrig durch die Beschäftigung mit dem unumgänglich Notwendigen. Freizeit, so schien es mir wenigstens, ist der größte Schatz, auch wenn man sie nur verschläft. Ein Sanktum.

Aber man darf auch nicht vergessen, wie es auf dem Lande ist, vielleicht ganz anders, sicher ganz anders, und daß ich nie länger, als ein Mittagessen dauert, in einem Dorf der DDR zugebracht habe.

Alle Studenten, mit denen ich zusammensaß, kamen zwar aus der Provinz (wie man früher sagte), aber sie kamen aus Städten, nicht aus Dörfern. Von Dörfern kann ich nichts erzählen, obwohl ich die Hälfte meiner Kindheit auf dem Lande in der heutigen

DDR verbracht habe. Was hätte ich denn auf der Polizei sagen sollen? Ich möchte nach Mobendorf fahren und an der Striegis sitzen?

Die anderen lachten gar nicht, als ich ihnen erzählte, was ich darum geben würde, um nach Mobendorf oder Ottendorf oder Matschdorf fahren zu können, nur um dort am Waldrand zu sitzen oder auf den großen Steinen am Wehr, sie holten sogar Fahrpläne und versuchten die Züge und Busse so zu kombinieren, damit ich früh hin-, abend wieder zurückfahren könnte.

Es ging nicht. Es geht auch nicht um meiner Verwandten und Freunde willen. »Ich bin ja schon so froh, daß ich überhaupt hier sein darf«, sage ich schließlich. Die anderen: »Die meisten von euch kommen aber nach einer Weile doch nicht wieder.«

»Wenn einer nur vier Wochen Urlaub im Jahr hat?« sage ich schließlich. Das verstehen sie. So frei wie ich sind kaum welche, hier wie dort.

Auch von meinen Schwierigkeiten erzähle ich ihnen, davon, daß ein Konzern ein Manuskript von mir aufzukaufen versuchte, damit es nicht erscheint. Von den Maiunruhen in Paris, wie mich die Polizei mitnahm, als ich Brot zwischen den »Fronten« einkaufte. Wie ich die Studenten besuchte, die in der Ecole des Beaux Arts illegal im Siebdruckverfahren die wunderbar komischen Plakate herstellten, während die Polizei überall ringsherum war. Von meinen sieben Jahren in Irland gleich nach dem Krieg, und dann von Australien, Borneo und Sikkim. Und sie erzählten mir von der Ostsee, von Polen und der Tschechoslowakei. Sie erzählen auch von jenem Juni, der nicht nur in Berlin stattfand, erst zögernd, langsam — dann schließlich jeder was.

Sie zeigen mir Prüfungsfragen und Lehrbücher. Von den meisten wird der Marxismus-Leninismus absolviert — nicht abgelehnt, nein, absolviert. Zu den Prüfungsfragen gehören hauptsächlich Texte von Marx und Lenin, die interpretiert und kommentiert werden müssen. »Eure Dialektik«, sage ich lange nach Mitternacht, »ist hervorragend entwickelt. Eine Waffe wie ein zweischneidiges Schwert.« Wir lachen so sehr, daß Karlchen aufwacht. Warum heißt er denn Karlchen? Sein Großvater kommt aus Trier.

Von Iwan Iwanowitsch (die Russen werden in der ganzen DDR so genannt, sogar hohe Funktionäre nennen sie privat Iwan Iwanowitsch) wird nur wenig gesprochen, zwischen den Russen und Russinnen, die man kennt und trifft, und der russischen Politik wird ein scharfer Unterschied gemacht, die Truppen in ihren Kasernen bedauert man, weil sie ja nie raus können. »Alle Russen, die ich hier getroffen habe in den Intershops und auch so auf der Straße und in den Straßenbahnen, waren eigentlich sehr nett und höflich«, sage ich, und die anderen stimmen zu. Als wir bei der russischen Politik ankommen, ändern sich aber plötzlich die Stimmen und Stimmungen — hier herrscht weniger Bitternis als beinahe so etwas wie totale Resignation, oder soll man es eine nüchterne Einschätzung der Realitäten nennen?

Was mich erschreckt: Die afrikanischen Studenten sind hier noch unbeliebter als anderswo in Europa, Nigger sagt man, *ach, diese faulen Nigger,* und ich sehe: Zu ihnen führt kein Weg. Mädchen, die sich mit ihnen einlassen, würde man am liebsten die Haare abrasieren, erzählt mir Ursula, deren Freundin mit einem Kubaner befreundet ist. Araber läßt man schon eher gelten. Aber ich erlebe, daß man auch diese Studenten oft nicht ernst nimmt.

Wer von der Tagesschau im Fernsehen her glaubt, in der DDR würde dauernd marschiert, gesungen und mit Fahnen geschwenkt, der irrt. Getrommelt und gepfiffen und Fanfare geblasen wird nur noch da, wo die führenden Vertreter der Regierung hinkommen und die Delegationen anreisen. »Was macht ihr denn in der FDJ?« frage ich. Dort gibt es — wie auch bei den Brigaden — ganz bestimmte Bücher, deren Namen ich leider vergessen habe. Hier wird sozusagen das Soll und das Ist eingetragen. Am Anfang des Jahres stellt man einen Plan auf, soundsoviel Stunden für das, soundsoviel Stunden für jenes. Dann wird abgehakt. Die großartigsten Dinge werden abgehakt. Nicht selten führt derjenige mit der besten Phantasie dieses Buch. Auf einige Einfälle sind sie ungeheuer stolz.

Manches wird sehr ernst genommen, gern getan: Zum Beispiel mit blinden Kindern in die Sächsische Schweiz fahren. Oder eine Klasse adoptieren, mit der man Theater spielt. Für alles andere, Überflüssige, Unsinnige sucht man sich einen stillen Weg.

Überhaupt: Ich kann mir in der DDR einen Jan Pallach nicht vorstellen, kann mir auch einen Pallach in der ČSSR nicht mehr vorstellen. Die *totale* Ernüchterung ist eingetreten. Man sieht dort, erst entsetzt, zornig, dann traurig, wie sich in der großen Politik jeder mit jedem arrangiert, wenn es unvermeidbar oder nützlich ist.

Während ich dies niederschreibe, fällt mir noch ein: Worte wie

Moral, Unterdrückung, Freiheit, Humanismus, Demokratie, Worte, wie sie doch jeden Tag aus allen Fernsehapparaten der Welt rieseln, mit denen alle Politiker, links wie rechts, hausieren gehen: Solche Worte fielen, wenn ich mich recht erinnere, nicht ein einziges Mal. Die Abwertung ist hier total, man kann Leben dafür nicht mehr einhandeln. *Dieser* Markt muß seine Buden schließen.

Auch wenn einer erzählt, wie in der Fabrik, in der sein Vater arbeitet, russische Ingenieure sitzen, um die Exportqualitäten für den Handel mit der UdSSR ständig überprüfen zu können und eine enge Koordination zwischen den Handelspartnern zu gewährleisten, wie diese Ingenieure aber dann auch DDR-Erfindungen mit nach Rußland nehmen und sie von dort aus in der ganzen Welt als Patente angemeldet werden — dann erzählt er es ohne jede Bitterkeit, ohne jedes Aufheben, wie man eine Landschaft beschreibt und einen Baum in dieser Landschaft. Der gehört auch dazu, so ist es eben.

Ob es so ist, weiß ich nicht: Ich kann nur Erzähltes erzählen, mehr nicht. Daß aber ein Großteil der Bevölkerung zumindest glaubt, daß es so ist, soviel ist zumindest wahrscheinlich. Ob sie sich ihre Gelassenheit nur einbildet? Wer sollte das ermessen?

Wir trafen uns am nächsten Abend am Neustädter Bahnhof und fuhren in einem uralten Wartburg zum Grundstück.

Wenn man den Hals sehr reckt, kann man die Elbe sehen oder sich einbilden, sie zu sehen. Ringsum stehen Gestrüpp, Kiefern, Brombeerbüsche, Heide. Der Boden ist schon sandig, wie überall nordöstlich von Dresden. Wir arbeiteten zwei Stunden lang, die anderen schachteten einen kleinen Keller aus, ich nahm eine Axt und begann einen Weg zu schlagen.

Komisch, dachte ich, das letztemal in meinem Leben habe ich auch in Sachsen Bäume geschlagen, in der Nacht um zwei bei fünfzehn Grad Kälte, in den Wäldern um Ottendorf. Auf dem Schlitten haben wir dann das Holz kilometerweit ins Dorf gezogen, leise, ganz leise. Wenn wir irgendwo Schritte hörten, klopfte uns das Herz bis zum Halse. Was anderes gab es damals nicht zum Heizen: 1946. Wer keine Bäume schlagen konnte, keinen Trauring mehr zum Tausch anzubieten hatte, der fror, fror Tag und Nacht.

Die andern sehen mir zu, fragen: »Wo hast du denn bloß das Bäumeschlagen gelernt?«

Dann sagen sie, ich soll doch dableiben, wenigstens bis das Häuschen fertig ist. Fertig sein soll es im nächsten Frühling.

»Dann könntest du auch wieder in deinem geliebten Erzgebirge Ski laufen«, sagt einer, macht sich über mich lustig, »und ich fahre mit deinem Paß nach Paris.«

»Einverstanden.« Einen winzigen Augenblick lang, stelle ich erschrocken fest, habe ich das ganz ernst gemeint. Jede Emigration ist Tauschgeschäft, jeder Umzug, jede Wahl. Sind wir uns über alle betroffenen Werte immer klar? Wann wissen wir endgültig, ob alles so richtig war? Eine Minute vor dem Sterben frühestens ...

Wir setzen uns und trinken das mitgebrachte Bier, schneiden Brot und Speck ab. Überall krabbeln Marienkäfer. Karlchen schläft zwischen meinen Füßen. In einer Woche ist das alles vorüber, fährt es mir durch den Sinn.

Dann bin ich wieder Flüchtling, tanzt es mir durch den Kopf, *dann bin ich nicht mehr zu Hause.*

»Du siehst aus, als würdest du gleich weinen«, sagt jemand. Aber das geht ja nicht.

Karlchen wird ein großer Hund sein, wenn ich wiederkomme. Wenn ich wiederkomme, ist das Häuschen fertig.

Wenn ich wiederkomme.

Wenn ich wiederkommen darf.

NEUNZEHNTES KAPITEL

Auf dem Wege nirgendwohin

Am nächsten Morgen fing mein Schnupfen wieder an, ich blieb bis Mittag im Bett und fuhr dann mit dem Dampfer zum Terrassenufer. Es nieselte, war kalt und trübe. Das Italienische Dörfchen war noch immer nicht auf, nur im Garten gab es heiße Würstchen und Bier und Kekse. Das Laub fiel ringsherum von den Bäumen. Einige Tische weiter saßen Schüler und Schülerinnen mit ihren Taschen, die Mädchen trugen Minikleider, die Jungen Blue jeans und alle blaue Anoraks mit den FDJ-Abzeichen. Einer hatte ein Transistorradio dabei, sie sahen fragend zu mir herüber, ich nickte, mir war das egal. Lange würde keiner von uns im Regen sitzen. Die Elbe sah aus wie eine Amiuniform, olivgrün, das Ufer wie ein russischer Uniformmantel, erdbraun. Es roch nach Erde. Der Wind schob die Beatmusik durch den Garten. Die Mädchen kämmten sich ihre langen Haare. Die Maler kamen aus dem Italienischen Dörfchen und aßen Würstchen. Ich fragte sie, wann es wieder aufgemacht wird, sie sagen: »Das ist verschoben worden.« Der große Platz zwischen Oper, Schloß und Zwinger ist ganz leer, dann erscheint ein Bus aus Hilversum. Die Fußballmannschaft, die gestern hier gespielt hat?

Auf der Elbe fährt ein langer Schleppzug nach Böhmen. Hier kommen sie höchstens alle Stunden. Vor meinem Fenster in Paris, auf dem engen Seinearm, folgten sie sich auf den Fersen, einer nach dem anderen, tuckerten den ganzen Tag von links nach rechts vorbei. Der Schleppzug ist sehr lang, weit auseinandergezogen: Die Elbschleifen sind groß, rund. Auf der Seine wird jetzt mehr geschoben als gezogen, hier sehe ich das nie. Auch im Nieselregen rudern noch welche. Eins-zwei, eins-zwei, fahren durch den Bogen der großen steinernen Brücke. Ich beschließe ohne jede Lust, in die Dürer-Ausstellung zu gehen, weil es dort wenigstens trocken und warm sein wird. Den sehr schönen Katalog hatte ich schon in Pillnitz erstanden (aber natürlich nicht dabei), hier soll er bereits vergriffen sein. Auch auf der Brühlschen Terrasse ist außer mir niemand zu sehen, ich gehe an Großvaters Atelierfenstern vorbei, setze mich fast auf jede Bank, um in Ruhe zu niesen und mir die Nase zu putzen. Der Schleppzug ist noch immer auf gleicher Höhe mit mir. Am Terrassenufer legt die »Meißen« an, ein paar Menschen tröpfeln heraus. Wie die Eidechsen kommen die Dresdner nur bei Wärme freiwillig aus ihren

Häusern.

Ich fand in meiner Handtasche einen halbzerquetschten Zigarillo, wollte ihn mir anstecken — aber ich hatte ja längst alle meine Feuerzeuge hergeschenkt. Niemand weit und breit, der mir hätte Feuer geben können. Es begann nun in Strömen zu regnen, und ich rannte bis zur Tür des Albertinums.

Im Albertinum sind (seit 1965) die Werke Neuer Meister ausgestellt, außerdem fünfzehn Prozent des Bestandes vom ehemaligen Grünen Gewölbe. Hier hängen sonst Bilder von Spitzweg und Otto Dix, Klassizisten, Nazarener, Romantiker, Landschaftsmaler um 1850, Maler des Biedermeier, Berliner und Dresdner bürgerliche Realisten, die Deutsch-Römer Feuerbach, Böcklin, Marées, Franzosen wie Courbet, Monet, Manet, Renoir, Degas, Toulouse-Lautrec, Gauguin, rumänische, ungarische, russische Maler des 19. und 20. Jahrhunderts, Jugendstilmaler, deutsche Impressionisten und deutsche Expressionisten, vor allem die der »Brücke«, die Bauhausmaler Feininger und Schlemmer, proletarisch-revolutionäre Malerei aus der Zeit zwischen den Weltkriegen.

Jetzt hat man hier die große Ausstellung »Deutsche Kunst der Dürer-Zeit« eingerichtet, die unter dem Patronat der Unesco und der ICOM steht, zu dessen Mitgliedern auch die DDR und die BRD gehören. Der Katalog ist (bis auf die farbigen Abbildungen) hervorragend, aber er war, wie mir die Garderobenfrauen in Pillnitz richtig sagten, schon bald vergriffen. Rund zweihundertsiebzig Werke Dürers waren ausgestellt (darunter nur sehr wenige Gemälde), nahezu die Hälfte seiner graphischen Blätter. Mehr als vierhundert Werke anderer Künstler der Dürerzeit umgaben diesen Kern, auch Kunsthandwerk, Waffen und Gerät. Alle Ausstellungsstücke stammten aus der DDR und den sozialistischen Ländern, und man bedankte sich unter anderem auch bei den evangelisch-lutherischen Landeskirchen für Leihgaben.

Es war zwar eine große, aber sozusagen doch auch eine Kammermusik-Ausstellung, eine, bei der man genau hinsehen mußte, eine ohne Kesselpauken. Viele Stücke »aus der Provinz«, die man sonst nie zu sehen kriegt, waren zusammengetragen aus Annaberg, Bautzen, Dessau, Döbeln, Eisenach, Freiberg, Gotha, Güstrow, Halle, Merseburg, Schwerin, Torgau oder Zwickau. Ich war dem Regen sehr dankbar.

Ich spielte in jeder Ausstellung das gleiche Spiel: Wenn ich mir drei Bilder aussuchen dürfte, welche Stücke würde ich mit nach Hause nehmen? Hier waren es: Dürers *Selbstbildnis als Akt* aus den Weimarer Kunstsammlungen, seine Eisenradierung *Die große Kanone* und die kleine Relieftafel *Der Sündenfall* vom Meister I. P., angeregt von einem Dürerstich, aus dem Schloßmuseum von Gotha. Sicher hätte ich auch noch versucht, mir heimlich einige der von Dürer entworfenen Münzen in die Tasche zu schieben ... Man hatte aus der Not eine löbliche Tugend gemacht: Dürers Hauptwerke hängen nun einmal nicht in der DDR.

Hinter mir schlossen die Garderobenfrauen alles zu, ich war die letzte, trödelte an der Hofkirche vorbei, hörte drinnen jemanden Orgel spielen — aber alle Türen waren zugeschlossen. Auf der Straße lag ein überfahrener Vogel, während ich auf ihn zuging, um ihn aufzuheben, drehte er sich um und starb. Ich war im Zwinger-HO mit Ursula und Wolfgang verabredet, diesmal wollten wir Freunde besuchen, die ganz hier in der Nähe wohnten.

Die beiden kamen ohne den Korb, und also auch ohne Karlchen: Karlchen hatte sich ebenfalls erkältet, war krank und lag auf und unter Kissen zu Hause, von der verwitweten Tante behütet.

Wir aßen im Stehen Eintopf: Mehr aus Entschlußlosigkeit als aus einem besseren Grund. Ursula war unglücklich über ihre Lage im Studentenheim, einer alten Villa. Fünf Mädchen hausten in einem Zimmer, machten Krach, brachten Männer mit, auch in die Betten: Wie sollte man da noch arbeiten, noch schlafen? Niemand leerte die Mülleimer aus, niemand putzte die Klos. Wenn eine von ihnen um Ruhe bat, lachten die anderen. Ich merkte, wie sie das gar nicht in meiner Anwesenheit erzählen wollte, aber der Krug lief über, ihre Verzweiflung war am Ende so komisch, daß wir mit Mühe das Lachen zurückhielten. Nur: Wie sollte man denn auf einem solchen Jahrmarkt leben, schlafen und arbeiten können? Sie war ihm schutzlos preisgegeben, wenn sie nicht ein Zimmer fand. Damit ließ sich endlich die Rettung konkretisieren. Von Beschwerden hielten wir alle nichts. Wolfgang holte uns drei doppelte Wodka, uns wurde langsam wohler. Wolfgangs Zimmer war winzig, mit ihm zusammenziehen schied aus den verschiedensten Gründen aus. Aber die Tante konnte ja die Milchfrau, den Bäcker und im Co-Op fragen. Die Gegend ist nicht gerade schön, aber eben deshalb bestanden dort Chancen. Ich versprach, in Striesen und Blasewitz zu fragen. Ursula beschloß, ihren Eltern nichts zu sagen — das würde die Sache nur unnötig komplizieren.

Wir gingen zur Prager Straße hinüber, es hatte aufgehört zu regnen, der Himmel war jetzt lila und kirschenfarbig, sah aus wie ein Hurenkleid. Ich holte im Intershop Kaffee, Zigaretten, Whisky, Mitbringsel: Nomadenbrauch. Der Freund wohnt in einem Einzimmerappartement in dem großen neuen Block an der Prager Straße. Zwei russische Offiziere mit ihren Familien kamen uns entgegen, die Kinder trugen Schleifen im Haar. Es wurde wieder wärmer, die Pfützen fingen zu trocknen an.

Wir waren, das brauche ich wohl nicht erst zu sagen, alle drei übler Laune, die sich nicht gerade besserte, als wir unter den Freunden auch einen vorfanden, der das Parteiabzeichen groß am Jackenaufschlag trug. Die anderen kannten ihn alle, nannten ihn den langen Hans, weil er so dürr und groß war. Seine Begeisterung war auch nicht gerade überwältigend, als man ihm erklärte, wer ich sei und wo ich wohne. Vielleicht stellte ich mir nur wie das dumme Mariechen auf dem Stein vor, daß ich nun jedes meiner Worte röntgen müßte, bevor ich es ausspucken könnte. Auf jeden Fall sagte ich lange Zeit überhaupt nichts, und dann holte mich die Freundin unseres Gastgebers unter einem Vorwand in die Küche. »Du kannst ruhig reden wie sonst auch, der Hans ist sehr nett, du brauchst keine Angst vor ihm zu haben. Ich kenn' ihn, seit wir ganz klein waren, unsere Eltern waren schon mit seinen Eltern befreundet. Nein, wirklich, vor dem brauchst du dich nicht zu fürchten. Er ist hundertfünfzigprozentig dafür, aus innerster Überzeugung, aber du brauchst wirklich keine Angst zu haben, auch wenn du mal was Dummes sagst.«

Wir gingen wieder ins Zimmer, verteilten die Brote, die wir in der Küche gestrichen hatten (Küche ist ein stolzes Wort). Die Rede kam auf die Ohrfeige, die jemand Brandt in der Münchner U-Bahn verpaßt hatte.

Der lange Hans entsetzte sich über den mangelnden Schutz des Kanzlers, wie so etwas überhaupt passieren kann, wie einer so nah hinkommt. Ich sage: »Gott sei Dank.« Wir streiten uns. Jeder hatte das fast schon erwartet. Natürlich sind Ohrfeigen weder schön noch weise. Aber man hatte ja mehr die Zigarre als den Kanzler getroffen, und er selber regte sich auch nicht weiter darüber auf. Hans erklärte, daß es ganz unmöglich sein würde, Honecker, Ulbricht oder Stoph zu ohrfeigen. Da pflichte ich ihm bei. Er findet das richtig und gut, ich falsch und schlecht.

»Wenn man die Oberen noch weiter isoliert, werden die verrückt und wir auch, nur im umgekehrten Uhrzeigersinn.«

Hans versteht mich nicht.

»Das sind doch auch nur Menschen. Sollen sie keimfrei leben?

Unter Käseglocken? Soll niemand ihnen mehr spontan die Hand geben? Kann ich denn Honecker nicht einen Rosenstrauß schenken, wenn mir danach zumute ist, ihm die Hand schütteln?«

Hans lacht schallend. »Da hüten Sie sich mal lieber davor, das könnte Ihnen schlecht bekommen.« Wir versuchen uns das auszumalen, aber die Sicherheitsbeamten haben mich am Wickel, bevor ich auch nur in die Nähe komme. Ich sehe ein, es besteht nicht die geringste Aussicht, meinen Rosenstrauß zu übergeben. Man traut mir einfach nicht zu, daß ich nichts Böses im Sinne habe. Dann spricht Hans von der Würde des Staates und der Oberen im Staate, der obersten Funktionäre von Staat und Partei, und er ist ganz ernst und bestimmt. Mir gegenüber legt er einen schneidenden Zynismus an den Tag, zitiert immer wieder Springer-Zeitungen, die sich hier in Dresden besonders fürchterlich anhören. Besonders *Bild* und *Bild am Sonntag*. Ach, hätte nur Herr Springer auch eine Tante in Dresden, die er ab und zu besuchen würde, dann kämen ihm manche seiner Blätter aus der neuen Sicht vielleicht komisch vor. Ich frage Hans, ob er denn nur *Bild* und *Bild am Sonntag* liest. Wir lachen jetzt alle. Ich empfehle ihm *Die Zeit* und die *Süddeutsche*, biete ihm sogar an, sie für ein Jahr schicken zu lassen; ich weiß inzwischen, daß er in Berlin arbeitet, so hoch oben, daß er ausländische Zeitungen lesen darf. Von vielem in der BRD weiß er mehr als ich. Nach dem, was er tut, frage ich ihn nicht: frage ich in der DDR niemanden.

Wir streiten uns fast den ganzen Abend, in immer neuen Wellen, zwischen denen kurze Burgfrieden liegen. Ich sage ihm, daß ich vor über zehn Jahren meinen Job verloren habe, weil ich in meinem Buch schon damals für eine Anerkennung der DDR plädiert habe. Er bittet mich, ihm eins zu schicken (was ich nicht kann, es ist längst vergriffen). Ich sage ihm, er solle mir wenigstens nicht meinen a priori vorhandenen guten Willen zum Verstehen jeder seiner Erklärungen abstreiten, sich nicht schon bei jedem zweiten Wort aufregen. Ich bin ihm ein Rätsel, schon deswegen, weil ich so schäbig angezogen bin, offensichtlich nicht sehr viel Geld habe, aber für die *Times* schreibe. Das paßt in keine Kategorie, weder in eine östliche noch in eine westliche. Unter solchen Umständen tritt man doch ganz anders auf. Mit Erstaunen fühle ich wieder: Prestige ist ein wichtiger Begriff, nicht nur hüben, auch drüben. Die Verpackung muß Schlüsse auf den Inhalt zulassen, sonst wird man unsicher, mißtrauisch. Vor meine rosa Träume vom idealen Kommunismus schieben sich neue schwarze Wölkchen: Seine Altmodischkeit erschreckt mich, und daß er Unwichtiges so furchtbar ernst nimmt. Ist das denn noch notwendig? Eine Ohrfeige kann mich nicht beleidigen, auch wenn ich Staatsoberhaupt bin: Das sind Äußerlichkeiten. Aber Hans findet vieles bei uns unwürdig, Rabaukentum, nicht richtig. Staat und Partei sind nicht komisch, man soll nicht über sie lachen: niemals. Aber Staat und Partei sind doch Menschen! sage ich ihm, immer neue und andere Menschen.

»Sie werden mir zugeben, daß selbst Sie auch von Menschen regiert werden, nicht von Göttern. Menschen, die irren, die müde sind, neidisch, Angst haben und Ehrgeiz, Tugenden und Fehler. Selbst wenn sie, idealerweise, im Kollektiv ihre Beschlüsse fassen, schließt das Fehler und Schwächen nicht aus. Ich bin gern bereit, den ganzen Abend über unsere Fehler und Schwächen zu reden. Und morgen dann über Ihre.« Als Hans merkt, daß er mich mit nichts beleidigen oder provozieren kann, daß es in mir keine verborgenen Abgründe gibt, in denen Haß und Revanchismus, notdürftig zugedeckt, heimlich glühen, daß ich in meinem Rosenstrauß für Herrn Honecker keine Bombe zu stecken beabsichtige, als er merkt, daß ich tatsächlich nur bei meiner Tante zu Besuch bin und mein ungewöhnliches Interesse an allem auf nichts weiter als gewöhnliche sächsische Neugier gegründet ist: Erst dann, ganz spät am Abend, fangen wir an, uns zu vertragen und miteinander zu reden. Die Riten sind vorüber. Man muß am Ufer lange nach einem Boot suchen, aber fast immer findet man eins: Der Strom zwischen uns ist breit und tief. Wenn wir hin- und herspucken hilft das niemandem. Keiner soll sich Illusionen machen: Jeder, der von West nach Ost reist, trägt auch einen Sack auf dem Buckel, den ihm andere aufgeladen haben und dessen Inhalt er oft nicht einmal kennt. So einfach ablegen und sagen: »Der gehört mir nicht«, hilft nichts. Es fällt mir schwer, eine Stunde lang einstecken zu müssen, nicht selten grobe Beleidigungen. Geduld gehört nicht zu meinen natürlichen Tugenden: Aber es hat sich in der DDR jedesmal gelohnt: Die scheinbar aussichtslose Suche nach dem Boot am Ufer lohnt. Dabei hilft es mir sicher, daß ich gewohnt bin, auch in der Politik in langen Zeiträumen zu denken. Irische Geschichte war das Thema meiner Dissertation: Die Geschichte eines Volkes, in der man Aussichtslosigkeit höchstens auf neues Warten reduzierte. Endgültig ist nur die Zerstörung unseres Planeten.

Es ist wohl möglich, auch mit Parteifunktionären zu reden und zu diskutieren, einfach ist es für sie und für uns nie.

Als wir über die menschenleere Prager Straße zum Bahnhof gingen, stand der Himmel voller Sterne, ein klarer Herbsthimmel, der gutes Wetter versprach. Ich zeigte Hans Tante Berta in verschiedenen Ausführungen oben auf dem Rathaus, von hier sahen die großen Figuren winzig aus. Plötzlich nahm Hans sein Parteiabzeichen aus dem Knopfloch und schenkte es mir. »Aber machen Sie keine Dummheiten damit«, sagte er, schüttelte mir die Hand und verschwand in der anderen Richtung. Ich fühlte, wie sich das Erbe Lenins und Marx' schwer auf meine Seele senkte, eine, so oder so, hier verwirklichte Realität, an der ich mich nicht mehr vorbeischummeln konnte, wollte ich an Deutschland denken, in der Nacht, am Tag, in Paris, München oder Dresden.

Mehr als zwanzig Jahre lang hatte ich mich gedrückt. Zwanzig Jahre lang und mehr hatten mir diese Provinzen Deutschlands zweierlei bedeutet: Alpträume und Wunschträume. Das war meine Kindheit, mein Zuhause, das war Krieg, Verfolgung, Feuer, Hunger, Flucht, Angst, Befreiung, Tod. Das waren Flüsse und Wiesen und Hügel und Tausende von Erinnerungen, winzige Erinnerungen und riesengroße, die einen tagelang aus dem Geleise werfen.

Ich holte die anderen wieder ein. Als ich mich verabschiedete, wußte ich plötzlich, wie man eben solche Dinge plötzlich weiß, daß ich Ursula und Wolfgang und auch sonst niemanden von den Freunden wiedersehen würde, obwohl wir für den übernächsten Tag verabredet waren. Die anderen suchten ein Taxi für mich, ich war wie gelähmt von einer Traurigkeit, deren ich einfach nicht Herr wurde. Dann ging, Gott sei Dank, alles ganz schnell, das Taxi hielt, Wolfgang stieg aus, ich umarmte sie alle der Reihe nach, stieg ein. Wir fuhren wortlos durch die dunkle Stadt.

Die nächsten drei Tage lag ich mit einer schweren fiebrigen Grippe im Bett und konnte Ursula und Wolfgang nicht benachrichtigen: Ich kannte ihre Familiennamen nicht und hatte mir weder die Straße gemerkt, in der Wolfgang wohnte, noch den Namen dessen, dem die Wohnung in der Prager Straße gehörte. Als ich versuche, trotzdem zu unserem Rendezvous zu gehen, mußte ich schon an der Tür einsehen, daß ich nicht einmal bis zur Straßenbahn kommen würde, das Fieber schüttelte mich wie einen alten Lumpen.

H. sagte, manchmal sei das auch ganz gut, manchmal könne man sich in drei Tagen mehr sagen als dann in dreißig Jahren. Aber das war kein Trost. Sie machte mir also Tee und Grießsüppchen, setzte sich an mein Bett und erzählte mir aus ihrem Leben, bis ich einschlief. Der Arzt kam und ging wieder. »Dann mußt du eben noch ein bißchen länger bleiben«, sagten sie und freuten sich.

ZWANZIGSTES KAPITEL

Flug nach Leipzig

Den ganzen Tag lag ich nun im Bett, war allein in der großen
alten Wohnung, schlief, dachte nach, hatte keinen Hunger und
döste oft stundenlang vor mich hin. Nachts huschten dann meine
Gedanken wie Fledermäuse durchs Zimmer, schienen schaukelnd
am Kachelofen zu hängen und mich verwundert anzusehen.

Warum nur war ich in die DDR gefahren, und warum war ich
denn nicht viel früher in die DDR gefahren? Die Tante besuchen,
gewiß: Die Tante hat niemanden mehr außer uns. Die Kusine
besuchen, auch richtig: Von unserer Seite sind wir die einzigen,
die einzigen Verwandten von der Seite ihres Vaters her. Den
Vater hat sie nie gekannt, der ist brennend mit seinem Flugzeug
ins Mittelmeer gestürzt.

Aber da waren die Eltern schon geschieden.

Es ist sehr schwer, ohne Familie in der DDR zu leben. Aber
mit der Familie ist es auch schwer. Die Familie spielt dort zwei-
felsohne eine andere, größere Rolle als hier. Diejenigen, die dort
geblieben sind, als es noch einen Weg hierher gab, sind oft wegen der Familie geblieben: Weil sie Familie noch ernst nahmen.
Sie brachten es ganz einfach nicht über sich, die Familie zurück-
zulassen.

Mit dem Begriff der Familie ist man konfrontiert, wenn man
in die DDR fährt, denn man darf ja nur zur Familie fahren. Es
sei denn als Journalist, dann fährt man vielleicht zur Schwarzen
Pumpe und dies auch nicht allein.

Oder zur Messe. Mit der Messe hatte es angefangen: Sie gehörte eines Tages zu meinem Beruf – die Leipziger Messe, meine
ich. Es gab natürlich Möglichkeiten, sich zu drücken: Aber ich
merkte bald, daß mich eine Art von Fatalismus, ja Aberglaube
erfaßt hatte. Jetzt sollte es eben sein: Jetzt mußte es sein. Tausendmal hatte ich mich hingewünscht: Jetzt durfte ich fahren.
Warum also nicht fahren?

Im Frühjahr 1971 war ich also zum erstenmal wieder zur
Messe gefahren, die ich zum letztenmal 1949 pro forma besucht
hatte, um meine Mutter »aus der Zone« zu holen. Damals schneite
es, diesmal schien die Sonne. Damals blökten Lautsprecher auf
den Straßen: Diesmal quietschten nur die Straßenbahnen, sonst
war es ganz still. Damals hatten wir alle Hunger: Diesmal hun-
gerte keiner. Damals kam die Verbindung zwischen Leipzig und

München mühselig mit Zügen ohne Fenster und alten Bussen zustande: Diesmal flog ich von Zürich ohne Aufenthalt nach Leipzig, stieg dort in ein Taxi.

Damals glaubte ich, daß ich niemals zurückkehren würde: Diesmal glaube ich zu wissen, daß ich fortan zumindest jede zweite Messe besuche: in Leipzig. Weit über eine Million in der Bundesrepublik ansässige Bürger fahren jedes Jahr in die DDR: zur Messe, zu den Verwandten. Es werden in der Mehrzahl wohl immer die gleichen sein, nicht jedes Mal neue. Von den knapp sechzig Millionen Bundesbürgern kennt etwa eine Million die DDR aus eigener Anschauung, jeder sechzigste, wenn man die Kinder mitrechnet. Die meisten von ihnen haben sicher früher dort gewohnt.

Viele fahren zur Messe, weil das so einfach ist, und weil man sich geborgener vorkommt, weniger einzeln, weniger verloren. Nicht selten werden so die ersten Fäden wieder geknüpft: Die Messe macht Mut. Die Messe absorbiert den Schock des Wiedersehens: Man hat auch viel zu tun, rennt herum, hat Termine.

Aber Leipzig zur Messezeit ist nicht die DDR: Das ist wie eine Neckermann-Reise um die Welt in vierzehn Tagen. Dann hat man die Welt gesehen, natürlich.

Trotz alledem: Ich empfand damals diesen Messebesuch nach zweiundzwanzig Jahren der Abwesenheit als die anstrengendste Reise, auf die ich mich besinnen konnte, nicht zum wenigsten, weil sie mich so plötzlich, so ohne jede Vorbereitung (der Flug von Zürich dauert ja nur achtzig Minuten) mit allem konfrontierte, was ich eben zweiundzwanzig Jahre lang verdrängt hatte. Es traf mich auch ganz unvorbereitet. Ich hatte vorher so viel anderes zu tun, beschäftigte mich ganz und gar nicht mit der DDR. Die DDR: Das war, mehr als alles andere, ein Knödel im Hals. Und mein Heimweh war Kinderheimweh, es überfiel mich plötzlich bei Gerüchen und Klängen ohne Übergang. Zwischendurch dachte ich nicht an die DDR. Vielen geht es so.

Vielleicht aber sollten wir unserer Gefühle Herr werden, um über die DDR klar nachdenken zu können: Das ist jedoch für diejenigen, die die DDR aus eigener Anschauung kennen, ein sehr langsamer und mühseliger Prozeß. Um Außenstehenden zu veranschaulichen, wie eine solche Rekognoszierung in Raten stattfindet, will ich hier, ganz unkorrigiert durch die Erkenntnisse meines zweiten, langen Besuches sechs Monate später, die Notizen über zehn Tage Messe folgen lassen, so wie ich sie mir damals machte, gleich danach. Die Notizen sind sicher deckungsgleich mit denen vieler anderer: Aber in der DDR zurechtzufinden kann man sich, von der Messe aus, nicht. Vieles dagegen, was man auf der Messe erfährt, erfährt man sonst nirgendwo.

Den Messeausweis gab es schon Monate vorher, im Bureau de la Foire de Leipzig, Boulevard Malesherbes. Nichts brauchte der kapitalistische Ausländer vorzuzeigen außer Paß und Carte de Séjour, dann zahlt man fünfzehn Franc, und die Sache ist erledigt. *Der Messeausweis berechtigt zum Visum.* Grund der Reise: Erwerb von Jugendbuchrechten für einen Verlag. Geboren in: Karl-Marx-Stadt. Autorin ist ein schlechtes Wort im Paß, will man in die DDR reisen. Die Dame in Paris übersah es.

»Waren Sie schon einmal in der DDR?« — »Nein.« Das ist die Wahrheit. Im Frühjahr 1949 hat es die Deutsche Demokratische Republik nicht gegeben. Es war die Sowjetische Besatzungszone, aus der wir geflohen waren, Sowjetische Besatzungszone nicht kursiv und ohne Anführungsstriche. Damals war ich mit *zwei* Messepässen gereist, hatte in zwei Tagen die Kontrolle bei Hof zweimal passiert, in verschiedenen Mänteln und Kopftüchern und das erste Mal mit einer Perücke auf dem Kopf. Sie stammte aus dem Fundus des Münchner Prinzregententheaters. Meine Mutter war dann auf den zweiten Paß mit mir zusammen ordnungsgemäß ausgereist. Die Ausweise kosteten schwarz, soviel ich mich erinnere, für jeden zweihundert Mark. An der Grenze war meine Mutter so müde, aufgeregt und traurig, daß ich auch wieder als zwei Personen ausreiste, zweimal durch die Holzbaracke der Kontrolle ging, zweimal, meine Handschrift verstellend, mit fremdem Namen unterschrieb. Draußen im Schneegestöber schob sie sich inzwischen von einer Schlange in die andere: Erst hundert Meter weiter mußten wir beim Einsteigen in den Bus die Ausweise wieder vorzeigen.

Diesmal aber durfte ich die Grenze mit eigenem Paß überqueren, hoch oben im Himmel: *ordnungsgemäß.* Zweiundzwanzig Jahre lag die andere Reise zurück, zweiundzwanzig Jahre, verflogen, durch die Finger geronnen wie Sand.

Ich kenne in Leipzig keinen Menschen, darf aus dem Bezirk Leipzig nicht heraus, bin dort nur zehn Tage lang, die Adressenbücher bleiben in Zürich liegen. In der letzten Nacht kann ich nicht einschlafen, halb vor Freude, halb vor Angst, die in mir tickt wie der Wecker, auf dessen Alarmruf man wartet. »Du brauchst ja gar nicht zu fahren«, sagte eine Schweizer Freundin.

Daß es ganz und gar unsinnig ist, Angst zu haben, sagt keiner. Eine andere ruft an: »Also, wenn dir was passiert, wir kriegen dich schon wieder raus.« Rauskriegen? »At her Majesty's pleasure«, bedeutet auch auf unbestimmte Zeit. »Ich fahre nach Hause«, sage ich. »Ich fahre auf die Messe, um Buchrechte zu kaufen.« Es ist alles ganz klar, ich brauche nicht das geringste zu befürchten. Ich werde nicht einmal fotografieren, und ich kenne in Leipzig niemanden. Was soll denn passieren? Eine hysterische Ziege bin ich. Dann stehe ich auf, gehe leise die Treppe hinunter und hole Schnaps, den ich im Bett austrinke.

Der Morgen ist herrlich.

Unser Flug ist der erste Messeflug 1971, eine Stunde Verspätung, sagt eine Stimme, wir warten, gehen mit dem Hund spazieren, reden dummes Zeug. Endlich wird Leipzig aufgerufen. Drei Frauen unter lauter Männern. Jeder hat wenig Gepäck dabei. Alle sind warm angezogen.

Ich bekomme den letzten Fensterplatz gleich vor dem Düsenmotor. Es ist laut, aber man sieht wenigstens was. Neben mich setzt sich eine Dame im Pelz, ungefähr fünfzig Jahre alt. Noch über Zürich beginnen die Hostessen Frühstück zu servieren. Bei der Verteilung der Schweizer Morgenzeitungen wird uns gesagt, wir müßten sie im Flugzeug lassen, dürften sie in Leipzig nicht mitnehmen. Dann gibt man uns das vierseitige Zollbestimmungsformular. Unter uns liegt Prag, die Maschine neigt sich und dreht nach Norden ab.

Meine Nachbarin hilft mir beim Ausfüllen der Zollformulare, sie spricht nur französisch, ist Pelzhändlerin, fährt nach Leipzig der Geschäfte wegen. Wir reden weiter, ich sehe dauernd aus dem kleinen Fenster und drücke mir die Nase platt, weil irgendwann das Erzgebirge auftauchen muß, der Fichtel- und der Keilberg (damals ahnte ich nicht, daß ich fünf Monate später dort spazierengehen würde). Gerade als wir die zwei schneebedeckten Kuppen weit vor uns entdeckt haben, schieben sich Wolken zwischen oben und unten und noch ehe wir das Gebirge erreichen, ist von der Erde nichts mehr zu sehen, nur blauer Himmel über uns und unter uns Wattebäusche. Meine Nachbarin wird gesprächiger, fällt erst ab und zu ins Deutsche und dann ins Sächsische. Sie fährt nach Leipzig, weil die Urne ihrer neunzigjährigen Großmutter beigesetzt werden soll, die Familie hat gewartet bis zur Messe, damit auch die Westdeutschen dabeisein können. Erst wurde nur französisch, schwyzerdeutsch, englisch gesprochen, jetzt fliegen sächsische Sprachfetzen zu uns her, wir tragen zwar noch immer unsere Verkleidungen, sind Genfer, Pariser, aus London oder New York — aber die Masken sind verrutscht: dahinter Gesichter, Gesichter mit einem unbeschreiblichen Ausdruck von Angst, Traurigkeit, einem Klümpchen Freude darüber, davongekommen zu sein, im Flugzeug zu sitzen und nicht hinter dem Stacheldraht, den Minenfeldern, bewacht von Schäferhunden an Laufdrähten. Wir hier oben haben von allem reichlich, auch von der Freiheit. Wir lesen *Le Monde,* die *Süddeutsche* und die *Times* und überqueren Minenfelder, Stacheldraht und Hunde mühelos, während wir frühstücken, einander Märchen erzählend von Schrauben und Pelzen, die wir kaufen, verkaufen — wir, die wir uns aus schierem Heimweh die Messeausweise besorgt haben oder um Urnen beizusetzen. Aber wir verkaufen auch Pelze und Schrauben, erwerben Buchrechte, erklären Betonmischmaschinen. Messen waren immer schon Rummelplätze: auch die allerfeinsten. Meine Nachbarin sagt: Tauschen Sie möglichst wenig Westgeld. In den Intershops gibt es alles zu kaufen. Sie werden ja sehen. Es gibt Westdeutsche, die fahren mit dem Auto nach Leipzig, um zur Messe billig in den Intershops einzukaufen, Whisky, Gin, sogar Omo. Ich frage sie wegen der Kontrollen auf dem Flughafen. Ach Gott, ist ihre Antwort, manchmal dauere es eine Stunde, manchmal fünf. Werden welche wieder zurückgeschickt? Ja, das sei schon öfter vorgekommen, diese Swiss-Air-Maschine nimmt sie gleich wieder mit. Ob welche verschwinden? Verhaftet oder verhört werden? Das merkt keiner. Sie wundert sich über so viel Unkenntnis. Ich erzähle ihr, daß ich mich auf Leipzig freue, sie greift sich fast an den Kopf. »Nach einer Woche längstens«, sagt sie mir zum Abschied, »wären Sie froh, wieder in Zürich zu sein.« Warum? Wegen des Essens? Der Unbequemlichkeit? »Wegen der Depressionen«, sagt sie.

Wir landen: Der Flughafen sieht aus wie eine Wiese mit einigen Baracken darauf. Es fehlen nur die Schafherden, die auf den Vorkriegsflugplätzen das Gras kurz zu halten pflegten. Er ist nur während der Messe in Betrieb. Die Maschine rollt aus. Hinter einem Zaun winkt eine Familie mit Taschentüchern, meine Nachbarin ist erleichtert: Sie wird abgeholt. Kaum sind wir ausgestiegen, stürzen sich Männer mit Arriflexkameras auf uns, schieben uns zur Seite, laufen rückwärts in leichter Hockstellung. Jemand reicht mehreren Männern in Pelzmützen Blumensträuße in Plastiktüten, die Gruppe verhält, läuft weiter, geht durch eine andere

Tür ins Flughafengebäude, hat Privilegien, konzentriert alle Geschäftigkeit auf sich. »Was war denn das?« frage ich die Pelzhändlerin. Sie lacht. »Eine Delegation natürlich.« Ich komme mir vor wie jemand, der sich in einem katholischen Land nach der Bedeutung der Wasserschalen am Eingang von Kirchen erkundigt. *Wir sind da.* Andere Wirklichkeit umgibt uns. *Delegationen.* Eine neue Welt öffnet sich. Wo hat sie's nur her, die kommunistische Kirche? Wir stellen uns an. Ich schimpfe über Privilegien im klassenlosen Paradies. »So eine Enttäuschung«, sage ich, »ausgerechnet hier muß ich das erleben.« Der Volkspolizist neben uns hört weg. Ich verlese laut die Sprüche an den Wänden; mit ernster Miene. Die Pelzhändlerin setzt ihren Koffer auf meinen Fuß. »Passen Sie bloß auf«, murmelt sie dabei. Aber ich kann gar nicht aufpassen, ich bin betrunken in diesem Theater der grausam-komischen Absurdität, stolpere über die Kulissen, weil keiner die Bühne ausleuchtet, versuche mich zurechtzufinden, indem ich überall anstoße. Wir kommen an ein kleines Kästchen, in dem ein Mann sitzt, der nimmt Paß und Messeausweis entgegen. Dann berühren die Beine eine kleine Barriere in Kniehöhe. Ab und zu geht sie auf, dann läuft man ein paar Schritte bis zum nächsten Kästchen. Wie im Kasperltheater ist oben ein Loch drin, und da sitzt ein Oberleutnant der Vopo. Er wartet auf meinen Paß, von dem nun jede Seite irgendwo zwischen den Kästchen mit den Männern drin fotokopiert wird. Es dauert ungewöhnlich lange. Der junge Vopo-Offizier beißt sich auf die Lippen, ich sehe ihn ununterbrochen an, um mir vorzustellen, was er sich vorstellt. *Was denkt er?* Er denkt vielleicht gar nicht, *er wartet drauf, daß ich etwas sage.* Also sage ich: »Es ist aber kalt hier bei euch in Leipzig.« Er sieht mich an wie jemand, der aus dem Bett gefallen ist. Das Kasperltheater hat sogar einen Vorhang. Seine Hände kann ich nicht sehen, überhaupt kann ich nicht sehen, wie er in meinem Paß rumblättert. Er gibt ihn zurück. Dann sagt er: »Ich wünsche Ihnen eine angenehme Messe.« Ich nehme meine Taschen und trage sie zum Zoll. Der Zollbeamte sieht sich den Paß an, nimmt dann ein Stück der Zollerklärung, stempelt sie, gibt sie zurück. »Haben Sie sonst noch was?« — »Nein.« — »Ich wünsche Ihnen einen angenehmen Messeaufenthalt.« Er nickt freundlich. Ich stehe in Leipzig, bin angekommen. Nichts war bis jetzt anders als anderswo. Auch in London gibt es Männer an kleinen Pulten, die fragen warum und wieso und wie lange. Sie haben einen Stempel, können dich nach

Hause schicken, von Kopf bis Fuß untersuchen lassen, dich einsperren, wenn du auch nur wegen fünf Gramm geschwindelt hast, aus Indien kommst und es sich erweist, daß deine Tante keine Tante, deine Mutter nicht deine Mutter ist. Oder aus Kenia mit einem königlich britischen Paß, der die Protektion Ihrer Majestät verspricht. Dort lache ich darüber, denke, die sehen aus wie Stelzvögel, beziehe das grausame Theater nicht auf mich, habe die Karte bezahlt und sitze im Parterre. Hier lache ich nicht, hier fallen mir die Ausweise aus der Hand, weil meine Angst immer weiter in mir tickt und ich sie nicht abstellen kann wie eine Uhr. Am Schalter tausche ich zweihundert DM um, das Minimum für einen Aufenthalt von zehn Tagen, bekomme Zettel, Stempel. Die am Schalter haben keine Rechenmaschinen, nicht mal welche mit Handkurbeln; sie rechnen mit Beistift und Papier oder im Kopf oder sehen auf Listen nach. Draußen stehen Taxis. Der Fahrer hilft mir mit dem Gepäck, ich setze mich neben ihn. Eine Stunde ist vergangen, es regnet sanft vor sich hin, die Luft riecht gut, gar nicht nach Autos. Das Taxi erinnert mich in seiner gemütlichen Schäbigkeit an Dublin 1949, in den ausgeleierten Sitzen versinkt man. Es gibt keine Zähluhr, der Preis wird aus den gefahrenen Kilometern errechnet. »Die kamen aus dem Schwarzwald«, erzählt der Fahrer. »Jetzt kommen keine mehr. Jetzt wollen sie bei uns auch welche machen, aber da gibt's einen Engpaß. Vorläufig sind keine . . .« Er spricht nicht Leipzigerisch, und ich frage ihn, wo er herkommt. »Aus Dresden.« — »Aus der ganzen DDR«, so sagt er weiter, »kommen die Taxis zur Messe, und die Studenten pumpen sich Autos und fahren auch. *Sehnse!*« Ich sehe zwar nichts außer Regen und Landstraße, aber *sehnse* ist alles und nichts in Sachsen, Vorwurf oder Fragezeichen oder Wortlachen. *Sehnse* . . . Siehste . . . *Nu mehr nich so.* Wir fahren im Tempo 1939, wie an einer Schnur gezogen, wie der Schwan in Lohengrin, *ähnlich* stolz und pappendeckelhaft. Auch der übrige Verkehr fährt so, alle gleich schnell, niemand überholt: wie auf einer Schiene über die Bühne gezogen. Der Fahrer erklärt die Gegend. Sie ist flach wie ein Holzbrett.

Nach einer kleinen Weile kommen wir zu den ersten Häusern, alle vor dem Krieg gebaut, die Fassaden blättern ab, die Dächer sind geflickt. Ganz anders als die Einfahrten nach Paris, München, Hamburg, deren Ringe aus Wohn- und Bürotürmen sich wie stählerne Halsbänder um die Städte legen, eines nach dem anderen, bis vom alten Hündchen nichts mehr übrigbleibt, bis es erschöpft zu Boden fällt und tot ist. Hier hat sich nichts verändert, die Gärtnerei ist Gärtnerei geblieben, der Horizont beginnt über der vierten Etage. Die Dächer sind groß, und unter ihnen hängt man die Wäsche auf. »Nu, zu essen ham mer jetzt genug«, sagt der Fahrer. Aber der Kaffee... das Pfund kostet vierzig Mark. Kaffeesachsen... Die ersten Straßenbahnschienen staksen aus dem Pflaster, wir umfahren sie vorsichtig, kommen in die Stadt, sind schnell am Ausländertreff im Neuen Rathaus, von dessen neumittelalterlichem Turm bunte Flaggen wehen. Dahinter ist der Himmel stahlblau, es hat aufgehört zu regnen. Das Neue Rathaus sieht lustig aus mit den Fahnen, von der Sonne beleuchtet wie von einem Scheinwerfer. Die Fahrt war billig, die Studenten in roten Blazern, die vor der Türe stehen, helfen mir mit dem Gepäck. Das Reglement schreibt die Reihenfolge vor: erst das Quartier finden, dann mit dem Quartierzettel zur polizeilichen Anmeldung, dann mit der polizeilichen Anmeldung wieder zur Quartierdame, um den richtigen Quartierzettel abzuholen. Alles wird auf Listen eingetragen. Bei der Polizei sitzt ein weiblicher Polizeileutnant, den Busen fest in die Jacke gezwängt. Sie sagt kein Wort, nimmt Paß und Papiere, verschwindet. Aber es ist erst 10.30 früh, Samstag vor dem ersten Messetag, eine Weile lang bin ich allein vor den Schaltern. Die Quartierdame fragt mich nach meinen Wünschen. »So nahe an der Buchmesse, daß ich zu Fuß hinlaufen kann.« Sie nickt, geht zu einem Karteikasten, kommt wieder. *Steinstraße* steht auf dem Zettel. Diesmal sitzt im Taxi ein junger Student, der erst auf dem Stadtplan nachsehen muß, wie man zur Steinstraße fährt. Das Auto ist kleiner, Marke Wartburg. Er schreibt sich den Kilometerstand bei der Abfahrt sorgfältig auf einen Zettel, wir tuckern los, am Bayerischen Bahnhof vorbei, der Straßenbahn entlang, halten vor einem Mietshaus, an dessen Fassade noch die Einschüsse der Tiefflieger zu sehen sind. Der Student hilft mir die Taschen in den dritten Stock tragen, ich frage ihn, ob er raucht oder lieber Schokolade ißt. »Schokolade«, sagt er und freut sich über die Toblerone. Wir klingeln, die Tür geht auf, eine Frau sagt: »Na so was, wie geht's denn, wir haben Sie noch gar nicht so früh erwartet«, dann merkt sie, daß ich nicht die bin, die sie erwartet, sondern eine Fremde, und entschuldigt sich tausendmal. »Sie sähn sich so ähnlich«, sagt sie immer wieder, und ich sage, was sie sich nicht zu sagen traut: »...genauso dick?« — »Nu, wenn Se's schon sälber sachen...« Die Kinder quirlen aus den Türen:

Fünf. Frau J. ist ein Schatz, ernst wie ein guter Clown, besorgt um jeden in der Welt. Im Zimmer steht ein großer Berliner Ofen, der wird sofort angeheizt. Im Bett schläft der Teddybär: Noch sind die Zimmer nicht ausgeräumt für die Messegäste. Wer kommt denn auch so früh? Nach einer Viertelstunde sitzen wir und trinken Kaffee und Kognak. Eigentlich dürfen die Kinder die Schokolade gar nicht annehmen: Man hat es ihnen in der Schule verboten.

Im Bad hängt auf der Badewanne in einem Holzgestell die Waschschüssel. Wir sind in den nächsten zehn Tagen zu elft, und keiner war dem anderen je im Wege. Meine Doppelgängerin ist noch nicht da, kommt erst am Nachmittag. Die Wohnung ist sauber, frisch gestrichen, gebohnert, geputzt.

Zehn Tage lang wohne ich dort, mitten in Leipzig.

Das Synagogenkonzert

»Sie müssen sich Karten kaufen«, sagten sie, »wenn Sie in die
Oper gehen wollen, müssen Sie sich gleich heute noch Karten
kaufen, sonst sind die besten schon weg.« Dann erklärten sie mir
den Weg zur Innenstadt: immer geradeaus der Straßenbahn nach
und beim Bayerischen Bahnhof links ab. Oder mit der Straßenbahnlinie 16. An der Straßenbahnhaltestelle standen die Leipziger
mit ihren Einkaufstaschen. Auf Fahrrädern kamen welche mit
Eimern, Pinseln, Brettern und Dachpappe vorüber, die zu ihren
Gartenlauben fuhren. Ab und zu tuckerte ein Auto vorbei: Beinahe alle in der DDR gebauten Wagen sind Zweitakter, brummeln vor sich hin. Die in den Autos fuhren, sahen sehr stolz aus.
In den Heiratsannoncen steht: »Junger Mann aus Hainichen . . .
hat Wartburg.« Wie bei uns nach dem Kriege: »Junger Student aus
München mit Volkswagen sucht . . . Reisebegleiterin.«

Ich habe einen alten Regenmantel an, gelte nicht als Fremde.
Die Straße und ihre Nebenstraßen sehen gleich traurig und grau
aus, nirgendwo zeigt sich auch nur der allerkleinste Farbtupfen.
Die Kinder tragen meist blaue Anoraks, auf den Ärmeln das
Zeichen der FDJ. Die Straßenbahn kommt, quietscht und
kreischt, ihre Scheiben sind ungewaschen, die hölzernen Bänke
abgenutzt. Der Fahrer steht, fährt mit einer Kurbel, Schaffner
gibt es nicht. Ich getraue mich nicht zu fragen, wie man zu einem
Fahrschein kommt: Die anderen gehen zu einem seltsamen Kasten, der aussieht wie selber gebastelt. Im Kasten liegt Geld, aus
dem Kasten ragt das Ende einer Papprolle, die Leute bewegen
einen Hebel. Ich setze mich ohne Karte, sehe zum Fenster hinaus. Wir fahren ein Stück durch die sich verengende Straße. Alte
müde Frauen, die ein Leben lang gearbeitet und noch immer
nicht damit aufgehört haben: So sehen die vierstöckigen Miets-
häuser aus. Die Schilder der Läden sind verwittert, viele Schaufenster vom Schmutz blind. Vor einem Gemüseladen steht: Heute
gibt es Zwiebeln. Auch das Gemüse in den Kisten sieht müde
aus. Die Straßenbahn fährt quietschend in die Kurve, langsam,
vorsichtig, auf ausgeleierten Schienen. Keiner spricht, auch die
Kinder nicht. Ich steige aus, gehe über den großen leeren Platz
zum Rathaus. An einer Ecke steht die Neue Universität, von den
Leipziger Bürgern Professoren-Abschußrampe genannt, weil sie
den Rampen der Mondraketen gleicht. Von weitem sieht sie aus

wie ein Schiffsbug. Ein einzelner Kran führt an der Fassade hinauf. Weil Sonnabend ist, arbeitet niemand.

Was die zerstörten DDR-Städte von den bundesdeutschen unterscheidet: Die Städte im Osten sind *innen* ganz leer, man läuft über große Flächen festgestampfter Erde, auf der verlassen einige Autos herumstehen und irgendwo immer ein riesiges Plakat angebracht ist mit einem Spruch, mit den Köpfen von Marx oder Lenin, Engels oder Ulbricht drauf. Niemand liest sie mehr, nicht die Alten und schon gar nicht die Kinder. Es ist wie mit der Zahnputzmittelreklame bei uns. Der große, leere, festgestampfte Platz vor dem Neuen Rathaus und dem Turm der Neuen Universität gibt der Stadt etwas Unwirkliches, Kulissenhaftes: Als sei ihr Kopf amputiert und nur der Körper lebe weiter. Aber wenigstens hat man keine Triumphbögen, keine Arenen gebaut: Leipzig ist eine würdige, müde alte Frau. Was aber muß das für eine Stadt gewesen sein, die Goethe Klein-Paris nannte? Warum hat man sie hier hingebaut, wo nichts ist, kein großer Fluß, kein Hügel, das Land flach wie ein Holzbrett? Unter allen sächsischen Städten ist sie die einzige ohne Hang, ohne Tal, ohne Aussicht.

Ich bin beim Ausländertreff angekommen, erstehe als erstes die *Times* vom Tage zuvor. O Wunder! Am Schalter für die Theater- und Konzertkarten zerbrechen wir uns den Kopf: Das Programm kann ich nicht mitnehmen, es hängt an einem Bindfaden. Aus zehn freien Abenden werden neun (einen zum Schlafen heute), dann sieben, denn ich buche zwei Busfahrten (nach Dresden und Weimar). Bei drei Tagen fällt mir die Wahl leicht: *Die Zauberflöte* in der Oper, ein Synagogenkonzert im Zoo und das Messekonzert der Thomaner. Bleiben vier Abende, *Boris Godunow*, macht drei. Die behalte ich übrig. Die Karten sind billig, für die Oper ganz besonders: Fünfzehn Mark, Reihe sieben. Dann kaufe ich Führer durch Leipzig, einen Stadtplan, Postkarten. Das Postamt im Ausländertreff ist fast leer, auch die Telefonzellen und der Telex-Schalter. Warum nicht das Telefon ausprobieren? Ich melde Zürich, Paris und Feldafing an, bekomme die Gespräche, noch bevor ich Zeit habe, mir den Stadtplan richtig anzusehen. Wir reden über das Wetter und den Flug, es kostet ganz wenig. Die Frauen an den Schaltern sprechen zwei, drei verschiedene Sprachen, sind freundlich, wie es mir noch nie zuvor an Telefonschaltern begegnet ist. Die Messen stehen wie Sonnen am grauen Alltagshimmel der Leipziger. Es gibt Zwiebeln. Es kommen Menschen, mit denen man sich italienisch, französisch oder englisch unterhält. Zehn Tage lang gibt es ein kleines Loch, durch das man in die Welt guckt. Hören sie mein Sächsisch, so behandeln sie mich wie eine lange verloren geglaubte Schwester, die für einen Tag zurückgekommen ist, die fragen will, sich aber vor lauter Ungewohnheit nicht traut. Wir reden Belangloses, über das Wetter, den Flug? Ein Schatten huscht über die Gesichter der drei Frauen. Von Zürich herfliegen ... nach Zürich fliegen: Das kostet sie, geht es mir durch den Kopf, *das Leben.* Vor mir tut sich eine endlose Leere auf, ich kann nicht neben sie hintreten, ich lebe in einer anderen Welt, auf einem anderen Stern und kann vor Betroffenheit nicht weiterreden. Es ist so unbegreiflich, wie daß einer sterben soll, nur weil er arm ist. Daß es auf einem so winzigen Planeten Grenzen gibt, Wachtürme, daß ich in Leipzig nicht vom Fliegen über die Grenze reden soll, weil es jeden dort traurig macht: Ich muß mich an das alles erst wieder erinnern: hatte es zweiundzwanzig Jahre lang verdrängt. Ich gehe zum Telex-Schalter und gebe ein Telex auf, um zu sehen, wie das funktioniert, bekomme einen Block, schreibe auf einen Zettel, daß ich in die Oper gehen werde. Was sonst soll ich mitteilen?

Beim Rausgehen gibt man mir ein Messeabzeichen und dicke Kataloge und Broschüren. Jetzt habe ich genug, laufe zum Markt, zur Thomaskirche. Die ist zu. Es fängt zu regnen an. Mit dem Taxi fahre ich in die Steinstraße. Der Fahrer sagt: Dort hat Lenin gewohnt. Dort hat Lenin gewohnt? Lenin in Sachsen? In Leipzig? Nicht nur Goethe und Schumann? Der Fahrer sagt: »Wissense, in die Professoren-Abschiedsrampe (er sagt Abschiedsrampe) habn se vergessen, Klos einzubauen. Aber sie brauchn gar geine. Unten rein kommen die Nazis, die sind sowieso schon braun. Und oben rein kommen die Parteigenossen: Die dürfen nicht ausdredn.«

Wir sind in der Steinstraße. Der Kachelofen ist warm. Es ist noch nicht sechs, ich beschließe, ins Bett zu gehen und die dicken Kataloge und den kleinen Führer durch die Messestadt Leipzig zu lesen. Frau J. brät mir zwei Thüringer Würste, *weil ich doch was im Bauch haben muß.* Im Schrank hänge ich meinen Mantel neben die blaue FDJ-Jacke der Tochter, der Teddy ist weg, dafür liegt ein großes Federbett da, alles frisch bezogen, gebügelt. Mir ist zumute wie einem aufgeschlagenen Knie, als müßte ich ohne Haut herumlaufen: Ich kann nicht verstehen, daß ich in Sachsen bin. Ohne mir dafür die Erlaubnis erteilt zu haben, schlafe ich ein, weiß nicht, ob gestern oder heute ist, als ich aufwache. Auf meiner Uhr steht der Zeiger auf sieben. Um sieben bin ich ins Bett gegangen. Seither sind zwölf Stunden vergangen.

Sonntag neun Uhr. *Ich muß zur Messe.* Frau J. hat mir eine große Kanne Kaffee gekocht, daneben stehen Brötchen und ein Teller Wurst. Die Brötchen sind in der Röhre aufgebacken. Frau J. entschuldigt sich. Das Frühstück ist köstlich, ich lese dabei das *Sächsische Tageblatt* vom Sonntag. Dann fahre ich mit der Straßenbahn zur Messe, wieder ohne Fahrkarte, aber mit dem guten Rat, mir für sieben Mark eine Messekarte zu kaufen im Verkehrsamt beim Intertreff. Die Straßen zwischen Bahnhof, Oper und Markt wimmeln von Menschen, alle Geschäfte haben wegen der Messe geöffnet, sind angefüllt mit Waren, die es sonst schwer oder gar nicht gibt. Die Leipziger kaufen ein. Die Innenstadt ist für Fahrzeuge gesperrt, überall wehen bunte Fahnen: wie auf einer mittelalterlichen Messe. Sonst gehen Messen in großen Städten unter: Die Leipziger bestimmt das Leben der Stadt zehn volle Tage lang. Den Studenten gibt man Messeferien, weil ihre Zimmer dringend gebraucht werden, die Leipziger unter ihnen arbeiten als Reisebegleiter, an den Ständen, als Dolmetscher, an den Schaltern des Intertreffs. Ich lasse mich vom Strom treiben, kaufe in einem Warenhaus schönes handgeschöpftes Papier mit dem sächsischen Wappen im Wasserzeichen – so schön, wie ich es mir in Paris nur unter großen Schwierigkeiten beschaffen kann. Dabei kostet es nur ein Viertel davon. Die meisten anderen Dinge sind teuer, teurer und schlechter als bei uns, gute Hemden gibt es kaum, und dann kosten sie das Doppelte. *Fewa* steckt in Kartons, die aussehen, als seien sie vom Krieg übriggeblieben. Das Papier der Schulhefte ist grau. Nein, richtig schlecht ist nichts, und richtig gut ist auch nichts. Die Verarbeitung ist fast immer so, daß kein westlicher Warenhauseinkäufer, auch nicht der aus der hintersten Provinz, das Angebot anrühren würde. Ganz besonders fällt mir das bei den Möbeln auf, die Spanplatten brökkeln, das Furnier platzt weg. Weil ich perfekt sächsisch spreche, fällt es niemandem auf, wenn ich mich eingehend nach Preisen und Lieferfristen erkundige, manchmal bekomme ich sogar Kataloge mit. Die Lieferzeiten bei Möbeln schwanken zwischen drei und zwölf Monaten. In den Reisebüros erkundige ich mich nach Ferienflügen: Die meisten sind ausgebucht. Auch an der Ostsee ist wenig zu haben, vom Schwarzen Meer gar nicht zu reden. Hotelbuchungen für Einzelpersonen sind so gut wie ausgeschlossen, weder im *Elefanten* in Weimar noch in sonst einem mir bekannten Hotel könnte ich unterkommen: nicht als Dresdnerin, die ich vorgebe zu sein. In einem großen Fotogeschäft entdecke ich Dia-Kästen im Glasschrank: Dresden, Leipzig, Karl-Marx-Stadt, Meißen, die Sächsische Schweiz. Das Erzgebirge gibt es nur auf der Liste. Die Serien sind teuer: Als ich aus dem Laden gehe, bin ich um hundert Mark ärmer. Auch Schmalfilme stehen auf der Liste, aber die sind gerade mal wieder im Engpaß stekkengeblieben. Im *Kaffeebaum* setze ich mich schließlich an einen der großen runden Holztische und bestelle Ente mit Rotkohl.

Im *Kaffeebaum* an diesem ersten Sonntag in Leipzig lerne ich eine Familie kennen, die ich Schubert nennen will, obwohl sie nicht so heißt. Die Schuberts müssen lachen, weil ich in den Kaffee im *Kaffeebaum* hineinrieche und ihn dann still weit von mir schiebe. Ich mache aus der Papierserviette für die jüngste Schubert-Tochter einen Frosch, schenke ihr einen Riegel Toblerone, und wir kommen ins Gespräch. Peter Schubert ist ungefähr siebenundvierzig Jahre alt, groß, sehr dünn. Seine Frau gehört zu den schönen Sächsinnen, die auf den Bäumen wachsen. Die Schuberts haben sieben Kinder: Zwei davon sind Nichten, deren Eltern vor kurzem verunglückten. Der älteste Sohn ist gerade mit dem Chemiestudium fertig geworden, eine Tochter studiert Medizin, die anderen gehen zur Schule oder sind dazu noch zu klein. Das alles erfahre ich sehr bald, denn die Schuberts laden mich zum Kaffeetrinken nach Hause ein. Obwohl in einer anderen Himmelsrichtung gelegen, gleichen die Häuser denen der Steinstraße, sind noch etwas älter, abgenutzter vielleicht, aber im Treppenaufgang riecht es genauso, und angemalt ist er im selben Braun-und-Beige. Auch die Schuberts haben Messegäste: zwei Franzosen.

Überall, wo *wir* wohnen, herrscht andauernd wunderbarer Kaffeeduft. Mit den Messegästen ist er in Leipzig eingezogen, mit ihnen zieht er aus den meisten Wohnungen wieder aus.

Herr Schubert arbeitet in der chemischen Industrie, sein Bruder hat was mit Textilien zu tun. Ich bleibe zum Abendessen, nach dem Fußball aus Leipzig wird der Fernsehapparat auf den Hamburger Sender eingestellt, wird nur meinetwegen noch einmal kurz, für die Nachrichten, auf die DDR umgeschaltet. Deutschlands Kinder zumindest sind eine Stunde jeden Abend vereint: Deutschland ist auf die traurig-komischste Weise allabendlich vor dem Fernsehschirm *eine* Familie — aber die weiter östlich Lebenden bleiben ausgeschlossen von dieser seltsamen Kommunikation, bis nach Dresden zum Beispiel dringen die bundesdeutschen Sendungen nicht. Ich bin perplex über die völlige Offenheit und Gelassenheit, mit der ganz Leipzig Durbridge verfolgt, Panorama und die neuesten Omo- und Iglo-Reklamen.

Von meinen vielen Unterhaltungen mit den Schuberts, ihren Freunden und Verwandten will ich erst später berichten: Als ich aber an diesem ersten Abend erzählte, daß ich mich nicht getraut hätte, eine Kamera mitzubringen, holte Herr Schubert seine Exakta und bestand darauf, daß ich sie mitnehme. Damals wußte er kaum meinen Namen und nicht einmal meine Leipziger Adresse. Sein Bruder fuhr mich zurück zur Steinstraße, an Bahnhof und Oper vorbei. Die Stadt sah leer aus mit ihren großen Zwischenräumen, durch die Menschen tröpfelten. Straßenbahnen quietschten langsam vorbei, entschwanden. Der Universitätsturm glich mehr denn je einer Raketenabschußrampe.

Zu Hause wird mir im kupfernen Badeofen mit fünf Briketts ein Bad gerichtet, dann renne ich wieder zur Straßenbahn, erwische noch vor der Haltestelle ein Taxi, fahre zum Zoo, bin türlich . . . na ja, sie wolle ja niemandem wehe tun ». . . aber die ersten und letzten Betrunkenen sitzen, die ich in der DDR sehe. Oben sind die Konzerträume. Im großen Saal findet das Eröffnungskonzert der Messe statt, frisch gewaschen und ernst schreiten die DDR-Funktionäre in schwarzen Anzügen vorüber, kleine Orden und dergleichen auf den Aufschlägen der Jacken, die Damen neben sich. Sie lächeln freundlich, lauter Stoph-und-Honecker-Gesichter: Der gleiche ernste Hintergrund zu jeder Miene, intensiv, beschäftigt, durch und durch integer, *trustworthy*. Man traut sich nicht mal zu denken, daß einer unter ihnen eigennützige Handlungen beginge. Auch die Damen sehen aus, als könne keine je was anderes sein als gut und edel, sauber und fleißig. Sie tragen, was die Bonner Damen in der Mehrzahl zu solchen Anlässen auch tragen, nur um einen Grad provinzieller, aber sonst ebenso, nichts, woran man sich fünf Minuten später noch erinnern könnte. Im anderen Konzert, zu dem ich will, ist das anders: Der Leipziger Synagogalchor und die Mitglieder des Rundfunk-Sinfonieorchesters Leipzig geben ein Konzert mit Synagogenmusik und jiddischen Liedern und Gesängen. Dieses Konzert war nicht nur ausverkauft: Der Saal war zum Bersten voll, wo Menschen stehen konnten, standen welche. Die Luft war bald zum Ersticken heiß. Einer vom Chor fiel um, wurde hinausgetragen.

Eine Musikprofessorin aus Israel sagte mir später, das sei natürlich ... na ja, sie wolle ja niemandem wehe tun ».... aber eben, wie soll ich sagen? Sehr in der Nähe von *Schmalz*.«

Darüber kann man sich stundenlang streiten: Konzertmessen, Kirchenmusik im Konzertsaal — das nimmt kein Ende. Und wenn Nichtjuden jiddisch singen? Oder jiddische Lieder hochdeutsch gesungen werden?

Die Altistin Ingeborg Springer kam von der Deutschen Staatsoper Berlin, der Tenor, Leo Roth, aus Westberlin (so steht es im Programm).

Schmalz war es nicht, nein, aber von der Reinheit der ursprünglichen Fassung und Auffassung war man einen weiten Weg gegangen. Gewiß: Dies war ein Konzert wie kein anderes. Nicht allzu weit von Leipzig entfernt liegt Buchenwald, und die Geschichte ist damit nicht zu Ende. Um mich herum saßen wohl ein Dutzend junge Diakonissinnen, vor mir zwei Nonnen. Neben mir eine alte Jüdin, die beinahe alle Lieder mitsummte und Tränen in den Augen hatte. »Ich werd' verrückt«, sagte sie ein über das andere Mal zu ihrer Freundin.

Dem in diesem Staat praktizierten Marxismus-Leninismus gegenüber sitzen nun alle gläubigen Christen und Juden mit einem Mal im selben Boot. Es war eine wunderliche Zuhörerschaft, eine, wie ich sie nie zuvor und seither niemals mehr erlebt habe. Auf allen Gängen standen junge Leipziger und Leipzigerinnen, manche in Jeans und Lederjacken und mit langen Haaren. Auf den Stühlen saßen Juden und Christen, Marxisten und Kapitalisten und freuten sich, Reinheit der musikalischen Intentionen hin oder her, über ein Konzert, wie es selten zustande kommt. Die tragische Lustigkeit und die ironische Tragik der jüdischen Musik hält der Absurdität der heutigen Welt viel besser stand als vieles, vieles andere. Sie ist auch der DDR angemessener und lüpft für einige Minuten zuweilen, was sich sonst aller Anstrengung verschließt: Geheimnisse um den Sinn und Unsinn der Geschichte. Das Schicksal der Juden, ausgebreitet in so vielen Jahrhunderten, rückt das Schicksal der Deutschen zuweilen wieder ins rechte Lot. Mauer, Stacheldraht, Grenze, Trennung, Teilung, ach ja, nicht wahr? Davon können wir ein Lied singen: Und so singen sie eben davon ein Lied. »Aus meinen großen Schmerzen mach' ich meine kleinen Lieder«, sagte Heinrich Heine; und kleine Lieder aus großen Schmerzen waren das, alle um mich herum wußten es, und auch daß dies eines der wenigen nützlichen

Rezepte für das Überleben ist.

Die meisten waren hergekommen, um sich für den nächsten Tag zu stärken, und den übernächsten. Trost. Wer spricht das Wort noch aus?

Der Leipziger Synagogalchor wurde 1962 von Werner Sandor, Oberkantor der Jüdischen Gemeinden zu Leipzig und Dresden, gegründet. Der Chor ist alle vierzehn Tage in den Sabbatfeiermusiken des Berliner Rundfunks zu hören, und man kann, wenn man Glück hat, Platten von ihm kaufen: Platten, über die Musikprofessoren aus Israel die Nase rümpfen. Sie haben recht, sicherlich. Musik als Trost: Das ist aus der Mode. Das riecht nach Veilchen. Ich rieche Veilchen sehr gern, die echten, die man sich am Waldrand suchen muß, nicht die im Laden angestaubten.

Kummer ist auch ein so dummes Wort: Aber dort in Leipzig fiel es mir wieder und wieder ein, und natürlich beschreibe ich hier irrationale Irrwege, die marxistisch-leninistischen Analysen nicht standhalten. Kummer hat immer Ursache in gesellschaftlichen Mißständen, die nur rational behoben werden können, nicht mit Musik. »*Ana halach dodech* — wo ist dein Geliebter hingegangen?« Ist das überhaupt noch eine Frage, der man sich widmen kann?

In der Pause gingen wir alle hinaus, schon um endlich Luft zu holen, und draußen an den Büfetts mischte sich das Publikum des Synagogenkonzerts mit dem eines anderen Konzerts oder Vortrags, mit den Funktionären in dunklen Anzügen und ihren Frauen mit freundlich-ernstem Ausdruck in den Gesichtern, mit dem richtigen, dem einzig richtigen Ausdruck.

Im zweiten Teil sang Ingeborg Springer ein balladeskes Wiegenlied: Reiter verfolgen ein Kriegsziel, aber sie kamen entweder unterwegs um oder verloren sich auf Irrwegen.

Mit der Straßenbahn fuhr ich nach dem Konzert nach Hause, klebte Konzertkarte, Programm und Fahrscheine in ein rotes Notizbüchel, weil das besser ist, als Notizen aufzuschreiben.

Das Synagogenkonzert hatte mich ratlos gemacht. Zu intensiv waren die Gefühle der Zuhörer gewesen, die es wie ein Dampftopfventil plötzlich entlassen hatte. Unbeachtet im täglichen Leben, scheinen sie sich aufzustauen bis zu einem gefährlichen Grade. Das bedeutet doch sicher nur: Vieles Private hier bleibt ungelöst. Aber schon die Teilung von Privatem und Öffentlichem erkennt der wahre Marxist nicht an, *alles* und *jedes* ist gesellschaftlich relevant. *Ana halach dodech,* wo ist dein Geliebter hingegangen? Und dann, so geht es im Lied weiter, suchen ihn alle im Gewürzgarten.

Das ist nicht produktiv, den Geliebten im Gewürzgarten suchen. Oder doch?

Weil einem wohl dabei ist.

Den Geliebten im Gewürzgarten suchen: eine Idee, die nirgendwohin mehr paßt, nicht in die DDR und nicht in die BRD. Der Ernst der Lage verbietet uns das, wie uns die Vorstellung vom Ernst der Lage vieles verbietet, an das wir gern denken möchten.

Im Messekatalog streiche ich mir alle Verlage an, die ich aufzusuchen beabsichtige: Ich bin sehr gespannt auf die DDR-Verleger und darauf, wie sich diese Buchmesse von der in Frankfurt unterscheidet. Die Frankfurter Buchmesse ist inzwischen volljährig, ist so alt geworden, daß sich eine ganze Generation gar nicht mehr darauf besinnt, wie sie entstand: als Notlösung, als Leipzig-Ersatz. Nun reihen sich in Frankfurt zu Hunderten die Kojen in großen Hallen: In Leipzig hat alles auf vier Etagen Platz.

In der DDR wird viel gelesen: mehr gelesen als bei uns. Der Absatz ist kein Problem, die Produktion wohl. Druckerschwärze und Papier sind rationiert. Die meisten Verlagsprogramme bleiben, was die Anzahl der Titel betrifft, viel kleiner, die Auflagen aber, wenn die nötigen Papier- und Druckerschwärzekontingente vorliegen, steigen oftmals enorm hoch. Soviel weiß man, ohne nach Leipzig zu fahren. Und auch, daß Autoren nur selten auf der Messe anzutreffen sind. Der große Rummel findet nicht statt.

Inzwischen war es eins geworden, auf der Straße fuhren noch immer Messegäste vorbei, Wagen mit Pariser, Londoner und Münchner Nummernschildern. Ich lehnte mich weit aus dem Fenster und sah die Steinstraße hinunter: Die Straße, in der Lenin gewohnt hat, der Mann mit dem kalmückischen Vater und der Mutter deutscher Abstammung, in Astrachan an der Wolgamündung geboren.

Messe

Der nächste Tag, Montag, begann mit einer Katastrophe. Ich hörte es sehr zeitig vor meiner Türe flüstern, bezog das aber nicht auf mich. Beim Frühstück erfuhr ich dann die große Aufregung. Die fünfzehnjährige Tochter war in dieser Woche in der Schule Mädchen vom Dienst (oder wie immer das heißt), *und in ihrem Schrank in meinem Zimmer hing die blaue FDJ-Bluse.* Das Geflüster galt der Frage, ob man mich wecken oder nicht wecken dürfe. Schließlich hatte man sich mit einer blauen Strickjacke beholfen. Beim Kaffee lachten wir über die Aufregung. Sie erzählte mir von einem Messegast, der immer splitternackt ins Bad gerannt sei, und von einem anderen, der eines Nachts ein Mädchen eingeschmuggelt hatte auf seine alten Tage. Die siebenköpfige Familie rückt während der Messen in drei Zimmer zusammen. Das Ganze ist so oft geprobt, daß der Umzug keine Stunde in Anspruch nimmt: einschließlich Schulbüchern und Betten.

Zwischen den Messen liegt jedesmal ein halbes Jahr — doch auch in den Zwischenzeiten gibt es Messegäste: für die Landwirtschaftsausstellung zum Beispiel. Das sind jedoch Inländer oder Gäste aus den kommunistischen Staaten.

Während die anderen Sachsen aus dem kapitalistischen Ausland, aus dem N.S.W., sprich Nichtsozialistischen Wirtschaftsbereich, aus der unerreichbaren Ferne jedenfalls, sorgfältig ihr Sächsisch verbergen, ziehe ich meins hervor, mit Freuden: Die Kinder in der Steinstraße wollen sich totlachen. Einen sächsischen Messegast aus Paris hatten sie noch nie.

Herrn J. sehe ich selten: Früh geht er vor sechs Uhr aus dem Hause, abends, wenn ich komme, ist er im Bett. Seine Frau sorgt für mich wie eine Gluckhenne, daß ich nur ja nicht friere, hungre. Wir sind im gleichen Jahr geboren. Sie ist hübsch, fast immer lustig, mit traurigen Augen hinter den Brillengläsern. Ihre Hände sind rissig vom vielen Waschen, Kohlenholen und Ofenputzen, als ich ihr aus dem Intershop später Nivea und Hautmilch mitbringe, freut sie sich darüber.

Montag. Erster richtiger Messetag. Die Sonne scheint, es ist bitterkalt, der Wind weht aus Osten. Ich laufe zum Markt, bin in einer halben Stunde dort, esse zuerst Würstchen am Stand, wir müssen uns anstellen. Was mir wieder auffällt, ist das Schweigen. Auch an den Tischen, an denen wir unsere Würstchen im Stehen verzehren, redet kaum einer. Es ist eine so trockene Nüchternheit in diesem Alltag, in den Menschen. Die Kinder sehen geschäftig, nicht verspielt aus. Sie stehen um Kartoffeln an oder weil sie die leeren Bierflaschen nur an Montagen und Freitagen zurückbringen dürfen. Aber während der ganzen Messezeit bleibt auch kaum ein einziger Autostern auf seinem Kühler, sorgfältig werden VW-, Opel- und Fordzeichen abmontiert. Von den englischen Wagen kommen die wahren Trophäen, denn es gibt davon so wenige. Messekinder, Messesport. In den Schulen wird es ihnen dreimal ausdrücklich verboten, an ihren Stolz appelliert. Die Kinder erzählen sich das lachend an der Straßenbahnhaltestelle.

Mit Mühe und Not bekomme ich einen detaillierten Aussteller-Katalog für die Buchmesse. »Woher wissen Sie denn, daß es die gibt?« fragt die Frau, die ihn mir unter dem Tisch hervorholt. Er kostete nichts. Die Messeausgabe des Börsenblattes ist dagegen bereits völlig vergriffen.

Am ersten Tag gehe ich nur die Kojen entlang, begrüße Bekannte, sehe mich um, entdecke mein eigenes Buch, das gerade erst herausgekommen ist, auf dem Regal von Bertelsmann. Mit Mühe und Not gelingt es mir, ein Exemplar für eine Stunde aus dem Lager auszuleihen: Von den fünf Stück, die man mitgebracht hatte, war dann am Montagnachmittag kein einziges mehr da.

Vom amerikanischen Stand daneben, der sich auf Fotobücher mit nackten Mädchen spezialisiert hat, ist *nicht ein einziges Buch mehr übrig*. Er wird zugemacht. So viel aktive Nachfrage besteht sonst nur noch bei Fachbüchern. Die Leipziger erzählen uns, daß sie in der Theorie jedes Fachbuch aus dem kapitalistischen Ausland durch Interbuch bestellen können. In der Praxis kommt fast nie eins an, auch nicht in den Universitätsinstituten und bei den Universitätslehrern. Devisen sind knapp.

In den westdeutschen, englischen, französischen Kojen drehen sich die Verlagsangestellten um, wenn sie merken, wie sehr sich einer ein ganz bestimmtes Fachbuch wünscht, wenn er ihnen glaubwürdig versichert hat, er warte seit Jahren darauf.

Die Verlage aus England und der Bundesrepublik, aus Frankreich und Italien wissen, daß die Leipziger Messe heute kein Geschäft ist. Einige kommen aus Freundschaft, aus Tradition, aus dem Wunsche, diese einzige Chance im Jahr wahrzunehmen, die im Käfig besuchen zu dürfen. Andere kalkulieren nüchtern auf Besserung der Umstände, auf ein vom Heute verschiedenes Morgen. Oder doch wenigstens Übermorgen.

Eine strikte Ordnung nach Gebieten oder Ländern gibt es nicht, nur eine ungefähre. Die großen DDR-Verlage und der Dietz Verlag, der Verlag der SED, sind auf einer Ebene, sonst aber finde ich, was ich suche, zufällig. Die Leipziger Buchmesse ist kompakt, ist auf viel beengterem Raum als die Frankfurter Buchmesse untergebracht; hier steht Koje an Koje, manche davon sind nur ganz klein. Bleibt man nirgendwo länger stehen, ist man in längstens einer halben Stunde durch. Auf der einen Etage beginnen hinter den Büchern gleich die Uhren, auf einer anderen das Essen: Käse, Würste, Fischkonserven . . .

Verabredungen für die nächsten Tage werden getroffen. Dann fahre ich mit der Straßenbahn nach Hause, jetzt sehr erleichtert mit einem gültigen Fahrausweis in der Tasche. Während meiner ganzen Zeit in Leipzig bin ich nie kontrolliert worden.

Frau J. gibt mir vom Familiensuppentopf einen Teller voll ab, die Möhren und die Zwiebeln stammen aus dem eigenen Schrebergarten. Ich ziehe mich schon für die Oper um, will am Abend noch mit Freunden essen gehen, dann in die *Zauberflöte*. Wieder auf der Messe angekommen, besuche ich vier Verlage: vier Verlage, so unterschiedlich, wie es in der Bundesrepublik kaum je Verlage sein könnten. Selbst die staats- und parteieigenen Verlage unterscheiden sich im Klima, ja selbst in der Substanz dessen, was Direktoren und Lektoren von sich geben. In den wenigen noch bestehenden Verlagen in Privatbesitz muß mit ungeheurer Konzentration das Richtige getan werden, damit man überlebt, geht man nach jahrelangem Training beinahe schon gelassen auf dem Hochseil. Ist man sehr erfolgreich, so darf das nicht sein, ist man es nicht, so darf das auch nicht sein. Die wenigen privaten Verlegerfamilien sind müde geworden: Ihre Tage sind gezählt. Sie haben zum Teil Erstaunliches, ja Hervorragendes zuwege gebracht: der Weimarer Verlag Böhlau mag als Beispiel für alle gelten. Er wird jetzt in den staatlichen Akademieverlag eingegliedert. An der Beendigung der ersten vollständigen Ausgabe aller Staatspapiere Goethes arbeitet keiner mehr, seit der Professor gestorben ist, der die Ausgabe besorgte. Wissenschaftliche Ausgaben, die keinen Hintergrund zu bilden vermögen für sozialkritische Analysen, ziehen junge Historiker kaum an, gelten als Sackgasse für jede Karriere.

Eine kritische marxistisch-leninistische Untersuchung, Goethe betreffend, müßte diesen aber wahrscheinlich in der Luft zerreißen. Aber Goethe gehört zum Kulturgut, zum Kulturerbe, das es zu bewahren gilt. Nur mit ungeheurem Geschick ließe sich so etwas bewerkstelligen. Und die mit ungeheurem Geschick haben Besseres zu tun, als sich Goethe zu widmen.

Ich gehe erst weg, als die Messe schließt. Erstes Fazit: In den Geisteswissenschaften herrscht Unsicherheit, und je selbstbewußter sich Direktoren und Lektoren geben, desto größer ist die Unsicherheit, die sie detaillierten Fragen gegenüber empfinden. Von einer Krise darf nicht die Rede sein: Also gibt es keine Krise. Auslegungen sind erlaubt, solange sich beweisen läßt, daß die Auswirkungen richtig sind. Die Gespräche sind schwierig, ermüdend, selbst die augenblicklich gültige Parteilinie kann ich nur ungefähr ermitteln.

Bei zwei Verlegern finde ich Bücher, die ich gern stehlen würde. Zwei kaufe ich. Zwei schenken sie mir. Ihnen bedeutet das Büchermachen noch alles. Ihresgleichen ist bei uns längst ausgestorben.

Und zum Schluß: Die DDR-Verlage erweisen sich als die zuverlässigsten Korrespondenten der Welt. Müde, aber froh gehe ich essen, vom Essen langsam zur Oper.

»Nein, nein, das kann nicht sein . . .«

Die Leipziger Oper: Nun ja, schön ist sie gerade nicht. Direkt häßlich auch nicht. Ein wenig erinnert sie an Hitler und Speer, ein wenig an Stalin und seine Architekten. Das Ganze verwässert. Die DDR-Architekten können inzwischen *viel* besser bauen.

Bequem ist sie wohl. So viele Garderoben und Garderobieren, daß sich niemand drängelt. Platz zum Sitzen und Vorbeiquetschen. Ein bißchen zu breit im Verhältnis zur Tiefe — aber das sind viele Opernhäuser. Gespart worden ist nicht. Man verbaute ja auch die von den Dresdnern für ihre Semperoper gesammelten Groschen gleich mit (etliche Millionen, heißt es). Die Dresdner sind darüber sehr böse.

Drumherum ist viel Platz, gegenüber wird das neue Universitätsviertel gebaut. Steht man mit dem Rücken zur Oper, sieht man eine riesige Baustelle, an deren Ende die Professorenabschußrampe: das Universitätshochhaus.

Warum man in der Leipziger Oper eher das Gefühl hat, in einer Provinzoper zu sein, kann ich nicht genau sagen — aber es ist ja im Grunde genommen auch eine Provinzoper. In der Bundesrepublik gibt es entweder nur Provinzopern oder viele Hauptstadt-Opern, München, Hamburg, Stuttgart zum Beispiel. Die Mailänder Scala steht, genaugenommen, in der Provinz. Die Pariser Oper wirkt seit Jahrzehnten wie eine Provinzoper, ist es aber nicht.

Zweierlei gibt den Ausschlag: die künstlerische Qualität des Gebotenen und das Publikum. Nicht der Preis dessen, was es trägt, sondern, irgendwie, die Gesichter. Das Leipziger Publikum war wohlerzogen, frisch gewaschen, hatte das Beste an. Provinziell wirkte es trotzdem nicht, siedelte irgendwo im Nirgendwo-Land. Es ist sehr schwer zu beschreiben. Man saß pünktlich auf seinem Platz: Das Haus war voll.

Es dirigierte Hans-Jörg Leipold, inszeniert hatte Hans Rückert, Nationalpreisträger. Es spielte das Gewandhausorchester, noch immer eines der besten Orchester der Welt. Ich ging nach dem ersten Akt nach Hause. Nicht daß es eine ganz und gar schlechte Aufführung gewesen wäre. Es war vielmehr *unerträgliche*, tiefste, allerhinterste Provinz. Ein hervorragendes Orchester, bis zum Einschlafen von seinem Dirigenten verschleppt, der nicht in der Lage war, es zusammenzuhalten. Alles sang, wie es gerade ging.

Meist auseinander. Übrigens wurden ausgerechnet in der Stadt der Thomaner die drei Knaben von drei Frauen gesungen!

Die Pamina, die blutjunge Eva Sandor von der Staatsoper in Budapest, wird sicher sehr bald zu den besten Sängerinnen dieses Jahrhunderts zählen — sie sang, spielte und war wie ein Engel, der sich verlaufen hat. Ab und zu konnte sie das Lachen kaum noch mit Anstand verbergen. Das Ganze war aber auch zu komisch. Pamino: klein, fest und mit einem solchen Hohlkreuz, daß sein kugeliger Hintern wie ein Entensterz in die Höhe stand, weil er aus lauter Eitelkeit seinen Gurt viel zu fest gezogen hatte. Singen tat er auch nicht über die Provinz hinaus. Dem nationalpreistragenden Sarastro fehlte jegliche Kraft, es klang, als hätte er Urlaub vom Altersheim. Die drei Damen der Königin kamen in spitzenbesetzten, glänzenden Satinnachthemden auf die Bühne geschritten. O Plauen, liebstes Plauen mein! Sie sangen und spielten *hochdramadsch,* wie wir Sachsen es nennen, ihre Pfeile schwirrten los, der auf Tüll projizierte arme Drache wand und bäumte sich: Dann war er mausetot.

Mama mia, welche Kraft im quellenden Arm und Busen.

Zur Inszenierung (aus dem Programm): »Eine solche Interpretation ... soll dem Geschehen die Weite und Dynamik geben, welche aus jedem Takt der Mozartschen Musik spricht und in einer traditionell geformten starren Szenerie beengt wird.« Deshalb wohl auch sprang der kleine Pamino unentwegt und donnernd auf die hölzernen Felsen, rauf, runter, rauf.

Zwischendurch wagte ich manchmal einige Takte lang zu hoffen: Und wenn wir Eva Sandor hörten, war, alles, alles vergessen. Jedesmal aber, wenn sie gerade dabei war, alles Gerümpel mit einer einzigen Handbewegung von der Bühne zu fegen, fingen sie der Dirigent und das Orchester wieder ein. *Ätsch, wir haben dich,* schienen die einschlafenden Musiker zu sagen — dir soll es auch nicht besser gehen als uns, saßen sie doch selbst allesamt in schweren Ketten.

Und deshalb brachte ich es nach der Pause nicht übers Herz, wieder hineinzugehen. Ich weiß, ich bin ungerecht. Aber ungerecht muß man manchmal sein dürfen, wenn man so traurig ist. Lachen durfte ich ja auch nicht.

Was mich beeindruckte, war die kollektive Reaktion aller Leipziger, denen ich von meinem Abenteuer in der Oper berichtete. Es tat ihnen leid, ja sie schämten sich geradezu, so als könnten sie was dafür. Es ist *ihr* Orchester, *ihre* Oper — in Dresden wie in Leipzig ist das so. Das ist keine Frage des einfachen Prestiges — das ist viel mehr. Der einzelne fühlt sich unmittelbar betroffen, so, als trüge er für die Musik in seiner Stadt die persönliche Verantwortung.

Noch schlimmer war es dann beim Bachkonzert der Thomaner — dem großen, stets lange vorher ausverkauften Konzert der Messe. Der Bruder des verstorbenen Leiters des Dresdner Kreuzchors, Professor Mabersberger, leitete das Konzert.

Wie liebeskranke Katzen jammerte am Ende alles durcheinander, keiner wußte mehr, ob er lachen oder weinen sollte. Zwischendurch segelte kühn und elegant und sicher der Organist wie durch ein von Stürmen aufgewühltes Meer, in dem jede Woge quer gegen die nächste anrennt.

Das hat die arme, alte, liebe Thomaskirche nicht verdient, die jetzt in grellem Licht erstrahlt und in grauer Klofarbe zum Abwaschen glänzt. Nein, du lieber Gott, das alles hat sie nicht verdient und der Herr Bach auch nicht. »Die guten Sänger«, sagte man mir, »gehen gleich weg, nach Berlin. Und dann gehen sie auf Auslandstournee. Und dann kommen sie womöglich nicht wieder.«

Aber die Leipziger und Dresdner Orchester und Chöre: Jeder, der mit ihnen singt oder sie dirigiert, kommt voller Begeisterung zurück. Es ist gar keine große Malaise, nur eine kleine. Es wird wieder anders werden. Darin waren wir uns alle einig, darauf erhoben wir unsere Gläser. Dieser Sache wenigstens, dieser einen, schienen wir uns allesamt gewiß. So saß ich dann eben mit meinen Freunden zusammen und trank, und die anderen sangen drüben in der großen neuen Oper:

»Ach helft!« war alles, was sie sprach:
Allein vergebens war ihr Flehen,
Denn meine Hilfe war zu schwach ...
So lebet wohl! Wir wollen gehen,
Lebt wohl, lebt wohl! Auf Wiedersehen!«

Glaskugeln

Bald werden wir alle nach Dresden fahren dürfen: Wir gehen in München, Hamburg oder Frankfurt in ein Reisebüro und buchen pauschal Hotel, Reise und Exkursionen. Dann fahren wir nach Dresden, wie wir schon lange nach Warschau, Moskau, Prag, Budapest oder Sofia fahren — als Touristen. Auch öfter als einmal im Jahr dürfen wir bald in die DDR fahren, zur Baumblüte und zum Skilaufen zum Beispiel. Wir fahren dann in ein Land, in dem auch Deutsch gesprochen wird: wie nach Österreich oder in die Schweiz, aber wo doch alles anders ist und uns die Atmosphäre mehr an Prag oder Warschau oder Budapest erinnert.

Der Tag, von dem an wir alle in die DDR fahren dürfen, jeder Deutsche hier nach dem Deutschland dort, wird ein sehr wichtiger Tag in der deutschen Geschichte sein, obwohl sich kaum sagen läßt warum. Er wird, nicht zum wenigsten, eine Art Probezeit einleiten. Was uns verbindet, was uns trennt — es wird sich zeigen. Wie schnell sich aber Umstände ändern können: Wie schnell eine neue, gänzlich andere Atmosphäre entstehen kann, die letzten Endes ein ganzes Volk betrifft, in der es erst lernen muß, sich zurechtzufinden — das hat sich in einem einzigen Frühjahr gezeigt. Das Frühjahr 1972 war Zäsur ohnegleichen. Verdrängt in den dunkelsten Winkel des Bewußtseins, existierte die DDR kaum noch im Leben der Westdeutschen. Nun ist sie wieder da, neben uns, erreichbar. Das Schlimmste, der Alleinvertretungsanspruch, ist gefallen. Die Menschen dort sind auch Menschen, auch Deutsche. Die DDR ist kein Land in unseren Träumen, in dem sich nichts geändert hat, auch kein Alptraumland mehr. Die Veränderung ist viel größer, als wir bis jetzt übersehen und ermessen können.

Es besteht bei den meisten von uns ein Nachholbedarf von siebenundzwanzig Jahren: Wir müssen im Geiste nachvollziehen, was dort alles passiert ist in dieser Zeit, in diesem Vierteljahrhundert. Das ist es, was den Westdeutschen bevorsteht: Von Trümmern, Rauch, Brand, Mord und Totschlag, von dem, was man im Ohr hat, und von der großen, überwältigenden Angst, die man noch im Bauch hat, muß sich jeder selbst seinen Weg suchen in die heutige Realität, zu den Menschen und Häusern, zu den Gedanken und Gefühlen und der Welt ihrer Ursachen. Das ist ein Weg, den keiner in vierundzwanzig Stunden be-

wältigt, auch wenn ich das damals bei meinem ersten Besuch in
Dresden glaubte. Diese Reise war ja viel weniger eine Reise im
Raum als in der Zeit. Und deshalb habe ich auch dieses Kapitel
stehengelassen, wie es geschrieben wurde: um die Veränderung
sichtbar zu machen.

Ich dachte später immer: Vielleicht ist Dresden gar nicht so
schön. Vielleicht habe ich das nur so vor mich hin geträumt:
Kinderträume. Vielleicht lag es nur am Großvater.

Der Großvater war Professor an der Kunstakademie. Vom
Fenster aus beobachtete ich in den Ferien die Brühlsche Terrasse,
den Fluß, die große Augustusbrücke, vor der ich Angst hatte,
das Schloß, die Hofkirche, die Vögel, die Menschen, die Schiffe.
Abends sah das aus wie in kobaltblaue Tinte getunkt, kaum noch
erkennbar: nicht schwarz, sondern ganz blau. An solchen Abenden hatte ich Dresden so gern, daß ich es am liebsten gegessen
hätte. Dann sagte ich zu meinem Großvater: »Ich möchte Dresden heiraten.« Der Großvater sagte: »Ja, das ist eine gute Idee,
schade, daß sie mir nicht selbst beizeiten gekommen ist.«

Dort, an der Elbe, habe ich gekreiselt, Murmeln gespielt,
Lakritze gegessen (Bärendreck sagt man in Sachsen), mir die
Kleider schmutzig gemacht. Die Brühlsche Terrasse war, wenn ich
den Großvater besuchte, mein Kinderzimmer. In Dresden ging
ich nie zur Schule, Dresden bedeutete Ferien, Elbdampferfahr-
ten, Pferderennen, Tennisspielen, Musik, Blutwurst mit Paprika
im Atelier: Dresden war das große Fest meiner Kindheit. Am
Tag vor meiner Abreise sagte meine Stiefgroßmutter: Sie sieht
aus, als müßte sie morgen in den Krieg. Im Zug heulte ich dann
vor mich hin.

Eines Tages zog der Großvater auf den Berg nach Loschwitz,
wo man vom Klo aus auf Elbe und Stadt hinunterblickte, und
am Abend wartete ich wieder stundenlang auf die wenigen Minuten, in denen alles in blauer Tinte versank — aber es war niemals mehr dasselbe, es war nun jedesmal nur noch ein schönes
Bild im Fensterrahmen. Unten aber hatte ich alles selber ange-
faßt, manchmal war es kalt, manchmal von der Sonne warm:
Schloß, Hofkirche, Oper, Zwinger. Nur unten bestand die Elbe
aus *richtigem* nassen Wasser, ich hatte es *gehört,* wenn die Raddampfer anlegten, man *roch* den Fluß und *er bewegte sich unablässig.* Bis zum Italienischen Dörfchen mußten wir nur einige
Schritte weit gehen, und im Italienischen Dörfchen gab es Ragoût
fin. Das ißt man über, neben der Elbe. Die Elbe war die erste

Freundin, mit der ich mich über meine ganz großen Sorgen unterhielt.

Nichts kennst du wieder so gut: Die Steine und die Fugen zwischen den Steinen, den Geruch des Ragoût fin im Italienischen Dörfchen, auf das die ersten Zitronentropfen fallen, die Zehen der steinernen Frauen und die losen Steine am Flußufer. Die vielen Zeichen, nach denen Kinder die Entfernungen messen: ein Tor, eine Ecke, ein ganz bestimmter Pferdehuf auf dem langen Fries am Schloß, der Zug der sächsischen Fürsten, Kurfürsten und Könige auf Kacheln der Meißner Manufaktur.

Nie wieder begegnet uns eine Stadt wie in der Kindheit, als wir alles aus der Rocksaum-, der Tischhöhen-, der Fensterbrettperspektive entdeckten. Nie wieder berühren wir die Brühlsche Terrasse, die Oper, den Zwinger, das Schloß, die Elbe so, daß wir es nie mehr vergessen können. So nahe, so nackt, so unbegreiflich wie die erste fremde Stadt einem Kind ist uns erst wieder der erste Geliebte neben uns im Bett, dessen Augenbrauen, Lippen, Ohren wir mit dem Finger nachziehen, auf dessen Bauch wir Landkarten malen, um zu erklären, wo wir mal gewohnt haben, mit dem wir kichern über was-weiß-ich. Nichts bleibt davon zurück außer einem Gefühl. Ich habe über Dresden nie nachgedacht, denn für mich war diese Stadt unwiederholbare Glückseligkeit. Ich kannte in Dresden niemanden außer dem Großvater, Tante Berta, seine Frau, Tante Mila, die Stiefschwester meiner Mutter, Tante Lotte. Nichts tat mir dort weh, mit niemandem stritt ich, und niemand stritt mit mir. Dresden war für mich wie ein großer dunkelblauer Pelerinenmantel, den man eines Tages auf dem Boden in einem der alten Koffer oder in einer Kampferkiste entdeckt und den man dann nicht mehr hergibt, gar nicht mehr hergeben *kann*, über dessen Tuch man hinstreichelt, in den man sich einwickelt, um im hellen Licht zu schlafen, wenn man's nicht darf, in den eingewickelt man dann aber gar nicht schläft, sondern vor sich hin träumt.

Das alles war Dresden. Damals wußte ich nicht, daß der Großvater auf den Berg gezogen war, weil man ihm erst die Professur, dann das große Atelier, dann das kleine Atelier genommen hatte, ihn schließlich mit einem Arbeitsverbot belegte. Der Großvater hat mir nie ein Wort davon gesagt. Man hatte erwartet, er würde sich scheiden lassen von meiner Stiefgroßmutter, einer so schönen Frau, daß ich mich kaum getraute, mit ihr zu reden. Je älter ich wurde, desto mehr Zeit hatte also der Großvater und

desto kleiner waren seine Ateliers. Zwar riß man nicht die Denk-
mäler ein und auch nicht die Figuren von der Galerie des Dresdner Rathauses herunter, aber offiziell war er eben tot, und seine
Tochter Mila durfte den Mann, den sie liebte, nicht heiraten.
Vielleicht machte auch diese Traurigkeit, von der man mir
nichts sagte, die aber im Haushalt meines Großvaters andere
Proportionen schuf, für mich aus Dresden einen besonderen Ort.
Weil der Großvater eben viel Zeit hatte, zeigte er mir die Stadt
und die Bilder in den Galerien, wir gingen in die Oper, in die
Konzerte des Kreuzchores, aßen Ragoût fin an der Elbe, fuhren
auf ihr mit den weißen Raddampfern auf und ab und aßen
Zitronencremetorte im Café Kreutzkamm. Er zeigte mir Pillnitz
und die anderen Schlösser und Schlößchen und vor allem die
Gärten und in den Gärten wieder die Rosen, an denen wir beide
sehr hingen.

Viel später mußte ich eines Tages meine Schwester von Dresden nach Chemnitz heimbegleiten: Es war ihre erste große Auto-
fahrt, siebzig Kilometer Autobahn; wir machten das Verdeck auf
und sangen, was uns einfiel, um nicht einzuschlafen. Nach Dresden war sie gefahren, weil sie ihr Tanzstundenherr zum großen
Maskenball der Akademie eingeladen hatte. Er hieß Lothar
Günther Buchheim, war damals ein armer hochbegabter Maler
und ist heute ein sehr reicher Mann. Meine Mutter hatte ihn einmal, wegen seiner etwas ungewöhnlichen Manieren, mit einem
Schimpfnamen belegt, den er ihr nie verzieh. Ich erschrak über
seine laute Stimme, aber er gehörte mit seinem Halbbruder fast
zur Familie, und meine Mutter setzte damals großes Vertrauen
in sein Talent, von dem sie heute meint, er habe es verkauft.
Meine Erinnerungen an diese Stadt fallen so dicht wie Schnee-
flocken, man kann sie nicht mehr zählen, nicht mehr ausein-
anderhalten, sie sind alle gleich groß und schwerelos. An die
Tante, die auf einem Elbdampfer plötzlich Blumen zu pflücken
begann, womit sich, so erzählte man in der Familie, die einsetzende geistige Umnachtung zum erstenmal manifestierte. An
eine andere Tante wieder, die ich noch gesehen habe; sie verlor
ein Auge, als die Pferde scheuten und die Kutsche umkippte, die
man gerade auf die Elbfähre laden wollte. Unzählige Familien-
geschichten hatten mit dieser Stadt und mit diesem Fluß zu tun,
an dessen Ufer ich mit einem Tanzstundenherrn spazierenging,
sieben Tage bevor die Stadt verbrannte.

Als ich mich sechsundzwanzig Jahre später in Leipzig erkundigte, ob ich nach Dresden fahren dürfte, hatte ich die Stadt ebenso lange nicht mehr gesehen, hatte sie zuletzt nur noch als einen Feuerball, als einen riesigen Rauchpilz, eine schwarze Wolke am Himmel in Erinnerung. Das allerletzte, was sie mir auf den Weg aus der Kindheit mitgegeben hatte, war der Geruch der ungezählten Leichen, die man auf den Plätzen verbrannte, auf denen ich gespielt hatte. Dresden verbrannte, aber ich brauche nur die Augen zu schließen, und es steht da, unversehrt, ist warm und kalt, hell und dunkel, die Kastanien haben Knospen oder stehen entlaubt, wir gehen in die Oper, ich schlafe in der Oper ein, ich höre alles, was zu dieser Stadt gehörte: Solange ich lebe zumindest, gibt es ein Dresden, das nicht abgebrannt ist, in dem keiner gestorben ist, auch der Großvater nicht und seine Frau, von der er sich nicht scheiden ließ, auch dann nicht, als man ihm deswegen das verbot, wobei er am glücklichsten war. Unter den Denkmälern, die er geschaffen hat, war auch ein todtrauriger Soldat, einer, der seiner Traurigkeit kaum standhalten kann. Vom Kopf hatte die Meißner Manufaktur einige Kopien gemacht, eine davon stand auf meinem Schreibtisch.

Das Mädchen im Ausländertreff zwinkerte mir zu, als ich sie auf sächsisch fragte, ob man nach Dresden fahren dürfe. Sie bot mir eine Reise an, über Meißen, im Bus, »wenn genug zusammenkommen«. »Aber«, so fuhr sie fort, »der Dresdner Bus ist eigentlich immer ausverkauft, da haben wir keine Schwierigkeiten.«

Ich bezahlte vierzig Mark, trug mich als erste in die Liste ein: Meine Reise nach Dresden war gebucht. Weimar und Erfurt gab es noch, Moritzburg und Potsdam waren abgesagt, *wegen mangelndem Interesse.* Über Moritzburg war ich sehr traurig, denn dort hatte eine Tante gewohnt (vielleicht wohnt sie noch dort), die ich sehr gern hatte. Diese Tante konnte gleichzeitig komplizierte Muster stricken und lesen — was mich ungeheuer beeindruckte. Erst viel später, in England, erfuhr ich, daß sie forschte, Viren oder Hormone oder so etwas, und ein wichtiges Buch geschrieben hatte. Einmal fragte ich sie: »Warum hast du denn nicht geheiratet?« Sie sah ganz erstaunt von Strickerei und Buch auf, überlegte eine Weile und sagte dann: »Ich glaube, das habe ich vergessen.« Damals war sie noch nicht dreißig Jahre alt, aber sie hat es dann auch später wieder vergessen.

Dreimal fragte ich das Mädchen im Ausländertreff, ob ich denn wirklich nicht nach Moritzburg fahren dürfe, bis sie mich ganz erstaunt ansah, denn ich konnte ja die durchgestrichene Ankündigung auf dem Plakat neben ihr klar und deutlich sehen. *Findet nicht statt,* stand noch extra dahinter. Aber das Mädchen blieb freundlich, wurde eher noch freundlicher. »Sie müssen pünktlich sein«, sagte sie, »sonst fährt der Bus ohne Sie ab.«

Ich war eine Viertelstunde zu früh da, es nieselte vor sich hin. Nach und nach entdeckten sich die Ausflügler gegenseitig, erkannten sich an ihrer übergroßen Ängstlichkeit, nur ja *diesen* Bus nicht zu versäumen, jeden anderen, *nur diesen nicht.* Der Bus kam ganz pünktlich, er sah aus wie Busse bei uns auch; hier aber galt er als besonderer Bus, für Ausländerdelegationen reserviert. Eine Leipzigerin fungierte als Reisebegleiterin, sie war Studentin an der Universität oder mit einem Studenten verheiratet — ich habe das wieder vergessen. Sie war jung und hübsch und anfangs sehr nervös. Dies sei das erste Mal, erzählte sie uns später, daß sie bundesdeutsche Bürger zu begleiten habe, sonst waren es immer Delegationen aus den Ostblockstaaten oder den Entwicklungsländern. »Das verwirrt mich so«, sagte sie, »Sie wissen ja alles so viel besser als alte Dresdner, aber von vielem haben Sie dann doch wieder keine Ahnung.«

Es saßen, abgesehen von einigen angeheirateten Ausländern, nur Deutsche im Bus. Das gleiche Spiel wie im Flugzeug wurde feierlich zelebriert, man war Österreicher, Kanadier, verkaufte oder kaufte auf der Messe Schrauben oder Pelze. Man fuhr nach Dresden, weil man so viel von dieser Stadt gehört hatte. Man tat blasiert und war doch innerlich aufgeregt, weil fast für jeden im Bus Dresden etwas ganz und gar Persönliches bedeutete: Man war dort geboren oder aufgewachsen oder zur Schule gegangen, die Tante wohnte da oder man hoffte, Freunde wiederzutreffen. Vier Apostudenten wollten die Zerstörung sehen. Jeder hatte sich etwas ganz Bestimmtes vorgenommen, außer dem Grafen. Der Graf fuhr aus allgemeiner Neugier mit, er fuhr so, wie die Engländer auf die Grand Tour gegangen waren, oder Goethe nach Italien. Wie die Engländer vor zweihundert Jahren gab er dann auch den Klofrauen und Garderobenfrauen in Dresden, zwei Mark anstatt zwanzig Pfennige. Die wußten dann nicht mehr, wo sie hingucken sollten.

Aber ich darf die Zeit nicht so sehr raffen: Noch haben wir uns im Bus nicht hingesetzt, noch ist er nicht abgefahren. Draußen nieselt es, und das Armaturenbrett, stelle ich fest, ist mit Wimpeln, Plaketten und anderen Andenken aus aller östlichen und entwicklungsbedürftigen Welt geschmückt, nur eben nicht mit solchen aus München, Hannover oder Hamburg. Die Fahrer kommen aus Weimar, der Bus wurde von dort für die Messe gestellt. Zwei Fahrer sind Vorschrift für die Reise von Leipzig über Meißen nach Dresden, neunzig Kilometer hin, neunzig Kilometer zurück: Sie wechseln sich ab. Das alles sagt uns die Reiseleiterin, dann sitzen wir, fahren schließlich aus Leipzig heraus, durch eine Gegend, die ich nicht kenne: Neubauten, Wohnblocks, sie könnten überall stehen, in Hamburg oder Lyon oder Mailand oder Glasgow, so langweilig, daß mich bei dem Gedanken, ich müsse drin hausen, Bauchkneifen ankommt. *Lieber Kachelofen und Schäbigkeit,* denke ich mir. Aber die Reiseleiterin erzählt uns auf eine Frage, daß auch diese neuen Wohnungen mit Öfen beheizt werden. *Braunkohlenbriketts sind die Sieger in der DDR...* Dann ist Leipzig zu Ende, und mitten in der Landschaft hängt ein Stück Autobahn in der Luft. »Das sind die ersten vierzig Meter Autobahn, die nach dem Kriege bei uns gebaut wurden«, sagt das Mädchen, »von Leipzig nach Dresden.«

Der Bus holpert über die Landstraße zwischen den Chausseebäumen, wartet auf einen Lastwagen, der entgegenkommt, um einen Radfahrer zu überholen. Die Saat ist einige Zentimeter hoch, teils steht sie unter seichtem Wasser. Die Felder sehen weder gepflegt noch ungepflegt aus. *Die Felder sind hier größer geworden,* fällt mir ein, seit man die Bauernhöfe zu Genossenschaften zusammengeschlossen hat. Die Erde ist flach, viele von den kleinen Wäldchen, die man früher für die Jagd angepflanzt oder stehengelassen hat, gibt es anscheinend nicht mehr, vielleicht aber war das nur im Süden Sachsens so, vielleicht gab es sie hier auch früher nicht. Die Dörfer sehen aus wie vor dreißig Jahren, die alten Frauen in ihren selbergestrickten Strümpfen auch. Manchmal laufen Hühner und Hähne auf der Straße herum, rennen kurz vor dem Bus auf die andere Seite. In einer Wiese stehen zwei Ricken, sie beachten uns nicht. »Wer geht denn jetzt hier auf die Jagd?« frage ich das Mädchen. »Jeder kann das«, sagt sie, »meistens gehen die Genossenschaftsbauern selber.« Ich frage: »Wenn ich jetzt hier Dorfschullehrerin wäre, könnte ich mir ein Gewehr kaufen, die Prüfung machen und auf die Jagd gehen?« Das Mädchen denkt nach. »Ich meine«, frage ich weiter, »hat jeder das Recht, auf die Jagd zu gehen? Auch der Busfahrer hier?« Die Busfahrer grinsen, sagen aber kein Wort. Dann möchte ich gern wissen, wo es Waffen zu kaufen gibt und wie Waffen und Munition aufbewahrt werden. Zu Hause? Aber das denke ich schon nur noch so vor mich hin. Inzwischen fahren wir an russischen Kasernen vorbei. Einer fragt: »Sind das russische Kasernen?« Das Mädchen: »Ja.« Neben den Kasernen stehen die Panzer, und mir, und allen anderen wahrscheinlich auch, fällt dabei die Tschechoslowakei ein, das ist so ein Gedanke, der bleibt wie eine Klette hängen ... Für eine Weile ist es ganz ruhig.

Das Mädchen erzählt uns vieles: von den kleinen Städten unterwegs, den Industrien in den Städten, der Geschichte, von Napoleon und dem Dreißigjährigen Krieg, von alten Brücken, über die wir langsam und vorsichtig fahren. Plötzlich fließt neben uns die Elbe, so plötzlich und leise, daß ich darüber erschrecke. Die Elbe ist kleiner geworden, weil ich inzwischen größer geworden bin, oder vielleicht auch, weil ich inzwischen den Ganges gesehen habe und den Mekong und die anderen riesigen Ströme in Asien und Amerika. Aber ich starre durch die regenbeworfene Scheibe wie gebannt, nicht auf einen Fluß, sondern auf eine Freundin, die einzige unter allen Freundinnen, die nicht älter geworden ist.

Neben dem Fluß geht noch immer ein Pfad entlang, auf dem Fluß fahren zwei große Elbkähne. Die Böschungen sind mit Sträuchern und Mischwald bewachsen oder laufen flach in Elbwiesen aus.

Das Heu habe ich neben dir gemäht und bin dann nackt in dir geschwommen, weil die Hitze auf den Wiesen so unerträglich war.

Ich wollte auf dir Schlittschuh laufen, aber du bist nie richtig zugefroren für mich.

Wir haben darauf gewartet, daß die Russen an deinem rechten Ufer stehen bleiben, nicht übersetzen, nicht kommen, nicht von uns Besitz ergreifen ...

Im Badeanzug habe ich die Pferde abends an deinem Ufer in die Schwemme geritten, mit einem großen Schwamm ihnen die Nase und den Hintern geputzt, dabei ging oft die Sonne langsam unter, und du sahst purpurrot aus, manchmal nur drei Atemzüge lang, bis alles verlosch, erst grau und dann tintenblau wurde.

An deinem linken Ufer sah ich, wie man vier Polen henkte, die versucht hatten, aus dem Lager am Ostufer zu entfliehen.

Auf dir bin ich Kahn und Fähre und Raddampfer gefahren, gerudert und gepaddelt.

In dir bin ich faul gelegen und habe mich nordwärts treiben

lassen, bis ich einen Busch fassen konnte oder einen Dalben.

Einmal habe ich alle belogen, hier gesagt, ich gehe dorthin, und dort, ich bliebe hier: Dann habe ich mich neben dich gesetzt und dir die ganze Nacht lang zugesehen. Viele von den Elbschiffern haben mir zugewinkt, ihre großen schwarzen Kähne glitten leise tuckernd durch das gelbliche Licht vom Septembermond vorbei. Ottern und Ratten, Fische und Frösche, Wildenten und Stelzvögel: Immer warst du bewohnt von allen möglichen Tieren und Menschen, und die Wurzeln und Zweige der Büsche und Bäume tauchten in dein Wasser ein, das manchmal einen ganz breiten Rand ließ und manchmal die Straßen und Wege, die dich begleiten, überflutete. »Ach Elbe«, entfährt es mir, und meine Nachbarin sieht mich merkwürdig von der Seite an.

Meine Nachbarin ist vernünftig, und sie ist Leipzigerin. Was kann sie denn von der Elbe wissen? Seit dem Krieg wohnt sie in Frankfurt am Main, besucht aber ihre Mutter in Leipzig, wann immer Messe ist. Sie ist mitgefahren, um die Meißner Manufaktur zu sehen, will genau wissen, wie man Porzellan macht.

Wir fahren nun immer an der Elbe entlang. Es nieselt weiter. Weinberge steigen an den Uferhängen auf. Zwischen Hang und Fluß zwängt sich manchmal ein kleines Dorf, ich erkenne gegenüber einen Wirtshausgarten und weiß im selben Augenblick, daß ich dort schon gesessen und unter Lindenbäumen Most getrunken habe. Ich bekam einen Schwips, und mein Vater amüsierte sich köstlich, wir beide hatten damals meinen Bruder in seine Thüringer Schule zurückgebracht. Auch wie der Most schmeckte, weiß ich noch. Erst gar nicht gut, dann immer besser. Der Meißner Dom stand damals schon wie ein Spielzeug am Rande des Himmels, jetzt steht er wieder so da, wie im Bilderbuch. Neben dem Dom die Burg. Aber in Sachsen sieht eigentlich nichts heroisch oder trutzig aus. Heroische Sachsen? Wir laden die anderen an der Manufaktur ab, fahren die Spitzkehren zur Burg hoch, steigen aus, gehen zu Fuß über das Kopfsteinpflaster. Auf einem Schild steht: *Hier wohnte der Maler Spitzweg*. Wir rennen durch den Regen zum Dom, suchen jemanden mit einem Schlüssel, frieren entsetzlich.

Eine alte Dame kam und schloß auf, — nahm — was war es doch? Vierzig Pfennig? Wir standen vor den Gruften der Wettiner, fielen fast über die etwas aus dem Boden ragenden Grabplatten, die wir kaum erkennen konnten. Die Dame begann mit den Erklärungen, sie wußte wirklich ein Menge und nicht bloß Aus wendiggelerntes. Ich stand neben der Gruftplatte, die Dürer entworfen hatte, und hörte nur halb zu. Uns allen war entsetzlich kalt. Zu siebt standen wir aus dem Westen vor den Gräbern der Wettiner und hörten der alten Dame zu, die ebenfalls fror, die wir jedes Jahr wenigstens zweimal eine halbe Stunde besuchen durften, die uns aber nie hätte besuchen dürfen, würde ich sie eingeladen haben. Etwa so: »Möchten Sie Notre-Dame sehen? Zu Fuß sind es dorthin von meiner Wohnung aus noch keine drei Minuten ...« Also: Die einen Wettiner stritten sich mit den anderen, und Meißen war lange Zeit sozusagen Hauptstadt. Regierungssitz. Die Worte tröppelten durch den Raum, fast tausend Jahre alt, hoch über der Elbe. Die Stifterfiguren aus der Naumburger Schule, vom Naumburger Meister vielleicht? Lesebucherinnerungen. *Das deutsche Erbe.* Die Uta in tausend BDM-Heimen. Die Meißner Stifterin grinst vor sich hin, sieht man sie von der Seite an. Die Fenster sind sehr schön. Ich kaufe bei der alten Dame einen Film vom Dom, andere Postkarten. So gerne würde ich ihr irgend etwas sagen, aber mir fällt nichts ein: Ich bin wie gelähmt. Auch ihr liegen Worte auf der Zunge, die nicht zum Repertoire gehören, aber auch sie spricht sie nicht aus. Für das Schloß, die Burg vielmehr, bleibt uns keine Zeit. Wir rennen zurück zum Bus, dort sind die zwei Fahrer beim Pfannkuchenessen. Ich habe plötzlich Hunger und frage, wo es die gibt, fotografiere schnell Fahrer, Pfannkuchen, Bus und Dom. Die Bäckerei ist unverändert seit dem Mittelalter, es riecht auch gut. Zwei uralte Frauen verkaufen mir eine Tüte Pfannkuchen, die man anderswo Krapfen nennt. Sie schmecken herrlich, sind noch warm. Im Bus schenke ich später meiner Nachbarin einen davon. Die Fahrer lachen, als ich mit meiner Tüte angerannt komme. Unten an der Manufaktur warten die anderen mit bösen Gesichtern: Man hat sie nicht eingelassen, sie stehen schon lange, frieren, schimpfen und sind ärgerlich. Unsere Reiseführerin schämt sich. Alles war organisiert, angesagt, vorbestellt — aber im Winter finden keine Führungen statt, weil die Rentner nicht arbeiten, und wir sind keine Delegation. Wären wir nur eine Delegation! Ich tröste meine Nachbarin mit dem Pfannkuchen, erkläre ihr zum Ersatz ausführlich, wie Porzellan gemacht wird und wie es innen in der Manufaktur aussieht, denke dabei an den Großvater, der mir alles gezeigt hat, als er noch Akademieprofessor war und mit der Manufaktur von Amts wegen verbunden. Mein Gott, bei uns aßen auch die Dienstmädchen vom Meißner Zwiebelmuster, weil wir das so billig bekamen. Auch vom Grafen Tschirnhaus erzähle ich ihr, der der wahre Erfinder des europäischen Porzellans ist und nicht, wie es in den sächsischen Lesebüchern stand, Böttger. »Und Kändler ...« Meine Nachbarin möchte das alles wissen: Mir fällt nur die Hälfte ein. »Kändlerfiguren«, fange ich an und höre gleich wieder auf. Die Schlittengruppen und Pierrots und Neger ... Ich erinnere mich an die großen Schränke mit dem Meißner Porzellan, Stapel neben Stapel, die Kannen und Tassen und Tintenfässer und Rosenvasen. »Nach dem Krieg«, sage ich zu meiner Nachbarin, »habe ich fast zwei Jahre lang nur aus einem kleinen Blechtopf gegessen und war viel glücklicher als heute«, und meine Nachbarin nickt zustimmend. Dann zeigt sie mir stolz zwei Väschen, die sie in der Manufaktur erstanden hat. Ja, so ist das. Meine Sehnsucht gilt einer großen, einer ganz bestimmten Kaffeekanne, ich weiß nicht warum. Hitler oder Ulbricht oder die Könige: Aus Meißen kommt das Porzellan, unten auf den Tassen kreuzen sich die beiden Schwerter, und an ihnen kann man das Jahr ablesen, in dem die Tasse entstanden ist. Kann? Konnte? Meine Nachbarin weiß das auch nicht. Auf einem Schild steht: *Dresden, 10 km.* Die ersten Straßenbahnschienen. Dann steht plötzlich vor uns die Jasmatzi-Zigarettenfabrik mit ihrem Minarnett neben der Moscheekuppel und den Mosaiken. Hier hat meine Mutter gearbeitet, als sie von zu Haus weggelaufen war, und nie wieder, so sagt sie wenigstens, war sie so glücklich. Ich versuche mir vorzustellen, wie sie durch die Tür gegangen ist. Jeden Morgen, wie Carmen, und ob sie wohl mit der Hand oder mit einer Maschine die fremdsprachlichen Briefe für Herrn Jasmatzi geschrieben hat? Wie wenig weiß man doch vom Leben der eigenen Mutter. Mit ihren Kollegen ging sie ins Elbsandsteingebirge klettern. Sie trugen Bundhosen und Kletterschuhe mit aus Bindfaden geflochtenen Sohlen. Wie baskische Espadrillas. Ausgerechnet die Jasmatzi-Moschee ist stehengeblieben. Das ist, denkt man an das Dresdner Feuer, merkwürdig. Wir umfahren sie, die Straßen sind holprig, eng manchmal, die Weimarer Fahrer bleiben vor einer Einbahnstraße in der verkehrten Richtung stehen, entschuldigen sich. Wir drehen um, kommen wieder zur Elbe, erreichen von hinten die Semperoper, fahren auf den großen Platz, der einer der schönsten der Welt gewesen ist. Die im Bus, die Dresden gekannt hatten, hatten es ganz gekannt, unverbrannt, und waren nun zum erstenmal wieder hier. Wir saßen wie gelähmt, versuchten uns irgendwo festzuhalten. Im Nieselregen lag der Platz da und streckte noch sechsundzwanzig Jahre nach seinem Unfall die verbrannten, verstümmelten Gliedmaßen in die Luft, verkohlte Balken, zerschmolzenes Kupfer, leere Fensterrahmen. Grausame Schönheit. Eine Stadt, die so viel aushält und doch noch etwas von ihrer Unwiederholbarkeit mitzuteilen weiß, von ihrem Glanz, von der Richtigkeit ihrer Maße — was muß das für eine Stadt gewesen sein?

Wir stiegen langsam und schweigend aus. Die Reiseleiterin sagte, wir könnten mit ihr gehen oder nicht, das bliebe uns überlassen. Diejenigen, die sich mit Verwandten und Bekannten trafen, trennten sich jetzt von uns. Wir stiegen die Treppe zur Brühlschen Terrasse hinauf, als wir bei der Akademie ankamen, drehte ich mich um und sah, was ich, seit ich ein Kind war, nicht mehr gesehen hatte. Mir wurde schwindlig, ich konnte in diesem Augenblick gar nicht mehr begreifen. Nicht, daß Dresden nun kaputt war, nicht die Russen, nicht Herrn Ulbricht, nicht, daß ich nicht bleiben durfte, nicht einmal eine einzige Nacht, nicht, daß ich nun eine alte Frau war und die Elbe nichts weiter als ein kleiner Fluß.

Also ist Dresden doch schön gewesen. Also habe ich es mir nicht nur eingebildet. Ich nehme die Kamera des netten Mannes aus der Tasche und fange an zu fotografieren, und es wird noch schlimmer, noch trauriger. Durch den Sucher finde ich, Meter für Meter, mein Kinderzimmer wieder. Die steinernen Männer und Frauen, zwischen deren Füßen ich meine Murmeln aufbewahrte, die Säulen, vor die ich mich hinsetzte, die weißen Raddampfer unten, die Brücke, vor der ich Angst hatte, weil sie so groß, grau und lang war. Die Oper sieht von hier aus, als sei sie unzerstört. Wie Kulissen umstehen die Fassaden den Platz. Galerie, Italienisches Dörfchen und Hofkirche sind sogar ganz, im Regendunst könnte man meinen, nichts fehle. Ich muß lange überlegen, warum das Bild vor mir so unwirklich geworden ist, so körperlos. *Die Stadt dahinter ist nicht mehr da,* das Getriebe, die Menschen. *Hinter dem Bild fehlt eine ganze Stadt.* Neue Häuser hat man hingebaut, auf der großen leeren Fläche wirken sie wie Pappendeckel. Und die Straßen sind leer. Was soll einer auch an den Fassaden? Auf der Brühlschen Terrasse im Regen? Warum über die Brücke gehen. Ich denke, ich habe hundert Bilder gemacht, sehe nach auf dem Zähler. Es sind neun. Die anderen sind inzwischen ins Museum gegangen, ich gehe hierhin und dorthin, den großen Fries entlang mit den sächsischen Fürsten, Kurfürsten und Königen, zum Zwinger, durch den Zwinger zur Galerie, in eine Ausstellung alter Rüstungen und Waffen. Zwei Ritter in Söckchen und Halbschuhen, auf Holzpferden, gepanzert sonst von oben bis unten, sprengen aufeinander zu mit eingelegten Lanzen. Kinderrüstungen, Prunkrüstungen, Harnische, Waffen. Sächsische Vergangenheit. Ich stelle mir ein Seitenzimmer vor mit einem russischen Panzer. Oder zwei Panzer, einen deutschen und einen russischen. Wie sie aufeinander losfahren. Die Frauen, bei denen ich Kataloge kaufe, unterhalten sich mit mir. Drüben in der Galerie hängt in der Eingangshalle eingemeißelt ein Spruch: Wir danken der russischen Armee (oder dem russischen Volk) für die Rettung dieses Kulturgutes. Viele der Bilder sind von den Russen restauriert worden. Sie stecken nun in einer lasierten Kruste. Wie Ikonen sehen sie aus, auch mehr oder weniger einander gleich, egal, wann gemalt und wo und von wem. Der Graf sagt später: »Das sind gar nicht die richtigen Bilder, das sind Fälschungen.« Ich versteige mich nicht zu einer Antwort. In der Galerie stehen viele kleine Gruppen herum, Russen, Rumänen, Ungarn, Polen, keine Amerikaner, keine Franzosen, keine Engländer. Alle sind still und konzentriert und folgen ihren Reiseleitern. Einige russische Offiziere tragen ihre Uniformen, andere Leipziger Messeabzeichen. Deutsche Besucher finde ich kaum, nur Schulklassen. Ich gehe durch den Zwinger über den versumpften Graben zum Markt, kaufe die Platte mit der Musik vom Synagogenkonzert, die es hier in Dresden ohne weiteres gibt. In einer großen herrlichen Buchhandlung kaufe ich so viele Bücher, daß meine Taschen nicht mehr ausreichen. Die Freundlichkeit der Dresdner ist unbeschreiblich. Ihr Sarkasmus hell, leicht und fein geschliffen. Sachsen unter Sachsen verfügen über eine Geheimsprache: Ich rede mit den fremden Dresdnern über tausend Dinge und Zustände, ohne über sie ein einziges Wort zu verlieren. Unsere Verständigung findet via einen Satelliten statt, er heißt Absurdität. Die Sprache tanzt auf vielen Ebenen zugleich. Alle anderen Kunden, die zufällig im Laden sind, machen mit, beiläufig, ohne hinzugucken. Ich kaufe Landkarten und Wanderkarten und kleine Wanderbücher, und auf dieser Bühne spielen sich unsere Komödien ab. »Hier bei uns ist es schön«, sagt die eine. »Ja«, antworte ich, »bei euch ist es sehr schön.« — »Ist es bei euch auch schön?« fragt sie mich. »Das kommt ganz drauf an«, sage ich, »manchmal ist es schön, manchmal nicht — aber man kann ja weggehen, wo es einem nicht gefällt, und dorthin, wo es schön ist.« — »Ja«, sagt sie, »das haben wir nicht nötig. Bei uns ist es überall und immer schön.« Die Gesichter im Laden bleiben unverändert, alles spielt sich innen ab, auch das Lachen. Dresden ist anders als Leipzig, weniger geschäftstüchtig, eleganter, es ist wie mit Rotterdam und Amsterdam. Wie entstehen wohl solche Unterschiede? Antworten auf diese Frage erfinden wir uns bloß.

Die Versuche, die Dresdner Innenstadt wieder aufzubauen, sind nicht nur mißlungen. Nur einem Genie könnte die Verschmelzung gelingen. So stehen die Kreuzkirche und einiges andere verloren herum, das neue Großrestaurant am Zwinger schlägt seine Umgebung tot. Zweimal sammelten die Dresdner Geld für den Wiederaufbau ihrer Oper, von der nur noch die Hülle steht, das Innere voller Schutt ist. Das erstemal wurde das Geld der Messestadt Leipzig gegeben, baute man damit dort eine neue Oper. Beim zweitenmal wechselt man die Prioritäten, Wohnbauten bekamen den Schwerpunkt, der Wiederaufbau der Dresdner Oper ist auf unbestimmte Zeit verschoben, das Prestigebegehren der DDR ist zur Zeit von der Kultur auf die Wirtschaft verlegt worden. Nach dem, was ich in Leipzig sah, wüßte ich auch nicht, wie man eine große Dresdner Oper ihrem Rang entsprechend besetzen sollte, von den Stimmen her und überhaupt. Die Hofkirche ist bis auf Kleinigkeiten wieder aufgebaut. Auch ihre Silbermannorgel hat man restauriert. Als ich aber versuche, hineinzukommen, sind alle Türen verschlossen. Vom Taschenberg-Palais ist so wenig übriggeblieben, daß ich mir kaum vorstellen kann, wie es wieder hergestellt werden könnte. August der Starke hat es für die Gräfin Kosel bauen lassen. Das Schloß dagegen ließe sich natürlich wieder aufbauen — ob es je geschieht? Den Dresdnern könnten beim Anblick so viel stolzer Vergangenheit die falschen Gedanken kommen: Dresden ist, von der Partei her gesehen, einer der schwierigsten Bezirke der DDR. Das ist eine ganz andere Stadt als Leipzig und Chemnitz, und selbst an einem einzigen Nachmittag läßt es sich nicht übersehen.

Mir tun die Füße weh, es regnet und regnet. Sehnsuchtsvoll blicke ich auf das Italienische Dörfchen und denke an Ragoût fin. Am Eingang gibt es eine Garderobenfrau, dann tritt man gleich in das große Zimmer mit den französischen Türen zur Terrasse. Neben, unterhalb der Terrasse fließt die Elbe. Hier ist alles wieder so, wie es war, fast wieder so, und ich bestelle beim Ober Ragoût fin und ein Pils. Im gleichen Augenblick kommen unsere Fahrer und die Reisebegleiterin zur Türe herein, grüßen, wollen sich an einen anderen Tisch setzen. Das Italienische Dörfchen ist ganz leer. Ich winke ihnen und lade sie ein, sie setzen sich an den großen runden Tisch und stöhnen wie ich über ihre Füße. Wir reden von wehen Füßen, größen Städten, sie fragen mich, wieso ich so viel reise, und ich sage ihnen, daß ich Bücher schreibe. Die Fahrer klopfen sich auf die Schenkel und sehen mich baß erstaunt an, zögern, wissen nicht, ob sie's sagen sollen, dürfen, dann platzt es aus dem kleineren raus: »Aber entschuldigen Sie (ich wünschte, ich könnte ihr schönes Weimarer Sächsisch wiedergeben), wissense, na ich weiß nicht, wie ich das sagen soll, *aber Sie sehen gar nicht so aus!*« Ich muß so lachen, daß ich fast mein Bier verschütte. Die Reiseführerin fällt ein: *»Aber dann hätte ich Sie doch gar nicht mitnehmen dürfen!«* Wir blikken uns gegenseitig an und lachen. Ich stehe auf und öffne die Türe zur Terrasse, um die Elbe besser sehen zu können und auch weil es mir plötzlich heiß wird. Dann frage ich die Fahrer, ob sie denn andere Leute kennen, die Bücher schreiben, und es stellt sich heraus, daß sie, in Weimar ansässig und damit Goethe und Schiller eng verbunden, schon viele Dichter und andere Kulturschaffende durch die Gegend befördert haben. Die aber, so sagen sie einmütig, reden doch nicht mit uns. »Meinen Se denn«, sagt der Kleine abschließend, »meinen Se denn, die däden mit uns Bier drinkn?« — »Na ja«, sage ich ihm, »es gibt schon auch welche, die das täten.« Er: »Aber die sind dann nicht in den Delegationen.« Wir unterhalten uns, bis es dunkel wird, über Schrebergärten, Kinder und Dachpappe. Die Fahrer gehen den Bus holen, und ich gehe hinaus auf die Terrasse, gerade in dem Augenblick, da Elbe und Stadt in die kobaltblaue Tinte versinken, es ist kaum auszuhalten, so weh tut das.

Im neuen Zwinger-Restaurant gibt es für uns alle Abendessen, wie Aussätzige sitzen wir wieder ganz allein in einem großen leeren Saal, wie schon mittags, ein verlorenes Grüppchen von Marsbewohnern, die vielleicht Bazillen mit sich rumschleppen. Die kalten Platten sind hervorragend, wir können nicht die Hälfte davon essen, auch scheint uns allen der Appetit vergangen zu sein. Wir kennen uns jetzt schon besser, und doch schwindelt jeder vor sich hin, versteckt sich, kriecht unter die Bettdecke. Der Graf redet wieder von den Bildern. Sind sie falsch? Ich frage lieber nach der Oberlausitz und lasse mir erzählen, wie es dort ist, am äußersten Rande der DDR nach Osten zu. Dorthin zu fahren ist für mich wirklich gänzlich ausgeschlossen. Wir sind einer Meinung darüber, daß viel mehr Menschen herkommen sollten, daß wir wiederkommen müssen, daß viel zu wenige nach Dresden fahren.

Es ist, als ob ein Samtvorhang, mit dem man vieles zugedeckt hatte, plötzlich wieder runterrutscht, und alles, was man der Bequemlichkeit halber dahintergesteckt hatte, liegt einem ohne Trennung, ohne Filter, vor den Augen. Die Dresdner sind nicht Schatten: Sie leben, und sie leben in ihrer Stadt. Wir dürfen das neue Dresden nicht um des alten Dresden willen in Gedanken umbringen, auch nicht, wenn das so leicht ist von weit weg. Die Dresdner von heute gefallen mir übrigens besser als die von vorgestern, sie sind härter geworden, präziser, witziger, sie spielen ihre tausend kleinen Komödien glänzend, jeder die seine vor sich hin. Das trostlose Hoffen der fünfziger Jahre hat endlich aufgehört, keiner wartet mehr auch nur auf das geringste Wunder.

Als wir über den Platz zum Bus gehen, nieselt es noch immer oder schon wieder, die Luft ist frisch wie in keiner westdeutschen Stadt mehr, kein Auto ist weit und breit zu sehen. Neben mir geht der Graf. »Wissen Sie«, fängt er an, »ich muß Ihnen etwas gestehen.« Ich warte gespannt. »Ich bin überzeugter Monarchist«, sagt er dann, »und hier auf diesem Platz erst recht.« Ist er denn mit den Wettinern verwandt? Aber nein. »Wer kann denn schon einen solchen Platz bauen außer uns«, fährt er fort, obwohl ich ihm keinen Anlaß gegeben habe, mich zu den Seinen zu rechnen. Dann fragt er mich: »Sind Sie auch Monarchistin?« Die Antwort auf diese Frage weiß ich schon lange. Als Königin wäre ich sicher Monarchistin, aber schon als Gräfin nicht mehr. Ich verstehe also offen gestanden nicht, wie auch Grafen Monarchisten sein können, außer sie haben sehr hübsche Töchter. Was aber diesen Platz hier betrifft, so ist er ja wohl von einem Bürgerlichen entworfen worden, und Venedig war eine Republik. Ich glaube, Könige sind keine Antwort auf Häßlichkeit. Und was die Macht anlangt, mit der allein man große Städte und Plätze bauen kann, so reicht sie für den Erfolg allein nicht aus, man braucht nur an Hitler und Speer zu denken, und es kommt einem das Grausen. Einige Städte gelingen, andere nicht. Die Antworten auf die Frage *warum* füllen viele Bücher. »Glauben Sie denn«, frage ich dann den Grafen, »glauben Sie denn, daß es jemals hier wieder Könige geben wird? In zweihundert oder dreihundert Jahren?« »Ich weiß es nicht«, sagt er, »aber oft glaube ich ja.«

Überhaupt sagen wir vom Bus an diesem Tag die merkwürdigsten Dinge, reden wir, wie wir sonst nie reden würden. Deshalb werden auch keine Adressen ausgetauscht, als wir uns später trennen.

Im Bus, auf der Heimreise, schlafen die meisten, die Lichter sind gelöscht, auf der Landstraße gibt es keine. Als wir in Meißen ankommen, sagt es uns die Reiseführerin leise. Die Burg und der Dom stehen hoch oben am Himmel, vom Mondlicht überflutet, die Elbe hat winzige Wellen, schwarz mit Brillanten besetzt. Enten schaukeln darauf und schlafen, den Kopf im Gefieder.

In Leipzig laufe ich vom Bahnhof bis zur Steinstraße und begegne keinem Menschen. Der Kachelofen ist ganz warm, ich setze mich daneben und trinke langsam eine halbe Flasche Whisky aus. Dann unterhalte ich mich mit der Elbe. Mit wem sonst?

Gespräch im KA

KA: das ist, für die DDR, das kapitalistische Ausland. Ein offizieller Begriff, der auch in Formularen der Bank seine Anwendung findet. »Sie kommen aus dem KA?« heißt es. Ich lebe im KA, dort, nicht hier — es ist wie auf einer Wippe, einem Brett, das wir als Kinder über einen Baumstamm legten. Einmal sitzt man hoch oben, schaut hinab und hinüber. Im nächsten Augenblick sitzt man ganz unten, stößt auf die Erde: Was eben klein war, ist auf einmal groß.

Ich fand es sehr schwer, nach meinem ersten Besuch 1971, im KA von der DDR zu erzählen. Die Vorstellung von dem Land war den Älteren bereits entglitten. Die Jungen hatten überhaupt keine. Grenze, und Schießen an der Grenze und die Mauer in Berlin überschatteten den Rest: einen Staat mit vierzehn Bezirken, einer Hauptstadt, bestehend in der Hauptsache aus zwei früheren Königreichen (Preußen und Sachsen) und zahlreichen Herzogtümern, darunter Mecklenburg. Zwei Ströme: Elbe und Oder. Die Ostsee und das Erzgebirge. So ungefähr kramten es mit Mühe die meisten hervor. Olympiasieger aus Dresden oder Karl-Marx-Stadt oder Oberwiesenthal. Einzelnes ohne Zusammenhang. Wirwarr. Ablehnung. Mitleid. Nicht selten graue Verurteilung — wie man »Kanaken« sagt, oder »Polacken«.

Als ich wiederkam, nach meiner ersten Fahrt zur Messe nach Leipzig, und begann, mich im KA über die DDR zu unterhalten, stieß ich auf die erstaunlichsten Reaktionen. Da gab es nicht wenige, die sich ungefähr so verhielten, als sei die DDR ein Pestgebiet, das man, um zu überleben, zu einer riesigen Isolierstation erklären müsse.

»Ich? Ich fahre nicht zu diesen Gaunern und Halunken! Das wäre doch die letzte Schweinerei, wenn ich da auch noch hinfahren würde! Zu diesen Verbrechern!« Damit war der Fall erledigt. Eine so klare, saubere Lösung bietet sich jedem Deutschen an, dem das Nachdenken über *komplizierte* geschichtliche Vorgänge unheimlich ist, der das in seinem Interesse nicht will.

Warum nicht?

Wovor fürchten sich diese Deutschen hier?

Vor dem Aufdecken der Zusammenhänge? Vor der Logik? Vor der Erinnerung? Was sind denn das für Deutsche dort? Unterdrückte? Freie? passionierte Kommunisten? eroberungslüsterne Sachsen und Preußen, die eines Tages in Bayern und Hessen einziehen wollen?

Wer wohnt denn zwischen Elbe und Oder?

Als Adenauer nach Moskau fuhr, zerriß er das gute Gewissen vieler Deutscher: Er schüttelte die Hände *derer, die unsere Brüder unterjochen,* er paktierte plötzlich mit dem Teufel. Von da an geriet uns vieles in der Bundesrepublik zur einfachen und vielfachen Lüge. Waren die Sachsen und Preußen und Thüringer tatsächlich von ihren, *von unseren* Besiegern unterjocht, so konnte Adenauers Reise nur eines bedeuten: Verrat. Diejenigen, die die DDR als etwas Unaussprechliches betrachten, als ein Seuchengebiet, um das man einen Bogen macht, fingen allesamt jedesmal zu schreien an, wenn ich sie darauf aufmerksam machte, daß wir, *ihrer Logik* folgend, unsere »Brüder« schon vor langen Jahren verraten hätten.

Es läßt sich nicht leugnen, von niemandem, daß die Politik der Bundesrepublik nach dem Kriege diktiert war von einem einzigen Prinzip: dem des extremen Eigennutzes. Wir wollten leben, überleben, und wir wollten gut leben. Uns war das wichtiger als alles andere.

Wir wollen uns aber auch nicht darüber schämen müssen.

Wir waren und sind nicht bereit, irgend jemanden zu befreien, nicht einmal unsere »Brüder und Schwestern«. Konrad Adenauer fuhr hin und saß mit den »Gefängnisaufsehern« unserer Brüder und Schwestern an einem Tisch und prostete ihnen zu. Und deshalb reagieren alle jene Deutschen, die das Wort Nation und Vaterland so gerne in ganz großen Buchstaben schreiben, so heftig und böse: Weil sie sich in ihrer eigenen Vorstellungswelt alles zurechtbiegen müssen, bis es irgendwie zu passen scheint. Aber die Flucht aus diesem Gewirr von Selbsttäuschungen und Lügen führt nur zu neuen Lügen, und der aufrechte Deutsche reagiert schließlich damit, daß er die DDR für nicht existent erklärt. Sie ist böse. Sie verdient es gar nicht, daß man sich um sie bemüht. Dann braucht man sich auch nicht mehr zu schämen.

Unser (westdeutsches) Verhalten nach dem Kriege ist vielleicht verständlich, aber es war weder sehr patriotisch noch nobel. Damit haben wir uns abzufinden. Wenn Iren nach Besatzung und Teilung plötzlich wieder zusammenkommen wollen, so nennen wir das mittelalterlich und hirnverbrannt. Mittelalterlich ist das gewiß nicht, denn damals gab es unsere Idee von der Nation nicht.

Ist es hirnverbrannt? Patriotisch? Heroisch oder dumm? Gespräche im KA: Im einen Deutschland über das andere.

Von Sachkenntnis nicht belastet, führen sie die meisten, die Argumente schweben im luftleeren Raum, jeder redet so vor sich hin, als sei das Thema eine Abstraktion, kein Land von lebenden Menschen bewohnt.

Dabei gilt doch nur eins: Wir müssen, wollen wir uns in unserer Geschichte zurechtfinden, und gefällt uns der Gedanke, daß es ein ganzes Deutschland geben soll, noch länger, Stück für Stück von dem in unser Bewußtsein zurückholen, was wir mit aller Macht daraus verdrängt haben.

Kreischa

Es blieben mir jetzt noch drei Tage. Die Grippe — wenn es eine gewesen ist — hatte mir außer Müdigkeit nicht viel übriggelassen. Schon als Kind hatte ich manchmal zwei, drei Tage lang sehr hohes Fieber, das ebenso plötzlich verging, wie es gekommen war. Ich war jetzt todmüde und unruhig zugleich. Meine Kusine fuhr für einige Tage zur Mutter ihres Freundes, die gerade aus dem Krankenhaus entlassen worden war und dringend Hilfe brauchte. Wir verabschiedeten uns um vier Uhr morgens ganz kurz, weil es uns sonst noch schwerer gefallen wäre. Sie schenkte mir im letzten Augenblick ein Medaillon aus Meißner Porzellan, legte es schnell auf den Tisch und verschwand. Von unten hörte ich das Taxi abfahren, es war stockduster draußen, der Oktober fast zu Ende. Noch ein Sonntag. Ich schlief wieder ein, wachte erst gegen Mittag auf. Wir frühstückten langsam und genüßlich. Die Balkontür stand offen: So warm war es. Ich wußte nicht, wohin mit mir, die Tante schlug vor, ich solle mit der Straßenbahn nach Kreischa fahren bei diesem schönen Wetter. Ich müsse auch nur einmal umsteigen. Sie selber hatte Dienst, weil eine Kollegin erkrankt war. Wir gingen zusammen zur Straßenbahn, dann fuhr sie in die eine Richtung, ich in die andere. Auf einem Zettel hatte sie mir genau den Weg beschrieben.

Kreischa liegt genau im Süden Dresdens, und man fährt dorthin durch den Lockwitz-Grund, ein hübsches bewaldetes Tal mit einem kleinen Flüßchen. Ich fuhr in »Dubčeks letzter Rache« bis nach Lockwitz, mußte dort in eine andere, kleinere Straßenbahn umsteigen. Nirgendwo im Westen ist Deutschland noch so deutsch wie hier, wage ich zu behaupten: so unverwechselbar. Die Gärten, die Häuser und Dörfer, die Menschen.

Als ich später einem Redakteur vom Stern die Bilder zeigte, sagte er: »Schade, daß gerade die unscharf sind. Das ist so deutsch wie sonst nirgendwo.«

Sie waren verwackelt, weil ich sah, wie sich die Leute zu wundern begannen: Wer fotografiert denn auch aus der Straßenbahn? Schrebergärten und Dörfer? »Du bist verrückt«, sagte mir am nächsten Tag jemand, »dort kannst du doch nicht fotografieren, dort sind doch die Russen.« Auf dem Heimweg stiegen dann tatsächlich zwei Russen in Uniform ein. Aber ich wußte nichts davon, merkte nur, wie die anderen immer wieder zu mir hinsahen, und ließ fast die Kamera fallen, obwohl ich nur Bäume und Dörfer und das Flüßchen im Sucher hatte. Schon lange vor Kreischa steckte ich sie weg. In der großen Straßenbahn hatte ich sie sowieso nicht rausgeholt wegen der vielen Leute und auch, weil die Fahrt erst an Fabriken vorbeiführte. Vor *jeder* Fabrik in der DDR steckte ich die Kamera weg, immer und überall, und wenn ich in Leipzig und Dresden in die Fabrikviertel fuhr, nahm ich sie gar nicht erst mit.

Die Fabriken auf dem Wege nach Kreischa stellen Werkzeugmaschinen und Elektromotoren her. Sie sind, so schätze ich, in den zwanziger Jahren gebaut worden — oder vielleicht auch noch früher: Solche Fabriken sind mir aus meiner Kindheit vertraut, lange Gebäude aus Ziegelstein, durch deren immer schmutzige Fenster man im Vorbeifahren manchmal schemenhaft die großen Maschinenhallen erkennen kann. In solchen Fabriken habe ich im Krieg gearbeitet. Sie sind sich alle, hier in Sachsen, sehr ähnlich. Kaum jemand aber weiß, daß die Industrieproduktion Sachsens größer war als die des Ruhrgebiets oder Schlesiens. Die Fabriken stehen hier überall, an jedem Stadtrand, in den Städten selbst und sogar in den meisten Dörfern. An Hunderten von Fabriken bin ich in diesen vier Wochen mit dem Zug, im Schiff auf der Elbe, im Bus und in der Straßenbahn vorübergefahren, und sie sahen alle noch genauso aus, wie ich sie in Erinnerung hatte. Ob sie sich innen verändert haben, weiß ich nicht, konnte ich natürlich nicht sehen, aber nach dem, was mir die erzählten, die in den Fabriken arbeiten, haben sich viele der sächsischen Fabriken auch innen nicht sehr verändert.

In den meisten wird in drei Schichten gearbeitet, und zum Aufräumen und Putzen und Gärtchenpflegen bleibt einfach keine Zeit. Das Wirtschaftswunder der DDR ist, bedenkt man die Umstände, noch dreimal größer als das unsere: die Leistung ohne Vergleich. Wenn der Topf ein Loch hat, darf man sich nicht wundern, wenn er nicht voll wird. Warum aber auch versteckt sich die DDR? Warum will sie nicht beschrieben werden, nicht durchreist?

Doch ich fahre ja in der Straßenbahn spazieren, und diese Straßenbahnlinie ist die längste, die ich kenne (und die billigste). In der zweiten, kleinen Straßenbahn sitzen Menschen in ihren Sonntagskleidern, Eltern mit ihren Kindern, die im Lockwitzgrund spazierengehen wollen, alte Frauen, die ihre Schwestern und Brüder in den Dörfern besuchen, ein junger Mann, der sein

Mädchen heimbringt. Sie reden wenig und leise, nur das Kind brüllt eine Weile in seinem Wagen vorn neben der Tür.

Die Linie ist eingleisig, zweimal müssen wir auf einem der Ausweichplätze auf den Gegenzug warten, ich mache die Augen zu und schlafe ein bißchen in der Sonne. Wie gern habe ich diese Landschaft hier, an der so ganz und gar nichts Spektakuläres zu entdecken ist: Wiesen, Wege, Bäche, Bäume, Dörfer. Auf den Wiesen weiden die Kühe, Schafe, die Gänse und Schweine. Und fast in jedem Dorf steht eine alte Fabrik, mit der Fabrikherren-villa nebenan, in der jetzt fast immer Kinder wohnen oder Alte oder Blinde, die Gärten ein wenig verwilderter als früher, die Farbe blättert von den Fensterläden ab.

Wie wird es hier in zehn Jahren aussehen? Werden sie die gleichen schrecklichen Fehler machen wir wir?

Eine Frau mit einem großen Asternstrauß kommt außer Atem angerannt, steigt ein, die Straßenbahn, älter noch als ich, fährt mit einem Ruck an. Sie quietscht und ächzt und stöhnt in den Kurven, mir tut der Hintern schon weh von dem Geruckel: Aber es ist eine lustige Straßenbahn, jeder hat Zeit, sich die Gegend zu begucken, der Asternstrauß fällt auf meinen Schoß, die Frau entschuldigt sich, sie hat auch noch eine große Tasche und weiß nicht wohin damit. Ich halte ihn jetzt fest, versichere ihr, daß er mich ganz und gar nicht stört, sie setzt sich erleichtert zurück.

Wir fahren eine Stunde oder noch länger, ich habe nicht auf die Zeit geachtet. Auf meinem Zettel steht: »Kreischa Endstation, Postkarten-Gasthaus?« Sie hat den Namen des Gasthauses ver-gessen. In Kreischa steigen alle aus. Ich suche nach dem Post-karten-Gasthof, klappere die, die in der Nähe liegen, vergeblich ab. Sie sind alle ein bißchen trostlos; ich bleibe in keinem, trotte die Straße entlang und besehe mir die Schaufenster vom Schuster und Bäcker und vom Konsum. Dann frage ich eine Frau mit einem Kinderwagen nach dem Weg.

»Oh, da sind Sie aber ganz falsch, das ist am anderen Ende. Da führt die Straße aus Kreischa raus, dann gehen Sie ungefähr eine halbe Stunde. Aber verfehlen können Sie es nicht.«

Ich bedanke mich, kehre um. Eine halbe Stunde?

Die Straße ist nicht schwer zu finden, führt aus Kreischa raus: aber schon nach wenigen Minuten stehe ich vor dem alten Gast-haus. Auf dem Wege dorthin komme ich an einer schönen alten Kirche vorüber. Mehrere neue Häuser sind im Bau, es gibt zwei, drei kleine Fabriken. Am Gasthof aber gibt es nur noch die

Landstraße. Man glaubt, beim Eintreten den Kopf einziehen zu müssen, so alt ist er.

Ich hatte während meiner beiden Reisen in die DDR die Angewohnheit, immer ein kleines rotes Notizbüchlein mit mir herumzutragen, denn es ist ja verboten, Kalender einzuführen, weil darin der 17. Juni als Feiertag verzeichnet ist. In dieses Notizbuch schrieb ich, wenn ich unterwegs etwas Zeit hatte, was mir gerade in den Kopf kam.

»Sonntag. Kreischa. Dann ging ich ganze sieben Minuten zur Alten Schänke. Es ist, wie es 1848 gewesen sein kann — unverändert. Vielleicht dieselben Sofas? Der Komponist Robert Schumann wohnte 1848/49 in Kreischa. Hier entstanden im alten Kantorhaus die bekannten Barrikadenlieder. Zwei junge Männer spielen Billard, drei große Kugeln, fünf kleine Kugeln, in der Mitte des Billardtisches kleine Löcher.

Ich esse eine Alte Deutsche (Wurst), die beste, die ich je in der DDR gegessen habe. Die Sachsen haben nicht so große breite Gesichter wie die Bayern, sondern wachere, intelligentere. Eher sehen sie aus, als ob sie alle ein bißchen spinnen. Sie sehen aufmerksam zu, gucken mich die ganze Zeit über unauffällig an ...

Alle, auch die Einheimischen, der Kellner, die Frau an der Theke, sind sehr sauber und ordentlich, von den Schuhen bis zu den Haaren. Die meisten trinken Tolkewitzer Weißwein (Schoppen). An einer Wand steht ein altes Walzenklavier mit vielen uralten Walzen und ein herrlicher hölzerner Katzenkopf. An der anderen Wand ein großer hölzerner Pferdekopf und vieles andere. Es ist sehr gedämpft, die, die reden, reden verhältnismäßig leise.

Aus der Küche riecht es nach Erbsensuppe.

Ich esse Bienenstich, trinke Kaffee, auch der Kuchen ist wunderbar.

Der Kellner ist sehr nett zu den Kindern, neckt sie.«

In diesem Augenblick mußte ich mit dem Schreiben aufhören, denn es setzte sich eine Familie an meinen Tisch. Sie bestellten Schoppen, Kaffee, Kuchen.

So, nicht so schön, aber doch so, waren alle Dorfgasthöfe meiner Kindheit: in Mobendorf und Matschdorf, Ottendorf und Unterwiesenthal. Nur irgend etwas hat sich verändert.

Ich trinke jetzt auch Tolkewitzer Weißwein und versuche mich zu erinnern, was anders war.

Dann fällt es mir ein. Es war lauter: Die Menschen redeten

mehr, und sie redeten nicht so leise. Und wenn diese hier auch ganz und gar nicht unglücklich aussehen oder verzweifelt — sie sehen leiser aus. Nachdenklich. Vorsichtig. Als müßten sie durch einen fremden dunklen Wald gehen, auf jeden Schritt achten. Aber sie sehen nicht aus, als stünden sie still oder kehrten gar um. Sie wissen vielleicht nicht, wohin sie gehen, aber sie scheinen zu wissen, daß der Wald und die Dunkelheit irgendwann einmal aufhören.

Jedoch: Die Sachsen spinnen ja alle, und ich spinne vielleicht nun auch schon nach meinem dritten Schoppen in Kreischa so vor mich hin.

Ich sitze tief eingesunken auf dem alten Sofa unter der Tafel, auf der steht: »Der Komponist Robert Schumann wohnte 1848/49 in Kreischa ...«, und denke an das, was vorn im Dürerkatalog steht: daß die DDR die alleinige rechtmäßige Verwalterin des deutschen Kulturgutes sei, und die tausend abfälligen Bemerkungen klingen mir im Ohr, die die Deutschen in der BRD über mich ausgeschüttet haben: Wie kannst du nur in die DDR fahren, wie können Sie nur dahin wollen, da ist es doch fürchterlich!

Da ist es doch fürchterlich.

Die Dämmerung fängt an, ganz blau. Noch schaltet niemand das Licht an. Mir tut etwas so weh, daß ich glaube, es gar nicht mehr länger aushalten zu können.

Ich weiß, ich muß gehen, sonst verpasse ich die letzte Straßenbahn. Sonst machen die in Dresden sich große Sorgen (sie haben sich die ganze Zeit über große Sorgen gemacht, wenn ich allein unterwegs war). Die Frau hinter der Theke bringt mir noch einen Schoppen, den vierten, mit dem ich den Augenblick des Abschieds ein letztes Mal hinausschiebe, für einige Minuten, eine Viertelstunde wenigstens.

Jetzt weiß ich endlich, daß ich nur hier, wo ich nicht leben kann, wirklich zu Hause bin, und was das ist, zu Hause sein. Wenn es so etwas wie deutsche Schwestern und Brüder überhaupt gibt, dann sind diese hier, mehr als alle andern, meine Brüder und Schwestern: Was die Iren in tausend Jahren nicht vergessen haben, vergessen die Deutschen in fünfundzwanzig. Und die Bequemen vergessen die Unbequemen ganz schnell, ganz leicht. Ach, daß ihnen ihre Lügen und Beteuerungen im Halse steckenbleiben möchten!

Ich frage nach der letzten Straßenbahn. Draußen ist es inzwischen dunkel geworden. Ich habe noch zwölf Minuten Zeit.

Sie steht da, ein heller Lichtklecks, und wartet. Wieder rattern und quietschen wir durch das Tal von Tolkewitz, vorbei an der großen Weinkellerei, vor der die leeren Fässer für die neue Lese aufgestapelt sind. Ich merke jetzt, daß ich einen Schwips habe, versuche sehr, ihn vor den anderen zu verbergen. Da bekomme ich auch noch einen Schluckauf, starre konzentriert in die Dunkelheit draußen, in der Hoffnung, daß er wieder vergeht. Die anderen in der Straßenbahn fangen an, sich zu amüsieren.

Dann, als wir den Stadtrand und die ersten der großen Gärtnereien erreichen, hört er endlich auf. Wir laufen von der einen Straßenbahn zur anderen, ich als letzte. Der Fahrer wartet geduldig.

»Na, Fräuleinchen«, sagte er, »geht wohl nicht mehr so schnell.« Ich bedanke mich fürs Warten, ein junger Mann überläßt mir seinen Platz, stellt sich zu seinem Freund.

Die meisten sehen so aus, als fahren sie in die Stadt zum Ausgehen, ins Kino oder Theater oder Konzert oder zum Essen. Sie haben ihre besten Sachen an. Junge Männer mit ihren Freundinnen. Fahren sie zum Tanzen? Aber ich weiß nicht, wo man in der DDR tanzt, und was, und nach welcher Musik: Auf den Bildern sehen Ulbricht, Honecker und Stoph beim Tanzen genauso steif und unglücklich aus wie Brandt und Scheel, und das sind die einzigen Bilder, die ich von tanzenden DDR-Bürgern je gesehen habe. So wird es bei denen hier bestimmt nicht sein.

Ich gäbe was drum, jetzt tanzen gehen zu können. Aber wo, wie, was und mit wem? H. tröstet mich zu Hause: Es sei sowieso langweilig. Vielleicht. Aber sehen möchte ich es trotzdem wenigstens einmal. »Du bist fürchterlich«, sagt sie, »du kannst mir doch auch mal was glauben.« Aber sie ist stolz, weil mir Kreischa so gut gefallen hat, und das war ganz allein ihre Idee. Seit ich zufällig in meinem Paß den neuen, anderen Stempel gesehen habe, wissen wir beide, daß ich weiter hinaus nicht mehr biddeln darf: Wo der Kreis Dresden zu Ende ist, ist auch meine Welt zu Ende.

Im Fernsehen gibt es jetzt auch hier Reklame. Du meine Güte, sage ich, aber H. lacht nur. Angepriesen werden Hautcreme, tiefgefrorene Gemüse (sehr teuer), Kugelschreiber, Seife. Dann fängt ein Krimi an. Mittendrin schlafe ich ein. Freunde meiner Kusine klingeln, haben das Licht noch gesehen, erzählen uns überglücklich, daß sie endlich ihre Hellerauer Möbel bekommen haben, laden uns ein, sie am nächsten Sonntag zu besuchen.

Am nächsten Sonntag. Am nächsten Sonntag muß ich in Zürich

sein. Einen Augenblick lang sagt keiner was. Wir hatten es wieder einmal vergessen.

Die beiden verabschieden sich, ich verspreche, ihnen eine Karte aus Zürich zu schicken. Und habe es bis heute noch nicht getan. So ist das, wenn man aus der einen Welt weggeht in die andere. Sie schreiben so viel, und wir so wenig.

Biddeln

Am Abend im Bett fällt mir dann noch ein: Ich, die ich so gerne tanze, bin noch nie in meinem Leben irgendwo anders als zu einem Hausball tanzen gegangen.

Aber das ist wie mit den Skibindungen: Verpaßt man, was sich alles verändert hat, weil man in der Zwischenzeit irgendwo gelebt hat, wo es keinen Schnee gibt, dann steht man staunend wie ein Kind vor dem, was es jetzt gibt.

Am Morgen, meinem vorletzten, stehe ich ganz zeitig auf und bringe H. das Frühstück ans Bett, wobei wir beide ganz traurig sind. Wir sagen jeder vom andern, daß wir uns bald vergessen haben werden, wissen, daß es nicht so ist, versprechen uns alles mögliche, von dem wir wissen, daß wir es nicht halten können. H. macht sich Sorgen, weil ich so viel eingekauft habe.

»Wie willst du das denn alles tragen, Kind?«

Das weiß ich auch nicht, aber ich habe fest vor, an diesem meinem letzten Tag noch mehr einzukaufen.

Wir gehen wieder, zum letztenmal, zusammen zur Straßenbahn, aber als H. abgefahren ist, laufe ich langsam nach Blasewitz. Ich muß mich bei der Polizei abmelden.

Diesmal warte ich nur eine Stunde, es sitzt ein Beamter mehr hinter dem langen Tisch. Mein Paß wird gestempelt. Ich sage: »Auf Wiedersehen«. Der Beamte sagt: »Gute Reise.« Dann gehe ich die frühere Gesindestiege hinab, durch den großen Garten auf die Straße. Einen Dia-Kopiervorsatz und ein Mehrzweckgerät mit zwei Lampen, auch für die Exakta, mit einem Balgengerät will ich kaufen. H. wird in Ohnmacht fallen, wenn sie das sieht. Aber soviel habe ich gerade noch von meinem eingetauschten Geld übrig.

Die Maße vom Koffer habe ich in der Tasche: Ein Samsonite muß es aushalten, von dem heißt es, man kann ihn aus dem fünfzigsten Stockwerk auf die Straße werfen und dann auch noch mit dem Bus drüberfahren. Im zweiten Fotogeschäft bekomme ich fast alles, was ich suche. Sie rufen wegen dem Dia-Kopiervorsatz woanders an, die heben ihn mir auf. Auf dem Rückweg bringe ich den Koffer mit: Der ist sofort fast voll. Zum drittenmal laufe ich von Blasewitz nach Striesen, an Bäumen, Gärten und Gartenlauben vorbei. Zu Hause fange ich sofort an zu packen, damit H. gar nicht erst alles sieht.

Nur die Lampen passen nicht in den Koffer und von den Büchern nur knapp ein Fünftel. Die Pyramiden überhaupt nicht.

Ich fange an, Pakete zu machen, das Papier und der Bindfaden gehen mir aus. Wen fragen, wo es so was in der Nähe gibt? Aber ich muß mich ja noch im Hausbuch austragen, klingle. »Ja, Gott sei Dank, daß Sie es nicht vergessen haben, hier ist das Buch.« Packpapier und Bindfaden? Eine Viertelstunde.

Eine Viertelstunde hin, eine Viertelstunde her.

Ich packe die Päckchen an mich selber. Es werden neun. Die Lampen will ich in einem großen Netz mitnehmen, die Pyramiden auch. Ich weiß schon jetzt, daß das nicht geht. Aber ich will es nicht wahrhaben. Inzwischen bin ich so unruhig, daß ich mich im Kreise herumdrehe, die Blumen auf dem Balkon zu gießen anfange, Blutwurst esse, rauche, trinke. Dabei blättere ich in meinem Paß. Da hat sich einer geirrt, oder ich habe es falsch gesagt. Morgen will ich fahren. Aber im Paß steht das Datum für übermorgen. Von der Telefonzelle aus rufe ich bei H. auf dem Bahnhof an, zum erstenmal. Sie freut sich riesig, ich sage ihr, daß ich sie abholen will.

Jetzt habe ich plötzlich noch einen Nachmittag *und* einen ganzen Tag. Zum fünftenmal laufe ich nach Blasewitz, kaufe drei Filme und bedanke mich für die Mühe, die man sich mit mir im Fotogeschäft gemacht hat. In der Broilerbar esse ich ein halbes Hähnchen. Diese Hähnchen hier rennen bestimmt noch durch Wald und Wiese und fressen echte Regenwürmer: So gut schmekken sie bei uns schon lange nicht mehr.

Draußen radelt eine Bekannte vorbei und winkt mir zu, und auch die Kehrfrauen unter dem Blauen Wunder sagen: »Na, wie geht's?« Zum letztenmal (glaubte ich) kaufte ich eine Schiffsfahrkarte »Blasewitz–Terrassenufer«, sehe hinüber zu Großvaters Haus und zu der weißen Kuppel des Herrn von Ardenne.

Das Schiff ist voller Schulkinder, die zum erstenmal auf der Elbe fahren und mit ihren Lehrern in die Dürerausstellung gehen. Auf den Elbwiesen lassen die Kinder noch immer ihre Drachen steigen. Langsam gleitet der weiße Raddampfer die Elbe hinunter, ich wollte nicht zum hundersten Male die Stadt fotografieren, ließ mich dann aber doch hinreißen, denn so, als sei ihr nichts geschehen, tauchten die Türme und Fassaden auf, violette Schatten, golden die Lichter, der Himmel blau wie ein Aquamarin: So schön glaubte ich in diesem Augenblick sie noch nie gesehen zu haben. Ich konnte es kaum fassen, erinnerte mich an

meine erste Reise nach Dresden von Leipzig aus, an diesen trü-
ben grauen Tag, und wie mir plötzlich der Entschluß gekommen
war, endlich wieder herzufahren, um aus meinen Träumen auf-
zuwachen. Die Kinder um mich herum schwatzten ununterbrochen — wie alle Kinder auf der Welt — über Lehrer und Motor-
radrennfahrer, über Matheaufgaben und Drachenmodelle, sie
zählten ihre Groschen und rechneten sich aus, zu was es noch langen würde, die Dicken hatten Hunger, die Dünnen mit Brillen
lasen in Büchern nach, was sie sehen konnten.

Die »Meißen« machte fest, Räder, Wagen, Kinder, Großmütter und ein Schaf landeten auf dem Terrassenufer, wo schon andere geduldig darauf warteten, die Elbe wieder in Richtung Pillnitz hinaufzufahren. Alle Dresdner freuten sich über diesen ungewöhnlichen Herbst, über die Sonne und die Farben, unter
denen auch die trostlosesten Ruinen gar nicht mehr traurig aus-
sahen.

Ich hatte dreierlei zu erledigen: Ich mußte mir Bescheinigungen darüber besorgen, daß das Entwickeln der Filme länger als
vier Wochen dauert, die Fahrkarte kaufen und Kaffee für H. und
Tantchen.

Die Bestimmungen sagen, daß unentwickelte Filme nicht über
die Grenze genommen werden dürfen, und ich war von Pontius
bis Pilatus gelaufen, um meine in Dresden gekauften Filme
auch wirklich in der DDR entwickelt zu bekommen.

»Pustekuchen« würde die Tante Nelly in ihr Tagebuch geschrieben haben: Sechs Wochen dauerte das Entwickeln, weil es
einen Chemikalien-Engpaß gab. Diese Tatsache ließ ich mir von
allen Seiten bestätigen, von vielen Fotogeschäften und Dienst-
leistungskombinationen. Schwierig ist es jedesmal nur, die erste
Bestätigung zu bekommen — aber die hatte mir das Dienstlei-
stungskombinat ohne weiteres ausgestellt. Im letzten, größten
Fotogeschäft sagte man zu mir wieder »Nein« auf meine Frage
nach einem Normalobjektiv, aber ich biddelte ja sowieso nur,
hatte Zeit, sah mir die russischen und tschechischen 8-mm-Kame-
ras in den Vitrinen an. Neben einer entdeckte ich das Objektiv:
Und nun verkauften sie es mir. Der junge Verkäufer wußte über
Hasselblads, Linnhoffs, die neuen Leicas und alle japanischen
Kameras ebenso gut Bescheid wie über die eigenen, sozialistischen, suchte mir noch Filter heraus, war nett und geduldig wie
bei uns keiner. Ich zahlte mit Schweizer Franken, und das mußte
fünffach bestätigt werden. Bis auf drei Mark gab ich dann den

Rest meines Westgeldes im Intershop aus für Kaffee, Cointreau, Nivea, Nesquick, Pullover, die Schlange rückte nur langsam vorwärts, jeder überlegte sich angestrengt, viele hatten nur fünf oder zehn Mark, die vielleicht im Brief angekommen waren aus Essen oder Hamburg oder München. Dann beschloß ich, noch einmal nach Striesen zurückzufahren, um die Taschen loszuwerden, denn H. hörte erst um zehn Uhr zu arbeiten auf.

Vor unserem Haus standen zwei Frauen auf der Straße und erzählten sich aufgeregt, daß der Gemüsemann verhaftet worden sei, schon zum zweitenmal. Er hatte mit anderen zusammen noch auf dem Bahnhof gleich aus dem Waggon etwas verkauft, ich glaube, es waren Apfelsinen oder Zitronen oder Bananen, kriegte das alles ja nur im Vorübergehen mit und während ich aufschloß. »Ein Jahr wird er diesmal wohl drinbleiben müssen«, sagte die eine, aber sie schienen es nicht sonderlich tragisch zu nehmen, lachten eher darüber. Die einzige andere Verhaftung, von der ich in Dresden hörte, war die eines Arztes und seiner Familie: Er hatte die Flucht vorbereitet und vielen davon erzählt. Da ihn aber noch nie jemand hatte leiden können, sagten die meisten: Das hat er davon? wenn er schon so blöd ist. In den Zeitungen sah ich Gerichtsverhandlungen nie erwähnt, und im allgemeinen wurde über diese Dinge auch nicht gesprochen. Vielleicht erzählt man sich auch nur über die, die einen nichts angehen.

Ich versteckte meine Mitbringsel, so daß man sie erst nach meiner Abreise finden würde, zog mich um, fuhr mit der Straßenbahn wieder in die Stadt. H. wartete schon auf mich, sie hatte eher aufgehört, wir gingen essen, genossen das sehr. Ich mußte alles erzählen, meine Hinundherrennerei zwischen den Fotogeschäften, vom Objektiv, das ich noch gekauft hatte: In der DDR besteht der Hauptgesprächsstoff aus solchen Kleinigkeiten: Man hat es gekriegt, man hat es nicht gekriegt, hurra, es ist endlich gekommen, Schuhe, Kleider, Hemden, Mäntel — alles wird hergezeigt. Ich aß zum letztenmal die köstliche Fischsuppe und danach Karpfen, bestand auf Wein von der Elbe, den H. Essig nannte, sie bestellte sich ungarischen.

Wir wußten beide, daß wir uns in den ganzen vier Wochen etwas Wichtiges noch nicht erzählt hatten, nahmen immer wieder Anlauf, hörten immer wieder gleich auf. Ich sagte: »In neun Jahren darfst du mich besuchen und dann fahren wir nach Venedig. Bis dahin haben wir ja Tante Nellys Tagebuch und können alles darin nachlesen.«

Wir bestellten noch eine Flasche Wein und Schafskäse, dann Mokka. Das Restaurant war voll, jeder war mit Essen beschäftigt, gesprochen wurde wenig. Uns gegenüber saßen zwei sehr elegante, gutaussehende Homosexuelle, niemand beachtete sie. Auch bei uns in Striesen wohnen zwei lesbische Trambahnschaffnerinnen, die jeden Tag Arm in Arm zum Dienst gehen: Jeder hat sie gern, niemand lacht über sie. »Wir haben andere Sorgen«, sagt H.

Aber die vielen, vielen Alten, die in jedem Haus wohnen, haben nichts zu tun, passen auf und gucken den ganzen Tag und oft die halbe Nacht. Sie sagen nichts, aber sie wissen alles. Biddeln und aus dem Fenster gucken ... H. freut sich, daß ich für das Tantchen noch Kaffee, Seife und Schokolade gekauft habe, weiß von ihren eigenen Siebensachen noch nichts.

Auch nichts von meinem Gepäckhaufen. Wir nehmen ein Taxi: Als sie zu Hause das Licht anknipst und die Bescherung sieht, schlägt sie die Hände über dem Kopf zusammen.

»Aber Kindchen«, sagte sie immer wieder, »du bist ja verrückt.« Den Koffer kann sie nicht einmal hochheben.

Wir beschließen, auch die Lampen und die Pyramiden zu schicken: Alle dreizehn Pakete sind wohlbehalten später in Gräfelfing angekommen. Als ich schon im Bett lag und H. kam, um mir gute Nacht zu sagen, schnitt ich ein heikles Thema an: Ich wollte nicht zur Bahn gebracht werden. Abholen: ja. — Ankommen ist herrlich. Aber wegbringen? Abfahren? Das ist mir jedesmal schrecklich, man steht in der verbleibenden Zeit wie in einem Sumpf. H. glaubte mir endlich. Neben meinem gepackten Koffer schlief ich sofort ein, und als ich aufwachte, war H. schon weggegangen.

Dampferfahrt von Krippen aus

Da war nun dieser eine einzige geschenkte Tag, den ich vergessen oder den mir die Polizei geschenkt hatte. Ich klappte ihn auf wie ein leeres Heft und wußte nicht, was ich für eine Geschichte für ihn finden sollte, kaute am Federhalter, rutschte hin und her, getraute mich nicht, den ersten Satz zu schreiben.

Die Sonne schien: Das hieß doch reisen, möglichst weit, denn das Heft war ganz leer, der Tag gehörte mir wie kein anderer. Alles war gepackt, fertig. Ich holte die Zeitung. In der Zeitung stand: »Letzte Fahrten der Weißen Flotte nach Schmilka.« Die Elbe: Ich hatte meine Überschrift gefunden. Ich rechnete zwischen den Fahrplänen der Weißen Flotte und denen der Züge hin und her, ernannte die Schiffe zum Hoheitsgebiet der Stadt Dresden, um nicht gegen den Stempel in meinem Paß zu verstoßen, mogelte den Zug dazu. Rannte zur Straßenbahn und dann den ganzen Weg zum Hauptbahnhof, fand Schlangen vor den Schaltern und einen, der Mitleid mit mir hatte und mich vorbeiließ. Als ich die letzte Tür des letzten Wagens erreichte, begann der Zug zu rollen.

Nach zehn Minuten standen wir eine halbe Stunde. Nach einer weiteren halben Stunde zehn Minuten. Meine Chancen, Schmilka und das Schiff pünktlich zu erreichen, schwanden. Ich saß auf jemandes Kiste (der Zug war ganz voll), die Fahrpläne auf den Knien, und rechnete und rechnete. Von denen, die neben mir standen, erfuhr ich alles über Fähren und Wege: Bis zur Grenze Böhmens, das wußte ich schon in Pirna, würde ich nie und nimmermehr kommen. Krippen schien meine letzte Chance: In Krippen würde ich wenigstens den alten Dampfer noch erreichen, den neuen wollte ich sowieso nicht.

Die Strecke von Dresden nach Prag ist eine der meistbefahrenen der ganzen DDR. Sie führt an der Elbe entlang und folgt jeder Biegung des Flusses. Manchmal rücken die hohen felsigen Ufer so nah ans Wasser, daß man die Schienen auf Viadukte verlegt hat. Ich dachte nur immer an das Schiff, das ich erreichen wollte. Je weiter wir aus Dresden herauskamen, desto leerer wurde der Zug und desto lebhafter begannen sich die Menschen zu unterhalten. Es ist schwer zu beschreiben, aber es war, als wäre man mit jeder zurückgelegten Station mehr unter sich, fast schien es, als würde man sich auch allmählich anders hinsetzen, bequemer, gelassener. In Königstein stiegen die letzten Touristen, die letzten Schulklassen aus. Bis nach Krippen fuhren nur noch ganz wenige.

In Krippen stieg ich aus.

Von Krippen bis zur Grenze sind es nur noch wenige Kilometer, aber man sieht Böhmen nicht, weil die Berge davorstehen: Der große Tschirnstein und der Zirkelstein zum Beispiel. Vom Bahnhof bis zum Landeplatz geht man zu Fuß fünf Minuten. Das Wetter war voller Regenbogen und dunkler weißer Wolken, die aneinander vorbeisegelten und an den Felswänden vorüberglitten. Die himmlischen Beleuchter übertrafen sich selbst, und ich bedankte mich, am Wasser angekommen, indem ich meinen alten Hut zog. Ein Schauer wehte schräg über den Fluß. Ich wurde ganz unruhig von all dieser Schönheit, die ich nur so schwer fassen konnte. Eine alte Frau kam den Weg heruntergehumpelt, öffnete ein winziges Büdchen und verkaufte mir einen Fahrschein. Weit und breit war kein anderer Mensch zu sehen. Die Frau riet mir, nicht zu nahe am Ufer stehenzubleiben, »denn wenn das Schiff kommt, schlagen die Wellen bis hier rauf.«

Durch das enge Tal der Elbe, grau und schwarz die Felsen, kam dann das Schiff, angestrahlt von einem Bündel Sonnenstrahlen, weiß, ein Spielzeug. Das war wie der allerschönste Traum, den wir als Kinder träumen. Die Luft war moosgrün, dann lila, das Schiff dampfte durch ein Regenbogentor, kam näher, war bald größer als mein Handteller, die Wellen schwappten immer höher und machten mir die Schuhe naß. Die alte Frau stand neben mir. »Ach«, entfuhr es mir, »das ist ja alles noch wie bei der Königlich-Sächsischen Dampfschiffahrt.« Die Frau lächelte zur Elbe hin und sagte nichts.

Der Raddampfer, fast ein Jahrhundert alt, legte sanft und vorsichtig ab. Unten in seinem Bauch aß ich Rinderbraten, und ein Regenguß klatschte neben mir gegen die Scheiben. Der Kellner erzählte mir, dies sei seine letzte Fahrt, dann arbeite er wieder, wie jeden Winter, auf dem Neustädter Bahnhof. Ich fotografierte ihn vor der Luke zur Küche, er fragte mich, ob ich denn von der Presse sei. Der Kapitän kam herunter und drei Zollbeamte, dann, in Wehlen, stiegen zwei Inspektoren der Weißen Flotte ein. Ich ging hinauf an Deck und dachte darüber nach, wie es kommt, daß man sich auf Schiffen viel mehr mit den Elementen verbunden fühlt als auf dem Lande. Vielleicht weil man, auf einem von ihnen schwebend, ihnen mehr untertan ist?

Ich stand auf dem Vorderdeck und fotografierte die Ufer, die Felsen, das goldene und kupferne Laub der Bäume, die Regenbogen und Dörfchen, die sich in einer Reihe Häuser zwischen Felsen und Wasser quetschten.

Da rief mir der Kapitän von der Brücke aus zu, ich solle aufhören zu fotografieren, hier habe man schon manchem den Apparat weggenommen, auf jeden Fall aber den Film. Ich sah nichts außer Natur, dann eine große Wiese, dann hinten auf der Wiese lange Gebäude, ein Geviert wie eine Kaserne. Ich ging auf die andere Schiffsseite, damit ja nur niemand denken konnte, ich wolle eine Kaserne sehen. Ein Zug kam aus Böhmen, über sich eine große weiße Dampfwolke mitziehend: Den fotografiere ich. Und jeder in der Bundesrepublik, dem ich dieses Bild nun zeige, sagt: »Was, eine Dampflokomotive!«

Zwischen Krippen und Schandau mündet die Kirnitzsch in die Elbe: Hier wurde früher das aus den Bergen kommende Holz zu Flößen zusammengebunden. Viele dieser Flöße kamen aus Böhmen und von der Moldau. Sechs bis zwanzig »Tafeln« bildeten die Züge, bis zu hundertdreißig Meter durften sie lang sein. Schiffer und Steinbrecher lebten in den Dörfern und Städtchen entlang der Elbe, an deren Ufer seit Urzeiten Menschen siedelten und auf deren Wasser sie seit eh und je reisen.

Eine siebenhundertzehn Kilometer lange Kette lag von 1866 bis 1932 auf dem Grunde des Flusses, an ihr entlang rasselten die Kettenschlepper. Wie die Elbflößer sind auch sie längst verschwunden. Hinter Schandau mündet der Lachsbach in die Elbe. Einst zogen die großen Fische zum Laichen elbaufwärts — aber das war schon zu Anfang unseres Jahrhunderts fast vorbei. 1913 wurden auf der ganzen sächsischen Strecke nur noch fünfundzwanzig Lachse gefangen.

Wo jetzt die Brücke der Einheit die Elbe überspannt, gab es seit dem 15. Jahrhundert die *Wendischfähre:* Von den Wenden, den Elbslawen, eroberten die Deutschn dieses Land um das Jahr 1000. Aber die Namen der meisten Flüsse und Bäche und Dörfer und Berge können ihre slawische Herkunft nicht verleugnen. In Prossen legen wir nach Schandau an. Prossen heißt auf sorbisch *broda*, die Furt. Es ist hier nicht schwer, tausend Jahre durch die Zeit zurückzugehen: Auf einem Schiff, das auch schon hundert Jahre alt ist. Von den großen Steinbrüchen hinter Prossen und vor Königstein stammen die Mauern des Zwingers in Dresden.

Man wird mich schimpfen, hier wie dort, aber an diesem

Tag fuhr ich die Elbe abwärts wie durch ein deutsches Bilderbuch, eines von der Sorte, die es nicht mehr gibt, weil man uns das ganz und gar verdorben hat: Das ist nicht mehr erlaubt, das ist zu einfach. Da kann man höchstens noch auf Konrad Lorenz und die Tiere zurückgreifen — aber wo und wie der Mensch zu Hause ist, hat er noch nicht gültig und allgemein faßbar dargestellt, das bleibt ihm noch zu tun übrig.

Mein Kopf wurde immer leerer, die Farben waren so kräftig und nahe, daß sie alles andere verdrängten. Wir, selbst ein Stückchen Weiß, fast blendete es die Augen so weiß, fuhren durch Hell und Dunkel und an den Ufern mit ihren Zinnen und Türmen, ihren nackten Steinbrüchen und bunten Wäldern entlang — es galt gar nicht mehr, ob ich durch das eine Land fuhr oder durch das andere. Ein Schiff mit großen Rädern und Schaufeln schwamm auf einem Fluß zwischen Felsen entlang, und immer mehr vergaß ich, woran ich denken wollte, wer hier entlanggezogen war und wann, welcher Ritter dem anderen die Burg verbrannte und was die Festungen bedeuten, die so schöne Namen haben wie *lapis regis:* der Stein des Königs von Böhmen, Königstein.

Zwischen Lilienstein und Königstein macht die Elbe eine große Schleife.

Früher zogen die Bomätscher, die Schiffszieher, die Kähne stromaufwärts, jahrhundertelang. Voran ging der »Leitzieher«, scherzhaft auch »König« genannt . . .

Kurz vor Rathen sehe ich, wie der Fluß schneller geworden ist, vor hundertfünfunddreißig Jahren konnte nicht einmal der erste Elbdampfer, die »Königin Maria«, mit eigener Kraft diese »Schnelle Furt« stromaufwärts überwinden, erst die »Prinz Albert« durchfuhr 1840 zum erstenmal aus eigener Kraft diese Stelle.

Das Ende der Bomätschen zeichnete sich am Horizont ab.

Nach Rathen beginnt die Bastei, das berühmteste Stück der Sächsischen Schweiz, im Sommer manchmal von mehr als dreihundert Omnibussen und fünfzigtausend Besuchern heimgesucht. Wie die Ameisen krabbeln sie über die Felsen und Wege. Verläßt man aber die Elbufer und läuft an den Seitenflüssen und Flüßchen aufwärts, so findet man sich selbst hier bald in der romantischen Wildnis: Schluchten, Wälder, Wasserfälle, eine Landschaft ohne ihresgleichen in Deutschland. Ich aber darf den Schiffsboden nicht verlassen, wir legen an, legen ab, mal am einen Ufer, mal am anderen: neunzehn Stationen von Krippen bis Blasewitz. Der Schiffsjunge nimmt die große hölzerne Stange mit dem eisernen Haken vom Vorderdeck, die »Stadt Wehlen« scheint den Landungssteg zu verpassen, dann stößt der Mann die Stange in den Elbgrund, und der Dampfer schwingt sich wie an einer Türangel zum Ufer. Die auf den Schiffen der Weißen Flotte elbaufwärts und abwärts fahren, sind eine große Familie, das ist eine Welt für sich. Manchmal scheint es, als stünde das Schiff still und und die Ufer zögen vorüber, oder als sei es die einzige Wirklichkeit und der Rest nichts weiter als Kulisse.

Aber auch die, die seit dreißig Jahren auf dem Fluß fahren, sagen mir: An so einen schönen Tag kann ich mich nicht erinnern.

Zwischen Wehlen und Pirna hört die Sächsische Schweiz auf, treten die Ufer zurück, öffnet sich das Land zu einer weiten pappeldurchzogenen Ebene. Die Fahrt auf dem Fluß ist zur Hälfte zu Ende, die Landschaft, die hoch oben zum Himmel reichte, ist aus, die Städte und Dörfer haben wieder Platz, die Bahn läuft nicht mehr auf stelzenen Schienenwegen, sondern hat ein ordentliches breites Schotterbett zwischen den Wiesen. Die Kühe stehen neben dem Fluß. Ich merke, wie ich beobachtet werde, schon seit Rathen oder vielleicht auch Schandau. Nicht sehr, nur so ein bißchen. Die zwei Zöllner wissen nicht, was sie mit mir anfangen, was sie von mir halten sollen. Bei den ersten Fabriken am Ufer höre ich auf zu fotografieren, Pillnitz besehe ich mir beim Kaffeetrinken durch das Bullauge, in Blasewitz sagen die Zöllner »Auf Wiedersehen, Fräulein« und bleiben auf dem Schiff: Ich atme erleichtert auf.

Was hatte ich denn getan? Ich war auf der Elbe gefahren. Durch die Regenbögen und an den Felsen vorbei. Mich befiel mit einemmal eine solche Erschöpfung. Ich kann nicht sagen, wie das war: Ich konnte, wollte nicht mehr sehen, hören oder wissen. Am liebsten hätte ich mich als ein Kieselstein auf den Grund der Elbe gelegt, von der Zeit ganz glatt und rund gerieben und vom Fluß vielleicht eines Tages aus Böhmen zum Meer gebracht.

Der Monat in der DDR war zu Ende. Ich hatte versucht, siebenundzwanzig Jahre einzuholen, und war mit einemmal so müde wie nie zuvor.

Abschied

Schon als Kind erging es mir so: Ich wache in der Nacht auf und weiß nicht, wo ich bin, willabernicht das Licht anknipsen. Dann gehe ich auf eine weite Reise im Dunkeln: Die ganze Erdoberfläche muß ich abtasten, um endlich jene Stelle zu finden, an der ich im Bett liege, den Ort begreifen, an dem ich eingeschlafen bin und nun langsam aufwache. Das ist dann jedesmal das Haus, aus dem ich abreisen muß, aber das Haus ist kein wirkliches Gebäude, sondern ein Zustand, von dem es Abschied zu nehmen gilt.

Ich muß gestehen: Es war viel leichter, von Dresden zu träumen, als es wiederzusehen. Aber es war dann doch auch viel schöner.

Wir hatten, jedenfalls viele von uns, innerlich das Land zwischen Elbe und Oder zum Tode verurteilt, ohne es zu wissen: um unser Gewissen zu erleichtern. Ich glaube nicht an eine Wiedervereinigung der beiden Deutschland, jedenfalls nicht, solange ich lebe. Ich kann sie mir nicht einmal mehr vorstellen, jedenfalls nicht innerhalb der nächsten fünfzig Jahre. Das aber, was man sich auch kaum noch vorzustellen getraute, ist inzwischen eingetreten — als ich im Oktober 1971 zum letztenmal in Dresden aufwachte, wußte ich es noch nicht: Die Barriere zwischen Deutschland und Deutschland ist einige Millimeter niedriger geworden.

An jenem Morgen aber, an dem ich zum letztenmal in Dresden aufwachte, schien sie mir bis zum Himmel hoch und alles Licht auszulöschen. Wie ein Zwerg stand ich vor einem riesigen Warum. Warum irgend jemand mit einem Stempel bestimmt, wann der letzte Tag gekommen ist, und ob ich wieder hier sein darf.

Die DDR ist inzwischen in meinem Kopf fest verankert, mit ihren Bezirken, ihren Institutionen, ihrer Geschichte, ihrer Wirtschaft samt allen wichtigen Statistiken, ihren Gesetzen, ihren Abhängigkeiten, ihren Veränderungen. Drei Stunden hatte ich noch Zeit und lag im Bett und versuchte mich zurechtzufinden, versuchte wie mit einem Geigerzähler zu finden, was hinter den Felswänden eingebettet ist. Hundert Jahre Deutschland, davon fast fünfzig Kaiserreich, dann ungefähr fünfzehn Republik, dann zwölf Diktatur, dann Viertelung. Das und das an Rußland, das und das an Polen. Der Rest geteilt, jetzt bald dreißig Jahre lang.

Zwei völlig verschiedene Gesellschafts- und Wirtschaftssysteme in der Welt, und die Naht verläuft bei Hof entlang der Elbe. *O Donna Clara,* denke ich in meinem Bett in Dresden: Haben wir das denn auch schon wirklich begriffen? Und denke weiter: Mir ist so, als hätten es die hier viel besser begriffen als die dort. Ich werde, so fährt es mir durch den Kopf, am meisten die Unterhaltungen vermissen, mehr noch als die Elbe und die Stadt und den Fichtelberg. Mehr als alles andere. Die Menschen mehr als alles andere. Nicht zum wenigsten haben sie als einzige Deutsche verstanden, daß und wie wir den Krieg verloren haben. Es konnte ihnen nicht verborgen bleiben wie uns. Sie machen sich über Macht und Ohnmacht viel weniger Illusionen als wir. Sie haben auch über den Westen geträumt, viele Jahre lang- und sind nun aufgewacht, sie sehen jetzt den Unterschied zwischen dem, was ist, und dem, was sie sich nur wünschten. Sie sehen das, nicht zuletzt, wenn sie das westliche Fernsehen einschalten, und sind dann mitunter traurig. Es ist für die meisten von ihnen viel leichter, sich in unsere Lage zu versetzen, als es für uns ist, sich vorzustellen, ganz und gar in Dresden, Rostock oder Karl-Marx-Stadt zu leben. Wir haben noch immer viele gemeinsame Ängste — vor dem Tod, dem Alter, der Einsamkeit, vor Krankheiten, aber dann auch wieder ganz verschiedene.

Auch *ihre* Ängste und Hoffnungen zu begreifen, müssen wir in München oder Hamburg erst noch lernen. Für Überheblichkeit ist kein Platz: Die Deutschen zwischen Elbe und Oder sind keine Deutschen zweiter Klasse, und sie verwahren sich mit Recht dagegen, als solche betrachtet zu werden, nur weil sie weniger Autos auf den Straßen haben etwa. Ihren Zorn in dieser Sache kann ich gut verstehen. Dann rede ich so, als würde ich noch immer in Dresden leben oder in Karl-Marx-Stadt: Dann lehnt sich alles in mir auf gegen die Ungerechtigkeit derer in München oder in Hamburg.

In solchen Augenblicken scheint die Grenze auch mitten durch mich zu gehen, und ich kann noch nicht einmal meine eigenen zwei Hälften vereinen.

Um das Jahr 1000 wurde das Gebiet der DDR (in der Hauptsache) von den Slawen erobert: Die deutsche Grenze verlief dann im übrigen lange Zeit dort, wo sie heute wieder ist — an Oder und Neiße. Unter den Saliern fiel sogar das Gebiet, das später Brandenburg und Mecklenburg genannt wurde, wieder an Polen, das damals deutsches Lehen war. Zwischen dem späten 11. Jahrhundert und dem Beginn des 14. Jahrhunderts wird das Land zwischen Elbe und Oder endgültig von »Deutschen« besiedelt. Der Blick derer aber, die hier wohnen, bleibt von Anfang an mehr nach Osten gerichtet als derer, die in Köln oder Frankfurt leben — die Richtung der Politik Bismarcks unterschied sich nicht zufällig von der Adenauers, sie war jeweils das Produkt einer langen Tradition. Brandt ist in Lübeck geboren: Strauß, sein Gegner in der deutschen Ostpolitik des Jahres 1972, in München. Deutschland, gerade etwa tausend Jahre alt, hat nichts von der geographischen und bevölkerungsstrukturellen Einheit Frankreichs oder Spaniens, ist viel weniger eindeutig hier oder dort. Aus Trier stammt Marx, seine Lehre ging nach Rußland, kam wieder nach Berlin und Dresden und Magdeburg.

Wir haben uns im Westen daran gewöhnt, Frankreich, England, ja das ganze westliche Europa (im geographischen Sinne) völlig einzubeziehen in unsere Vorstellungen von einem Zuhause. Im Osten hat, trotz aller Spannungen und Komplikationen, der gleiche Vorgang eingesetzt. Die Wirtschaft wird zunehmend integriert, Grenzformalitäten fallen allmählich weg. Trotz aller vordergründigen Schwierigkeiten beginnen die Menschen hier wie dort in Großräumen zu denken. An der Elbe stehen sich, Gewehr bei Fuß, zwei dieser Großräume gegenüber — der vom Atlantik und Mittelmeer bestimmte westliche und der von der großen asiatischen Landmasse bestimmte östliche: Das ist so neu nicht, das ist, gewissermaßen und fast immer an ebendieser Stelle, tausend Jahre alt.

Unsere Schwierigkeiten, mit dem zurechtzukommen, was heute ist und gestern war, kommen nicht von ungefähr. Unsere Ängste vor den jeweils anderen haben Gründe. Wir möchten uns so gerne davor drücken, können es aber nicht: Wir leben, hüben und drüben, neben einer Grenze, die auf jeden Fall anders ist als die meisten Grenzen sonst, gleichgültig, ob geschossen wird oder nicht.

Wir Deutschen möchten so schrecklich gern große spektakuläre Dinge tun und müßten uns doch zuallererst und am dringendsten mit vielen kleinen, mühseligen und langsamen beschäftigen, die uns noch dazu Kopfweh und Bauchschmerzen verursachen, sowohl unseren Intellekt wie unser Gemüt beunruhigen.

Ich glaube nicht an die Möglichkeit, zwischen Kommunismus und Kapitalismus eine gemeinsame Mitte zu finden: Die beiden Systeme schließen einander grundsätzlich aus. Auch wenn man die

Prinzipien beider verwässert, gelangt man nur scheinbar zu einem mittleren Frieden. Eine Lösung kann es erst geben, wenn es uns gelingt, uns von Vorstellungen über den Menschen zu trennen, wie sie sowohl im Kapitalismus als auch im Kommunismus verankert sind. Wenn wir dem Menschen ein größeres geistiges Potential zutrauen und zugestehen. Alle Politik geht von ganz bestimmten Vorstellungen über das Potential des Menschen aus, man möchte, muß ihn lenken, erwartet das, befürchtet jenes.

Zu meiner großen Überraschung fand ich es viel leichter, in der DDR über diese Dinge, die weit über das Heute, über Kapitalismus und Kommunismus, West und Ost hinausreichen, mit den Menschen zu reden. Nicht mit allen, gewiß, aber mit vielen. Die Aufmerksamkeit für Probleme, die die Menschheit als Ganzes betreffen und die in Kürze alles andere rigoros vom Tisch fegen werden, ist dort sehr oft viel größer. Man ist gar nicht so selten imstande, hinter den Berg zu sehen. Der Sarkasmus betrifft das Heute, nicht aber das Morgen. Gerade in den Ländern, in denen man es am wenigsten erwartet, haben sich viele ein Bild vom Menschen bewahrt, das ein Gefühl für die Verantwortung allen gegenüber einschließt, ein soziales Verantwortungsbewußtsein, das das unsrige weit in den Schatten stellt.

Es gibt also, so glaube ich wenigstens, einen Treffpunkt zwischen hüben und drüben — aber er liegt nicht in der Mitte und auch nicht auf der einen oder anderen Seite: Er liegt an einem dritten Ort, vor uns, nicht hinter uns.

Erst an diesem dritten Ort, weit in der Ferne, übermorgen, nicht morgen, traf ich mich mit den Menschen im anderen Deutschland, mit jenen, die die ganze, nicht die halbe Situation verstanden hatten.

In die DDR fahren heißt: eine ungeheuer weite Reise machen, von Vorgestern bis zum Übermorgen, von Moskau über Peking nach Washington, vom Kindsein bis zum Erwachsensein, von den Träumen bis zum Begreifen des Möglichen und Endlichen.

Vor meinem Fenster begann es zu dämmern: Jetzt lag ich noch im einen Teil Deutschlands im Bett, und am Abend würde ich auf der anderen Seite von Mauer und Stacheldraht und Minenfeldern wieder einschlafen, einen Knochenmann, sozusagen, als Signalzeichen mittendrin. Jemand zieht am Draht, er hebt den Arm: Ich darf durch, dann läßt er ihn klappernd wieder fallen.

Überwinden müssen wir letzten Endes nicht Grenzen: Überwinden müssen wir nur die Dummheit, die auf uns hockt, so schwer, daß wir die Nase nicht heben können und immer nur fünf Fuß weit vor uns sehen. Getröstet von der großen Rundreise meiner Gedanken stehe ich auf.

Dann geht alles ganz schnell: anziehen, nichts essen, noch etwas reden ohne viel Sinn, Koffer runtertragen, weinen, einsteigen, winken, wegfahren: unter den Eichen und Vogelbeerbäumen, an den Apfelbäumen und Linden entlang zum Fučikplatz, durch altes Dresden, durch neues Dresden. Der Taxifahrer hilft mir mit den Koffern, die ich allein kaum heben kann. In meiner Dresdner Einkaufstasche liegen unter Broten zwanzig unentwickelte Filme, daneben steht die Thermosflasche mit Kaffee: Ich habe noch siebenundvierzig Westpfennige in der Tasche und drei Ostmark, verlasse mich auf mein Glück und meine Schwester. Der Zug kommt, ich finde ein leeres Abteil, der Zug fährt ab, gezogen von einer riesigen Dampflokomotive mit Rädern, die innen kleinere rote Räder haben und höher sind als ich. Der Lokomotivführer steht weit oben, mit seinem rußigen Gesicht hat er mir zugelacht, als ich an ihm vorbeiging. Es pfeift, prustet, zischt, ganz langsam rollen wir aus der Halle, fahren in einem großen Bogen durch Dresden, und als ich hoch oben Großvaters Figuren auf dem Rathaus sehe, im Licht der allerersten Sonnenstrahlen, tut mir etwas so weh, daß ich glaube, daran ersticken zu müssen. Nichts half in diesem Augenblick mehr, nicht ein einziger tröstlicher Gedanke aus der Nacht.

Die Fahrt, die nun zu Ende ging, war mühselig und lang. Die, die vor mir liegt, ist noch viel anstrengender, und ihr Ende ist nicht abzusehen. Wir fuhren über die Elbe, und die Stadt in ihrer unvergleichlichen Schönheit blieb zurück, lebte weiter. Ich machte die Augen zu und hörte mit einemmal die Stimmen meiner Freunde wieder, wir wir uns zankten und miteinander lachten, fragten und antworteten und oft schwiegen, wenn die Fragen zu schwer wurden.